普通高等教育土建学科专业"十一五"规划教材
全国高职高专教育土建类专业教学指导委员会规划推荐教材

建筑企业人力资源管理

（建筑经济管理与建筑管理类专业适用）

主编　秦洪双

中国建筑工业出版社

图书在版编目（CIP）数据

建筑企业人力资源管理/秦洪双主编. —北京：中国建筑工
业出版社，2011.4
普通高等教育土建学科专业"十一五"规划教材. 全国高职
高专教育土建类专业教学指导委员会规划推荐教材. 建筑经济
管理与建筑管理类专业适用
ISBN 978-7-112-13189-1

Ⅰ. ①建…　Ⅱ. ①秦…　Ⅲ. ①建筑企业-工业企业管理：人
力资源管理　Ⅳ. ①F407.966.15

中国版本图书馆 CIP 数据核字（2011）第 070692 号

本教材适用于工程项目管理、工商企业管理等经济管理类专业，可供高校师生、建筑
企业的管理人员、政府有关部门工作人员使用。全书共分 8 章，主要内容包括建筑企业人
力资源概述、建筑企业人力资源规划、建筑企业员工招聘、建筑企业职工绩效考评、建筑
企业职工激励原理与实践、建筑企业奖惩制度的设计、建筑企业职工培训与发展、建筑企
业人力资源管理的相关法律法规及其应用等内容。本书突出实用性，注重案例分析，理论
体系完整、精炼，各章末均附有思考题，便于学生对知识的理解和掌握。

本书的编写以就业为导向，以培养应用型专业人才为目标，内容充实、逻辑性强，既
贴近建筑企业实际，又体现了人力资源管理的创新性和操作性。

*　　*　　*

责任编辑：张　晶　田立平
责任设计：董建平
责任校对：陈晶晶　赵　颖

普通高等教育土建学科专业"十一五"规划教材
全国高职高专教育土建类专业教学指导委员会规划推荐教材

建筑企业人力资源管理
（建筑经济管理与建筑管理类专业适用）
主编　秦洪双

*

中国建筑工业出版社出版、发行（北京西郊百万庄）
各地新华书店、建筑书店经销
北京红光制版公司制版
北京盈盛恒通印刷有限公司印刷

*

开本：787×1092 毫米　1/16　印张：13¼　字数：290 千字
2011 年 7 月第一版　　2011 年 7 月第一次印刷
定价：**23.00** 元
ISBN 978 - 7 - 112 - 13189 - 1
（20604）

教材编审委员会名单

主　任：吴　泽

副主任：陈锡宝　范文昭　张怡朋

秘　书：袁建新

委　员：(按姓氏笔画排序)

丁　健	马纯杰	王丽敏	王武齐	王　敏
田恒久	任　宏	刘　玲	刘德甫	汤万龙	但　霞
何　辉	宋岩丽	张小平	张凌云	李文生	李跃珍
杨太生	迟晓明	陈东佐	项建国	夏清东	徐佳芳
秦永高	秦洪双	耿震岗	贾福根	高　远	景星蓉
蒋国秀				

序　言

全国高职高专教育土建类专业教学指导委员会工程管理类专业指导分委员会（原名高等学校土建学科教学指导委员会高等职业教育专业委员会管理类专业指导小组）是建设部受教育部委托，由建设部聘任和管理的专家机构。其主要工作任务是，研究如何适应建设事业发展的需要设置高等职业教育专业，明确建设类高等职业教育人才的培养标准和规格，构建理论与实践紧密结合的教学内容体系，构筑"校企合作、产学结合"的人才培养模式，为我国建设事业的健康发展提供智力支持。

在建设部人事教育司和全国高职高专教育土建类专业教学指导委员会的领导下，2002 年以来，全国高职高专教育土建类专业教学指导委员会工程管理类专业指导分委员会的工作取得了多项成果，编制了工程管理类高职高专教育指导性专业目录；在重点专业的专业定位、人才培养方案、教学内容体系、主干课程内容等方面取得了共识；制定了"工程造价"、"建筑工程管理"、"建筑经济管理"、"物业管理"等专业的教育标准、人才培养方案、主干课程教学大纲；制定了教材编审原则；启动了建设类高等职业教育建筑管理类专业人才培养模式的研究工作。

全国高职高专教育土建类专业教学指导委员会工程管理类专业指导分委员会指导的专业有工程造价、建筑工程管理、建筑经济管理、房地产经营与估价、物业管理及物业设施管理 6 个专业。为了满足上述专业的教学需要，我们在调查研究的基础上制定了这些专业的教育标准和培养方案，根据培养方案认真组织了教学与实践经验较丰富的教授和专家编制了主干课程的教学大纲，然后根据教学大纲编审了本套教材。

本套教材是在高等职业教育有关改革精神指导下，以社会需求为导向，以培养实用为主 、技能为本的应用型人才为出发点，根据目前各专业毕业生的岗位走向、生源状况等实际情况，由理论知识扎实、实践能力强的双师型教师和专家编写的。因此，本套教材体现了高等职业教育适应性、实用性强的特点，具有内容新、通俗易懂、紧密结合工程实践和工程管理实际、符合高职学生学习规律的特色。我们希望通过这套教材的使用，进一步提高教学质量，更好地为社会培养具有解决工作中实际问题的有用人才打下基础。也为今后推出更多更好的具有高职教育特色的教材探索一条新的路子，使我国的高职教育办的更加规范和有效。

全国高职高专教育土建类专业教学指导委员会
工程管理类专业指导分委员会

前　言

　　人力资源管理是高等院校管理类专业的一门重要课程，因为管理的核心问题就是人的管理。在管理学的学科体系中，对于如何管理人的研究历来都居于基础地位，各种流派的兴起、分类，大都与对这一问题的不同理解和处理方式有关。管理学界有一个基本的共识是：人力资源管理将会成为 21 世纪企业管理的核心。

　　对于中国来说，特别是中国的建筑企业来说，人力资源管理具有更为特殊的意义，因为这个古老的行业目前还主要是劳动密集型行业，吸纳了我国城乡众多的就业人口，可以说是全行业和每个企业的第一资源。随着知识经济的发展，人力资源在经济发展中的价值和作用越来越重要，这一方面体现在对人的管理和开发已经成为企业竞争优势的关键，另一方面则体现在社会进步也要求企业将对人性的尊重具体落实到企业管理的内涵中，因此，需要我们提升本行业人力资源管理的整体水平。

　　本教材就是按照人力资源管理的理论框架和实务操作流程，结合建筑行业的生产规律和建筑企业特点分 8 章介绍建筑企业人力资源管理的基本理论和工作流程。在积极学习和借鉴国内外人力资源管理的新理念、新知识、新技术的同时，用科学的研究、大胆的尝试来探索如何将这些最新的知识和技术与中国建筑企业实际情况有机结合，形成体现建筑行业特色的人力资源管理方法，从而帮助我们的建　企业通过人力资源管理水平的提升来取得竞争优势。

　　本书的编写分工如下：全书由秦洪双负责设计和统稿。各章的编写者分别为：郭凤荣，第 1 章；秦洪双，第 2 章；马琳，第 3 章；袁怀锋，第 4 章；董玉静，第 5 章；蔡静，第 6 章、第 8 章；张会刚，第 7 章。在本书的编写过程中，天津国土资源和房屋职业学院的领导和同仁给予了大力支持，在此真诚致谢，同时也非常感谢天津市和平房屋建筑工程公司提供的帮助。

　　由于时间仓促以及作者的水平所限，书中难免存在粗浅之处，敬请指正。

目录
CONTENTS

建筑企业人力资源概述

建筑业和制造业同属于第二产业部门。作为国民经济基础产业部门的"细胞",建筑企业也与制造业的工厂一样,历来是各种管理理论的产生源泉和实验场所,所以管理科学的一般原理基本上在建筑企业都是适用的,其中也包括人力资源管理理论。但是,由于生产方式不同于制造业的工厂,在对于管理原理的具体应用方面,建筑企业还是有着自身的特点和规律的,本书就是在兼顾普遍性与特殊性的基础上,探讨人力资源管理理论在建筑企业的生产实践中的具体应用问题。

第一节　人力资源的含义及特点

一、人力资源的含义
(一)人力资源的概念
《辞海》中对资源的解释为财富的来源。在经济学上,资源是指为创造物质财富而投入到生产活动中的全部要素。资源可分为许多种类,如:自然资源、资本资源、信息资源、技术资源、人力资源,在所有的资源中,人力资源被称为"第一资源"。

人力资源是指能够推动国民经济和社会发展的,具有智力劳动和体力劳动能力的人员的总和。在这里,人力资源主要强调人具有劳动能力。

(二)人力资源的构成及影响因素
人力资源是由数量和质量两方面构成的。

1. 人力资源的数量构成及影响因素

人力资源的数量是指一个国家或地区中具有劳动能力的人口总数,在数量上的构成可包括 6 个部分。

(1) 适龄就业人口,即处于劳动年龄(我国现行的劳动年龄规定:男性 16—60 岁,女性 16~55 岁),正在从事社会劳动的人口,它构成了人力资源的主体。

(2) 非适龄就业人口,即尚未达到劳动年龄(未成年就业人口)或已超过劳动年龄(老年就业人口),从事社会劳动的人口。

(3) 待业人口,即处于劳动年龄之内,具有劳动能力,等待从事社会劳动的人口。

(4) 就学人口,即处于劳动年龄之内,正在从事学习的人口。

(5) 服役人口,即处于劳动年龄之内,正在服役的人口。

(6) 其他人口,即处于劳动年龄之内的其他人口。

以上 6 部分人口总数构成潜在的人力资源数量,而前两部分就业人口构成目前的人力资源数量。

人口的总量是影响人力资源数量的因素,因为人力资源属于人口的一部分,所以人口的总量会影响到人力资源的数量。另外,人口的年龄结构也是影响人力资源数量的因素,在相同的人口总量下,不同的年龄结构会使人力资源的数量有所不同。当劳动适龄人口在人口总量中所占比重较大时,人力资源的数量相对比较多;反之,人力资源的数量会比较少。

2. 人力资源的质量构成及影响因素

人力资源的质量是指人力资源所具有的体质、智力、知识、技能、劳动态度。它比人力资源的数量更重要。其一,随着社会生产和科学技术的进步和发展,对人力资源的质量提出了更大的挑战;其二,人力资源的质量对数量的代替性较强,而数量对质量的代替作用较差,有时甚至不能代替。在管理实际中,著名的"二八"原理,说明的是为企业创造 80% 效益的员工往往只占总员工的 20%,这些真正能为企业带来利润增长的员工是那些有着核心贡献能力的员工,他们一般是技术革新者、中高层管理者及有着企业重要客户的员工,因此他们是企业发展的关键资源。强调 20% 员工的作用,并不是说其他 80% 的员工的作用可以忽略,事实上 20% 员工所创造的 80% 的效益,是通过对其他 80% 员工的拉动作用来实现的。这种拉动作用体现为核心员工在经营管理上的领导、技术上的指引和监控,以及行为上对企业文化的诠释和灌输。

影响人力资源的质量因素,包括:遗传、营养、教育等方面。

二、人力资源的特点

(一) 人力资源的能动性

人力资源是资本性资源,可以投资并得到回报,但与物质资本的被动性不同,人力资本具有能动性。它是一种活的资本,是劳动者能力和价值的资本化,劳动者有自己的意识、需要、权利和情感，可以能动地进行自我投资、自我择业和主动创业，并可以自我增值和自我利用。

（二）人力资源的时效性

人力资源的形成、开发和利用都要受时间方面的限制。从人的本身来看，作为生物机体的人，有其生命周期；从整体来看，人才培养和过程也有培养期、成长期、成熟期和老化期；从人力资源开发和使用来看，有有效期、高峰期和投资期。这就要求我们要研究人力资源运动的内在规律，使人力资源的形成、开发和使用等处于一种动态的平衡之中，从而更好地发挥人力资源的效用。

（三）人力资源的再生性

人力资源基于人口的再生产和劳动力的再生产而具有再生性，这就决定了人力资源的再生性不同于一般生物资源的再生性。人力资源在使用过程中也会出现有形损耗和无形损耗，有形损耗是指人身体的疲劳和衰老，无形损耗是指人的知识和技能与科学技术发展的相对老化。物质资源损耗后一般予以折旧，不存在继续开发的问题，而人力资源在使用过程中有一个可持续开发、丰富再生的独特过程，可以通过不断地学习，更新知识，提高技能，所以，人力资源能够实现自我补偿、自我更新和持续开发。

（四）人力资源的社会性

自然资源它不会因为社会所处的时代不同而有变化。人力资源所具有的脑力、体力会受到时代和社会因素的影响，社会政治经济和文化的不同，必然导致人力资源质量的差异。另外，人力资源由于民族文化和社会环境的不同，其价值观、行为方式等都会有所差别。

三、人力资源与人力资本的区别与联系

人力资源与人力资本是两个既有联系又有区别的概念，人力资源是具有一定体力、知识和能力的人；人力资源是通过对人力资源投资而体现在劳动者身上的体力、智力和技能。人力资本是人们以某种代价获得的并在劳动力市场上具有一定价格的能力和技能。虽然，二者都是以人为基础而产生的概念，但是，它们之间也存在着一定的区别。

第一，两者概念的内涵不同。人力资本是资本的一种形态，是由投资而形成的存在于人身上的脑力与体力，而人力资源是人力资本的有形形态。

第二，两者研究问题的角度和关注的重点不同。人力资本是从成本收益的角度来研究人在经济增长中的作用，关注的重点是收益问题，即投资能否带来收益以及带来多少收益的问题；而人力资源关注的是产出问题，即人力资源对经济发展的贡献有多大，对经济发展的推动力有多强。

第三，两者的计量形式不同。资源是存量的概念。而资本是存量和流量兼有的一个概念，即人力资本如果从生产活动的角度看，往往是与流量核算相联系，表现为经验的不断积累，技能的不断增强，产出量的不断变化和体能的不断消耗；

如果从投资的角度看，又与存量核算相联系，表现为投入到教育、培训、健康等方面的资本在人身上的凝结。

第四，两者的经济学内容不同。人力资本理论揭示由人力投资所形成的资本的再生、增值能力，可以进行人力开发的经济分析和人力投入产出研究。而人力资源理论不仅包括了对人力投资效益的分析，而且作为生产要素，其经济学内容更为广泛和丰富。

随着知识经济时代的到来，人力资源对于促进经济增长的贡献日益突出，已经成为企业取得竞争优势的最主要来源，在企业发展中起着越来越重要的作用。

四、人力资源与企业核心竞争力

企业核心竞争力是指能够为客户带来特殊价值的一系列知识、技术、技能的组合。换言之，就是企业在经营过程中形成的，不易被竞争对手模仿的，能带来超额利润的独特能力。不论是知识、技术、技能还是能力，都是人所掌握和具备，所以说，归根到底还是企业的人力资源构成企业的核心竞争力。人力资源是企业最宝贵的资源，它在发展企业竞争优势中有着不可替代的重要作用。

（一）人力资源的价值有效性是企业获得竞争优势的必要条件

能够引起经济主体对它需求的欲望，应该是这种资源的使用价值。因此，首先应该认识到人力资源的使用价值，人力资源的使用价值具体体现在能够降低企业成本或增加企业收益等方面。例如：对操作工人进行技术培训可以降低废品率，提高产品质量；开展绩效评价能够对人员报酬设计提供科学依据等。企业管理者要强调人力资源活动的价值有效性分析，逐步完善人力资源会计核算体系，从企业人力资源的引进、选拔到配置、使用以及保持与流动的全过程中，增强人力资源活动的有效性，剔除低效或无效部分。

（二）人力资源的稀缺性是企业获得竞争优势的基本条件

人力资源的稀缺性表现为：一种是指由于不同企业在人力资源的开发与培育上的差异，导致在选择与培植人力资源方面的相对差异，使人力资源稀缺，另一种是指市场上一些能影响企业盈利的关键性人力资源供给不足的现象，导致企业间为猎取稀缺人力资源互挖"墙角"相互争夺。在激烈的人才竞争市场中，前者与企业对人力资源的辨识、吸收及开发能力的差异有关。后者需要通过企业自身更为优越的物质和社会心理环境来吸引。企业通过识别与开发人力资源的稀缺性，而获得自身的竞争优势。

（三）人力资源的难以模仿性是企业获得竞争优势的先决条件

人力资源的难以模仿性，不仅来源于人力资源要素市场的不完善性，更主要来源于企业独特的发展历史、文化氛围以及特异能力的积累。海尔公司正是构造自身独特的文化氛围和协作体系获得竞争中的有利地位。

综上分析可以看出，企业人力资源只有具备价值有效性、稀缺性和难以模仿性，才能构成企业的持久竞争优势。也就是说，只有使企业的人力资源具备以上三种特性，企业才能持久地立于不败之地。

第二节　建筑企业人力资源管理含义、特点及作用

一、建筑企业的含义

（一）建筑企业的概念

建筑企业是指依法拥有资产，自主经营，自负盈亏，独立核算，从事建筑商品生产和经营，具有法人资格的经济组织，建筑企业包含以下几层含义：

第一，企业拥有一定资产和相应条件。企业必须拥有一定数量的资产，并依法占有、使用和处分这些资产的权利，才能在市场经济条件下开展正常的经济活动。与此同时，企业还必须具备相应的生产经营条件，如人力、技术、信息、经营场所等。

第二，企业是一个经济组织。所谓经济组织是指直接从事经济活动，即直接从事商品生产和经营活动的经济实体。

第三，企业是独立的经济实体。主要体现在自主经营、自负盈亏和独立核算上。企业能按照自己的意愿依法独立开展经营活动，能对自己的经营效果承担全部经济责任，能独立地对自己的经营过程进行核算。

第四，企业具有法人资格。法人是具有民事权利能力和民事行为能力，依法独立享有民事权利和承担民事义务的组织。企业依法经工商行政管理机关核准登记，取得法人资格。企业取得法人资格后，便成为独立的市场主体，可以在核准登记的营业范围内从事经营活动，享有相应的权利，独立承担责任。

第五，建筑企业主要从事建筑商品的生产和经营。企业有多种类型，按经营范围和经营方式的不同，可以分为工业企业、商业企业、交通运输企业、建筑企业等。建筑企业是以建筑商品为主营业务的企业。建筑商品的种类很多，包括各种建筑物、构筑物、道路桥梁、设备安装等。建筑企业除了主要从事建筑商品的生产和经营外，还可兼营其他业务。

（二）建筑企业的分类

建筑企业有多种类型，通常按以下特征进行分类。

1. 按资产主体分类

按资产主体可以将企业分为独资企业、合资企业、股份企业。

（1）独资企业。独资企业只有单一的投资主体，它的资产属某一个投资者所有。独资企业包括国有独资企业、私有独资企业、外商独资企业等。

（2）合资企业。合资企业有两个以上投资主体，它的资产属投资者共同所有。合资企业的合资形式多种多样，主要有私有经济之间的合资、国有经济和其他经济成分合资、中外合资等。

（3）股份企业。股份企业有多个投资主体，资产属于全体股东所有。股份企

业分为股份有限公司、有限责任公司两种形式。

2. 按经营范围分类

按经营范围可以将建筑企业分为综合建筑公司和专业建筑公司两大类。

(1) 综合建筑公司。综合建筑公司指有能力从事建筑综合生产与经营的企业。如能进行设计、施工总承包的工程承包公司,有综合施工能力的建筑工程公司等。

(2) 专业建筑公司。专业建筑公司指专门从事某一类建筑商品或者某一单位工程(或分部工程)生产和经营的企业。如土石方公司、场道公司、基础公司、设备安装公司、机械化施工公司、装饰公司、构配件加工厂等。

3. 按经营方式分类

按经营方式可以将建筑企业分为建筑承包企业、构配件加工企业、设备租赁企业、技术服务企业、劳务服务企业等。

(1) 建筑承包企业。建筑承包企业指以承包工程为主要经营方式的一类建筑企业。前面所述的各种综合建筑公司、专业建筑公司都是以承包为主要经营方式,均属于这类企业。建筑承包企业又可以进一步划分为工程施工总承包企业、施工承包企业和专项分包企业三类。

(2) 构配件加工企业。这类企业是为建筑工程提供预制混凝土构件、钢构件等的加工企业,类似于工业企业,但也有时在施工现场加工制作,具有施工企业的特点。

4. 按资质条件分类

按资质条件可以将建筑企业分为不同的等级。工程施工总承包企业资质等级分为特级、一级、二级、三级;专业承包企业资质等级分为一、二、三级;房地产开发企业资质等级分为一、二、三、四级。按资质条件划分建筑企业的等级,是建筑企业最主要的一种分类。所谓建筑企业资质是指企业的建筑业绩、人员素质、管理水平、资金数量、技术装备等。国务院建设行政主管部门在划分建筑企业资质等级的同时,制定、发布了各资质等级的标准和承包工程范围,并规定了动态管理办法。各类建筑企业必须按规定到各级政府建设行政主管部门申请资质等级,经审查合格的企业,由资质管理部门颁发《企业资质证书》。只有取得了资质证书的建筑企业,才能在规定的范围内承包工程,开展合理合法的经营活动。

(三) 建筑企业的特点

建筑企业是一个特殊的企业。建筑产品和建筑产品的生产有着一系列区别于其他商品的特点,因此,建筑企业人力资源管理存在着许多行业特色。

1. 建筑产品的特点

(1) 产品地点固定。建筑产品只能固定在使用地,不能随便移动。不论是生产过程,还是使用过程中,建筑产品只能固定在某一个地方,和土地连在一起。

(2) 产品类型多样。建筑产品的种类繁多,形式各异,很少有完全相同的。因为建筑产品绝大多数是按照用户的特定要求生产的,而用户对产品的规模、功能、形式、价格、标准等方面的要求各不相同,导致建筑产品类型多样化。

(3) 产品体积庞大。建筑产品是具有多种功能的工程,内部要容纳众多的人、生产及生活资料，需占据很大的空间。

（4）产品寿命较长。建筑产品经久耐用，交付使用后，少则几十年，多则上百年才会丧失使用功能。

2. 建筑产品生产的特点

（1）流动生产。由于建筑产品固定在土地上，必然导致生产的流动性。在建筑产品的生产中，工人和设备要在产品之间流动，或者在产品的各部位之间流动。

（2）单件生产。建筑产品的种类繁多，要求各异，不可能组织批量生产，只有根据用户的需求，进行单独设计和施工，即组织单件生产。

（3）露天高空作业。建筑产品地点固定而又体积庞大，必然形成露天和高空作业，增加了施工的难度。

（4）生产周期长。建筑产品体积庞大，结构复杂，生产中要使用大量的人和物，加上产品固定，必须按一定的程序施工，作业空间受到限制，延缓了施工速度。所以，建筑产品的生产周期较长，少则一年，多则数年。

二、建筑企业人力资源管理含义

（一）建筑企业人力资源管理的概念

建筑企业人力资源管理是指建筑企业运用现代管理方法，对人力资源的获取（选人）、开发（育人）、保持（留人）和利用（用人）等方面所进行的计划、组织、指挥、控制和协调等一系列活动，最终达到实现建筑企业发展目标的一种管理行为。

建筑企业人力资源管理是建筑企业的一项基本管理职能。它是以提高劳动生产率、工作生活质量，取得经济效益为目的的，建筑企业人力资源管理的最终目标是促进建筑企业目标的实现。

（二）建筑企业人力资源管理的功能

建筑企业人力资源管理作为建筑企业的一项基本管理职能，就必须为实现建筑企业目标服务。因此，建筑企业人力资源管理的功能包括以下内容：

（1）获取。根据建筑企业目标确定的所需员工条件，通过规划、招聘、考试、测评、选拔，获取建筑企业所需人员。

（2）整合。通过建筑企业文化、信息沟通、人际关系和谐、矛盾冲突的化解等有效整合，使建筑企业内部的个体、群体的目标、行为、态度趋向建筑企业的要求和理念，使之形成高度的合作与协调，发挥集体优势，提高建筑企业的生产力和效益。

（3）保持。通过薪酬、考核、晋升等一系列管理活动，保持员工的积极性、主动性、创造性，维护劳动者的合法权益，保证员工在工作场所的安全、健康、舒适的工作环境，以增进员工满意感，使之安心满意地工作。

（4）评价。对员工工作成果、劳动态度、技能水平以及其他方面作出全面考核、鉴定和评价，为作出相应的奖惩、升降、去留等决策提供依据。

（5）发展。通过员工培训、工作丰富化、职业生涯规划与开发，促进员工知识、技巧和其他方面素质提高，使其劳动能力得到增强和发挥，最大限度地实现其个人价值和对建筑企业的贡献，达到员工个人和建筑企业共同发展的目的。

（三）建筑企业人力资源管理的内容

建筑企业人力资源管理主要包括以下 10 个方面：

（1）职务分析与设计。对建筑企业各个工作职位的性质、结构、责任、流程，以及胜任该职位工作人员的素质、知识、技能等，在调查分析所获取相关信息的基础上，编写出职务说明书和岗位规范等人事管理文件。

（2）人力资源规划。把建筑企业人力资源战略转化为中长期目标、计划和政策措施，包括对人力资源现状分析、未来人员供需预测与平衡，确保建筑企业在需要时能获得所需要的人力资源。

（3）员工招聘与选拔。根据人力资源规划和工作分析的要求，为建筑企业招聘、选拔所需要人力资源并录用安排到一定岗位上。

（4）绩效考评。对员工在一定时间内对建筑企业的贡献和工作中取得的绩效进行考核和评价，及时做出反馈，以便提高和改善员工的工作绩效，并为员工培训、晋升、计酬等人事决策提供依据。

（5）薪酬管理。包括对基本薪酬、绩效薪酬、奖金、津贴以及福利等薪酬结构的设计与管理，以激励员工更加努力地为建筑企业工作。

（6）员工激励。采用激励理论和方法，对员工的各种需要予以不同程度的满足或限制，引起员工心理状况的变化，以激发员工向建筑企业所期望的目标而努力。

（7）培训与开发。通过培训提高员工个人、群体和整个建筑企业的知识、能力、工作态度和工作绩效，进一步开发员工的智力潜能，以增强人力资源的贡献率。

（8）职业生涯规划。鼓励和关心员工的个人发展，帮助员工制订个人发展规划，以进一步激发员工的积极性、创造性。

（9）人力资源会计。与财务部门合作，建立人力资源会计体系，开展人力资源投资成本与产出效益的核算工作，为人力资源管理与决策提供依据。

（10）劳动关系管理。协调和改善建筑企业与员工之间的劳动关系，进行企业文化建设，营造和谐的劳动关系和良好的工作氛围，保障建筑企业经营活动的正常开展。

（四）建筑企业人力资源管理的职责

建筑企业人力资源管理的职责是指建筑企业人力资源管理者需要承担的责任和任务。建筑企业人力资源管理方面的职责为以下十大方面：

（1）把合适的人配置到适当的工作岗位上；

（2）引导新雇员进入组织（熟悉环境）；

（3）培训新雇员适应新的工作岗位；

（4）提高每位新雇员的工作绩效；

（5）争取实现创造性的合作，建立和谐的工作关系；

（6）解释公司政策和工作程序；

（7）控制劳动力成本；

（8）开发每位雇员的工作技能；

（9）创造并维持部门内雇员的士气；

（10）保护雇员的健康以及改善工作的物质环境。

三、建筑企业人力资源管理的特点

（1）管理环境多变化。建筑产品生产的流动，使建筑企业的人力资源管理环境经常处于变动之中，尤其是施工项目的管理环境更是多变化。不同的施工地点，其工程地质、气候等自然条件差异很大，当地的政策，用户心理，物资供应，道路运输，价格变动等社会环境也有较大差异。环境的多变，给人力资源管理工作增大了难度。

（2）管理对象不稳定。建筑产品类型繁多，无法批量生产，经常变化产品类型，造成建筑企业人力资源管理的对象不稳定。另外，建筑市场受国家资产投资政策的影响大，市场的需求随投资量和投资方向的变动而波动，更加剧了建筑企业人力资源管理对象的不稳定性。

（3）经营业务不稳定。建筑工程类型繁多，建筑企业要根据特定用户的委托，按照工程专门用途组织生产经营，且不同时期施工任务起伏变化大，这就要求建筑企业人力资源管理要适应不断调整建筑产品结构的需要。

（4）管理机构变化大。建筑企业要根据施工对象的具体情况组建一次性项目管理机构，由于施工对象的变化必然带来管理机构的变化。这种变化使建筑企业管理机构的规模、形式、结构经常处于变动之中，缺乏稳定性。

四、建筑企业人力资源管理的作用

（1）建筑企业人力资源管理，是经营战略的一个重要组成部分。因为经营战略的实质就是在特定环境下为实现建筑企业预期目标而运用资源的策略。人力资源是建筑企业竞争的最主要的资源。人力资源是谋求建筑企业发展的最有前途的投资。这样人力资源自然一跃成为建筑企业管理方面最具有决定意义的内容，人力资源管理部门的地位也就上升为战略部门，这表明了建筑企业人力资源管理应该具有战略性。

（2）建筑企业人力资源管理，它更多地考虑如何开发人的潜在能力，以不断提高建筑企业的效率。它更多地以投资的目光看待在吸引人才、培养人才及激励士气方面的投入。因此，在预算方面不以"最省"为主要目标，而是谋求在可以预见的计划期内投入产出的最佳值及最佳方式。

（3）建筑企业人力资源管理，应将建筑企业现有的全部人员，甚至包括有可能利用的建筑企业外的人力资源作为统一的系统加以规划，制订恰当的选拔、培养、任用、调配、激励等政策，以达到尽可能利用人的创造力增加建筑企业及社会财富的目的。人力资源部门应成为一个企业、一个组织真正的规划、决策、制度设计部门，集中精力营造一种良好的工作氛围，开发员工潜能，人力资源管理涉及建筑企业的每一个管理者，现代的建筑企业管理人员应该明确，他们既是部门的业务经理，同时也是这个部门的人力资源经理。人力资源管理部门的主要职责在于制订人力资源规划、开发政策，侧重于人的潜能开发和培训，同时培训其他职能经理和管理者，提高他们对人的管理水平和素质。

五、建筑企业人力资源管理面临的挑战和发展趋势

人力资源管理从 20 世纪 80 年代确立至今，已经历了近 30 年的发展。这期间，全球的社会经济已经发生了巨大的变化，特别是以电脑技术的现代通信技术为代表的资讯科技正改变着我们生活、工作的方方面面，例如，不需到某一固定办公室统一办公的"远端职工"，相互不见面而只靠电脑和互联网联系的虚拟组织。我们的社会正在结束所谓的后工业社会而迈入知识经济社会。组织赖以生存的外部环境和组织的竞争方式也正进行着悄无声息但却深入持久的变革，组织的各种管理职能必须适应潮流，不断改变自身以应对正在改变着的世界。

（一）建筑企业人力资源管理面临的挑战和发展趋势

1. 全球经济一体化，文化多元化的冲击

随着区域性合作组织，如欧盟、北美自由贸易区、亚太经合组织等产生，国与国之间的界限开始变得越来越模糊，地区经济甚至全球经济牵一发而动全身，正日益成为一个不可分割的整体，作为经济一体化自然结果的跨国公司，既面对着不同的政治体制、法律规范和风俗习惯，同时又推动着各文化的相互了解与不断融合。管理者们经常会遇到类似国籍、文化背景、语言都不相同的员工如何共同完成工作，以及管理制度与工作价值观迥然不同的组织如何沟通等问题。

2. 新的管理概念与管理方法的出现与应用

面临着激烈竞争的市场，企业必然要不断提高劳动生产率，提高产品质量，改善服务。于是，新的管理概念和管理方法不断应运而生。例如，质量小组（QC）、全面质量管理（TQC）、经营过程重构（BPR）等。其中，经营过程重构是再造工程的一部分，它意味着对经营过程、组织结构等的重新审视和反思，就好像它们是过去匆忙之中建立起来的一样，需要对它们进行重构和再造。与 20 世纪初科学管理和 20 世纪 30 年代行为科学的诞生相似，今天新的管理概念和管理方法的出现，必然会结合企业管理带来新的生机与活力。

（二）建筑企业人力资源管理发展的趋势

人力资源的开发与管理理论研究与其在社会生活各领域中的实践与推广应用正在迅速地发展，尤其是在我国改革开放以来，将我国五千年历史的古代人力资源管理思想和新中国建立以来中国现代管理思想与改革开放发展形成的社会主义市场经济理论相适应的具有中国特色的中国人力资源管理得到了极大的发展，不论是政府部门还是企业、事业部门乃至社会团体都给予了极大的关注，人力资源开发与管理理论研究与实践已成为中国社会政治经济中一个重要领域。综上分析，

建筑企业人力资源管理呈现出许多新的发展趋势。

1. 知识经济时代是一个人才主权时代，也是一个人才赢家通吃的时代

所谓人才主权时代就是人才具有更多的就业选择权与工作的自主决定权，人才不是被动地适应企业或工作的要求。企业要尊重人才的选择权和工作的自主权，并站在人才内在需求的角度，为人才提供人力资源的产品与服务，并因此赢得人才的满意与忠诚。人才不是简单的通过劳动获得工资性收入，而是要与资本所有者共享价值创造成果。

所谓"人才赢家通吃"包含两个方面的含义：一是越是高素质、越稀缺、越热门的人才，越容易获得选择工作的机会，其报酬也越高；二是人才资源优势越大的企业越具有市场竞争力，也就越容易吸纳和留住一流人才。

人才主权时代使得那些能够吸纳、留住、开发、激励一流人才的企业成为市场竞争的真正赢家。同时，也可能给企业带来短时间的负面效应。一是会产生人才泡沫。企业一味通过高薪留住、吸纳人才，会造成热门人才的价值与价格背离；二是人才流动作为人才价值增值与价值实现的一种途径，会致使跳槽频繁、人才流动风险增大。

2. 员工是客户，建筑企业人力资源管理的新职能就是向员工持续提供客户化的人力资源产品与服务

21世纪，建筑企业要以新的思维来对待员工，要以营销的视角来开发组织中的人力资源。从某种意义来说，人力资源管理也是一种营销工作，即建筑企业要站在员工需求的角度，通过提供令顾客满意的人力资源产品与服务来吸纳、留住、激励、开发企业所需要的人才。

从新世纪的建筑企业经营价值链的角度看，企业要赢得顾客的满意与忠诚，必须赢得员工的满意与忠诚；企业要把客户资源与人力资源结合起来，要致力于提升客户资本价值与人力资本价值。

21世纪人力资源管理者要扮演工程师＋销售员＋客户经理的角色。一方面人力资源管理者要具有专业的知识与技能，另一方面要具有向管理者及员工推销人力资源的产品与服务方案的技能。人力资源经理也是客户经理，所谓客户经理，就是要为企业各层、级提供一揽子的人力资源系统解决方案。企业向员工所提供的产品与服务主要包括：

（1）共同愿景：通过提供共同愿景，将企业的目标与员工的期望结合在一起，满足员工的事业发展期望。

（2）价值分享：通过提供富有竞争力的薪酬体系及价值分享系统来满足员工的多元化的需求。包括企业内部信息、知识、经验的分享。

（3）人力资本增值服务：通过提供持续的人力资源开发、培训，提升员工的人力资本价值。

（4）授权赋能：让员工参与管理，授权员工自主工作，并承担更多的责任。

（5）支持与援助：通过建立支持与求助工作系统，为员工完成个人与组织发展目标提供条件。

3. 人力资源管理的重心——知识型员工

21世纪，国家的核心是企业，企业的核心是人才，人才的核心是知识创新者与企业家。人力资源管理面临新三角：知识型员工、知识工作设计、知识工作系统。人力资源管理要关注知识型员工的特点，其重点是如何开发与管理知识型员工，对知识型员工采用不同的管理策略。

(1) 知识型员工由于其拥有知识资本，因而在组织中有很强的独立性和自主性。这就必然带来新的管理问题：

① 授权赋能与人才风险管理。一方面要授权给员工，给员工一定的工作自主权，另一方面又要防范授权时所带来的风险。一个人才可能带给企业巨大的价值，也可能会导致整个企业的衰败。人才的风险管理成为人力资源管理的一个新课题。

② 企业价值要与员工成就意愿相协调。知识型员工具有很强的成就欲望与专业兴趣，如何确保员工的成就欲望、专业兴趣与企业的所需目标一致是一个新问题。如研发人员要面向市场把注意力集中在为企业开发适合市场需求的产品上，而不仅仅是获得业界的支持与评价。

③ 工作模式改变，如虚拟工作团队。知识型工作往往是团队与项目合作，其工作模式是跨专业、跨职能、跨部门的，有时并不在固定的工作场所，而是通过信息、网络组成虚拟工作团队或项目团队，这种工作模式与工业文明时期严格的等级秩序、细密的分工条件下的工作不一样。如何进行知识型工作的设计，也是21世纪人力资源管理的新课题。

(2) 知识型员工具有较高的流动意愿，不希望终身在一个组织中工作，由追求终身就业饭碗，转向追求终身就业能力。

① 员工忠诚具有新的内涵。流动是必然的，关键在于如何建立企业与员工之间的忠诚关系。

② 由于流动的加速，企业人力投资风险由谁承担成为企业面临的抉择。

③ 流动过频、集体跳槽给企业管理带来危机。

(3) 知识型员工的工作过程难以直接监控，工作成果难以衡量，使得价值评价体系的建立变得复杂而不确定。

① 个体劳动成果与团队成果如何进行确定。

② 报酬与绩效的相关性。知识型员工更加关注个人的贡献与报酬之间的相关性，这就要求企业建立公正、客观的绩效考核体系。

③ 工作定位与角色定位。在知识创新型企业中，每个人在企业中的位置，不再是按照工业文明时代企业严格的等级秩序和细致的分工体系精确定位，而是按照现代数学进行模糊定位。在知识创新型企业中，传统的工作说明书变得越来越没有用，取而代之的是角色说明书，即对人力资源进行分层分类的管理，在不同层次不同类别上来确定员工的任职资格、行为标准、工作规范。传统的职务说明书已经不足以清楚地确定一个人在企业中的定位问题，回答不了在知识创新型企业中需要跨部门、跨职能的团队合作问题。

(4) 知识型员工的能力与贡献差异大，出现混合交替式的需求模式，需求要素及需求结构也有了新的变化。

① 报酬不再是一种生理层面的需求，其本身也是个人价值与社会身份和地位的象征。从某种意义上说，报酬成为一种成就欲望层次上的需求。

② 知识型员工的内在需求模式是混合交替式的，使得报酬设计更为复杂。

③ 知识型员工不仅需要获得劳动收入，而且要获得人力资本的资本收入。即需要分享企业价值创造的成果。

④ 知识型员工出现了新的内在需求要素。这些要素是传统的需求模型难以囊括的。如：利润与信息分享需求、终身就业能力提高的需求、工作变换与流动增值的需求、个人成长与发展的需求等。

（5）领导界限模糊化。

① 知识创新型企业中，领导与被领导的界限变得模糊，知识正替代权威。一个人对企业的价值不再仅仅取决于其在管理职务上的高低，而是取决于其拥有的知识和信息量。领导与被领导之间的关系是以信任、沟通、承诺、学习为基本互动准则的。

② 知识型员工的特点要求领导方式进行根本的转变。

③ 信任、沟通、承诺、学习成为新的互动方式。

④ 要建立知识工作系统和创新授权机制。

4. 人力资源管理的核心——人力资源价值链管理

21 世纪，人力资源管理的核心是如何通过价值链的管理，来实现人力资本价值的实现以及其价值的增值。价值链本身就是对人才激励和创新的过程。

（1）价值创造就是在理念上要肯定知识创新者和企业家在企业价值创造中的主导作用，企业中人力资源管理的重心要遵循 2∶8 规律，即我们要关注那些能够为企业创造巨大价值的人，他们创造了 80% 的价值，而数量却在企业中仅占 20%。同时也能带动企业其他 80% 的人。注重形成企业的核心层、中坚层、骨干层员工队伍，同时实现企业人力资源的分层分类管理模式。

（2）价值评价问题是人力资源管理的核心问题，其内容是指要通过价值评价体系及评价机制的确定，使人才的贡献得到承认，使真正优秀的、为企业所需要的人才脱颖而出，使企业形成凭能力和业绩吃饭，而不是凭政治技巧吃饭的人力资源管理机制。

（3）价值分配。就是要通过价值分配体系的建立，满足员工的需求，从而有效地激励员工，这就需要提供多元的价值分配形式，包括职权、机会、工资、奖金、福利、股权的分配等。

企业应注重对员工的潜能评价，向员工提供面向未来的人力资源开发内容与手段，提高其终身就业能力。

5. 企业与员工关系的新模式——以劳动契约和心理契约为双重纽带的战略合作伙伴关系

21 世纪，企业与员工之间的关系需要靠新的游戏规则来确定，这种新的游戏规则就是劳动契约与心理契约。

（1）以劳动契约和心理契约作为调节员工与企业之间关系的纽带。一方面要依据市场法则确定员工与企业双方的权利、义务关系、利益关系；另一方面又要求企业与员工一道建立共同愿景，在共同愿景基础上就核心价值观达成共识，培养员工的职业道德，实现员工的自我发展与管理。

（2）企业要关注员工对组织的心理期望与组织对员工的心理期望之间达成的"默契"，在企业和员工之间建立信任与承诺关系。要使员工实现自主管理。

（3）企业与员工双赢的战略合作伙伴关系，个人与组织共同成长和发展。

6. 人力资源管理在组织中的战略地位上升，管理责任下移

（1）人力资源真正成为企业的战略性资源，人力资源管理要为企业战略目标的实现承担责任。人力资源管理在组织中的战略地位上升，并在组织上得到保证，如很多企业成立人力资源委员会，使高层管理者关注并参与企业人力资源管理活动。

（2）人力资源管理不仅仅是人力资源职能部门的责任，而是全体员工及全体管理者的责任。过去是人事部的责任，现在企业高层管理者必须承担对企业的人力资源管理责任，关注人力资源的各种政策。目前的人力资源管理在某种程度上可以分为三个部分：一是专业职能部门人力资源管理工作；二是高中基层领导者如何承担履行人力资源管理的责任；三是员工如何实现自我发展与自我开发。人力资源管理的一项根本任务就是：如何推动、帮助企业的各层管理者及全体员工去承担人力资源开发和管理的责任。

（3）人力资源管理由行政权力型转向服务支持型。人力资源职能部门的权力淡化，直线经理的人力资源管理责任增加，员工自主管理的责任增加。

（4）由于目前组织变化速度很快（现在的组织是速度型组织、学习型组织、创新型组织），人力资源管理要配合组织不断的变革与创新，就需要创新授权，通过授权，建立创新机制；在企业中引入新的团队合作，形成知识型工作团队，将一个个战略单位经过自由组合，挑选自己的成员、领导，确定其操作系统和工具，并利用信息技术来制定他们认为最好的工作方法。这种被称之为 SMT（自我管理式团队）的组织结构已经成为企业中的基本组织单位。

7. 人力资源管理的全球化、信息化

这是由组织的全球化所决定的。组织的全球化，必然要求人力资源管理策略的全球化。

（1）员工与经理人才的全球观念的系统整合与管理。首先是说，通过人力资源的开发与培训使得我们的经理人才和员工具有全球的概念。其次是说人才流动国际化、无国界。也就是说，我们要以全球的视野来选拔人才，来看待人才的流动，尤其是加入 WTO 以后，我们所面对的就是人才流动的国际化以及无国界。

（2）人才市场竞争的国际化。国际化的人才交流市场与人才交流将出现，并成为一种主要形式。人才的价值（价格）就不仅仅是在一个区域市场内体现，而更多的是要按照国际市场的要求来看待人才价值。跨文化的人力资源管理成为重要内容。人才网成为重要的人才市场形式。人才网要真正实现它的价值，就要最

终走出"跑马圈地和卖地"的方式，真正通过利用网络优势来加速人才的交流与流动，并为客户提供人力资源的信息增值服务。

8. 人才流动速率加快，流动交易成本与流动风险增加，人才流向高风险、高回报的知识创新型企业以信息网络为工具的虚拟工作形式呈不断增长趋势

（1）员工由追求终身就业饭碗转向追求终身就业能力，通过流动实现增值，使人才流动具有内在动力。

（2）人才稀缺与日益增长的人才需求，使人才面临多种流动诱因和流动机会。

（3）人才流动的交易成本增加，企业人才流动风险增加，需要强化人才的风险管理。

在这种情况下，就需要企业留住人才策略由筑坝防止人才跳槽流动转向整修渠道，即企业内部要有良好的人力资源环境，对流水进行管理，控制河水的流量与流速。而且，人力资源部门要强化对流动人员的离职调查，除与个人面谈外，还要对其所在的群体和组织进行调查，找出流动原因以及所反映的组织运行上存在的问题，并提出改进措施。

（4）集体跳槽与集体应聘成为人才流动的新现象。

企业策略联盟与企业购并关注人才联盟与人才购并。也就是说，我们在购并一个企业时，更多的是关心它的管理团队，关注它的人才团队，对所要购并企业的管理团队和人才团队进行科学的分析，对其价值进行评估。

9. 沟通、共识；信任、承诺；尊重、自主；服务、支持；创新、学习；合作、支援；授权、赋能将成为人力资源管理的新准则

在21世纪，企业与员工之间，管理者与被管理者之间、同事之间将按新的游戏规则来处理各种关系，即如何在沟通基础上达成共识。如何在信任基础上彼此之间达成承诺，尊重员工的个性，如何在自主的基础上达到有效的管理，尤其是如何对创新型团队提供一种支持和服务，企业如何注重一种创新机制，如何变成一种学习型的组织，如何进行团队合作和授权赋能。

10. 人力资源管理的核心任务是构建智力资本优势，人力资源管理的角色多重化、职业化

21世纪，企业的核心优势取决于智力资本独特性及其优势。智力资本包括三个方面：人力资本、客户资本和组织结构资本。人力资源的核心任务是通过人力资源的有效开发与管理，提升客户关系价值。要将经营客户与经营人才结合在一起。要致力于深化两种关系：即维持、深化、发展与客户的关系，提升客户关系价值，以赢得客户的终身价值；维持、深化、发展与员工的战略合作伙伴关系，提升人力资本价值。

（1）企业人力资源管理者要成为专家。要具有很强的沟通能力，必须对整个企业有一个很好的把握，通过沟通达成共识。中国企业的人力资源管理者要尽快实现从业余选手到职业选手的转化。职业选手主要包括三个方面：要有专业的知识和技能，要有职业的精神，必须懂得职业的游戏规则。

（2）企业人力资源的政策与决策愈来愈需要外脑。要借助于社会上的各种力

量。没有外力的推动，企业很多新的人力资源政策、组织变革方案是很难提出并被高层管理人员及员工认同。

第三节 建筑企业人力资源管理的理论基础和最新发展

一、建筑企业人力资源管理的理论基础
（一）科学管理流派

有关人的性质和人的行为的假设，对于决定管理人员的工作方式来讲是极为重要的。各种人力资源管理学派都是以他们对人的性质的假设为依据，采用不同的方式来组织、控制和激励人们。泰勒的科学管理理论是建立在这样一种人性假设基础之上，这种假设被总结为X理论，其主要内容是：

①大多数人是懒惰的，他们尽可能地逃避工作。②大多数人都没有什么雄心壮志，也不喜欢负什么责任，而宁可让别人领导。③大多数人的个人目标与组织目标都是自相矛盾的，为了达到组织目标必须靠外力严加管制。④大多数人都是缺乏理智的，不能克制自己，很容易受别人影响。⑤大多数人都是为了满足基本的生理需要和安全需要，所以他们将选择那些在经济上获利最大的事去做。⑥人群大致分为两类，多数人符合上述假设，少说多做的人能克制自己，这部分人应当负起管理的责任。

根据这种人性假设，科学管理学派认为人事管理人员的管理方式应该是：

①管理人员主要是运用职权，发号施令，使对方服从，让人适应工作和组织的要求，而不考虑在情感上和道义上如何给人以尊重。②严密的组织和制定具体的规范和工作制度，如工时定额、技术规程等。③应以金钱报酬来收买员工的效力和服从。④科学地挑选工人，对他们进行培训以使之拥有工作所需的技能。⑤管理者与员工在工作和职责严格划分，并监视工人工作。

泰勒宣称企业如果遵循这些管理方式，会给员工和管理者双方带来好处，员工会获得更多的收入，企业也会获得更多的利润。同时泰勒还认为，企业管理员工的关键是通过开发精确的工作分析方案来选择员工，并以此来支付员工报酬。根据当时普遍被企业所接受的把员工作为"经济人"的观点，泰勒创立了最初的劳动计量奖励制度——"差异计件率系统"，即工人在完成每天规定的产出标准后，每增加一件产出都将获得额外的奖金，工资和奖金的获得是和工作绩效相联系的。通过这种系统的建立和其他科学方法的应用，员工为了获得他们与工作相关的唯一需求——金钱，就能最大限度地提高劳动生产率。

科学管理理论首次运用了科学的工作分析方法，并提出了以金钱为主要激励要素的激励理论。一般来说，这一时期人事管理的主要目的是激励、控制和提高员工的劳动生产率水平。实施科学管理成为人事管理的主要工作。人事管理人员开始进行时间和运动姿势及特征研究，并以此为基础来进行工作分析，通过工作分析来制定工作说明书。在员工招聘和选择中，开始考虑员工的体力、脑力和工

作相匹配的问题，生理和心理测试逐渐成为员工招聘的一种辅助手段。

然而，科学管理理论由于没有考虑员工的感受，仅仅把员工作为和机器设备一样的生产资料来对待，使员工开始对工作产生不满，从而影响了其激励效果的发挥。尽管科学管理及其相关理论由于时代的局限存在许多在今天看来是相当不合理的成分，但是，它第一次将科学管理的观念引入到人事管理中，揭示了人事管理和劳动生产率以及工作绩效之间的关系，说明通过有效的人事管理可以提高员工的劳动生产率和工作绩效，从而达到提高企业盈利能力的目的。

（二）行为科学流派

虽然当时工业组织中普遍采用泰勒的人事管理理论，在人们的生活还不够富裕的情况下，这种管理方法是有效的；但是当人们达到了富裕的生活水平时，这种管理方法就逐渐失效了。因此，20世纪20年代美国哈佛大学心理学家梅奥等人进行了著名的霍桑试验。根据试验，梅奥得出了如下结论：

①影响生产效率的根本因素不是工作条件，而是工人自身。参加试验的工人意识到自己"被注意"，是一个重要的存在，因而怀有归属感，这种意识助长了工人的整体观念、有所作为的观念和完成任务的观念，而这些是他在以往的工作中不曾得到的，正是这种人的因素导致了劳动生产率的提高。②在决定工人工作效率因素中，工人为团体所接受的融洽性和安全感较之奖励性工资有更为重要的作用。

上述的试验结果需要一个新的人力资源管理理论来做出解释，这个理论就是梅奥的人际关系理论，这种理论是建立在另外一种人性假设基础之上的，这个理论就是与X理论相对立的Y理论，其主要内容是：

①一般人并不是天性就不喜欢工作的，工作中体力和脑力的消耗就像游戏和休息一样自然。工作可能是一种满足，因而自愿去执行；也可能是一种处罚，因而只要可能就想逃避，到底怎样要看环境而定。②外来的控制和惩罚并不是促使人们为实现组织的目标而努力的唯一方法。它甚至对人是一种威胁和阻碍，并放慢了人成熟的脚步。人们愿意实行自我管理和自我控制来完成应当完成的目标。③人的自我实现的要求和组织要求的行为之间是没有矛盾。如果给人提供似懂非懂的机会就能将个人目标和组织目标统一起来。④一般人在适当条件下，不仅学会了接受职责而且还学会了谋求职责。逃避责任、缺乏抱负以及强调安全感，通常是经验的结果而不是人的本性。⑤大多数人而不是少数人在解决组织的困难问题时都能发挥较高的想象力、聪明才智和创造性。⑥在现代工业生活的条件下，一般人的智慧潜能只是部分得到了发挥。

霍桑试验的研究结果否定了传统管理理论对于人的假设，表明了工人不是被动的、孤立的个体，他们的行为不仅仅受工资的刺激，影响生产效率的最重要因素不是待遇和工作条件，而是工作中的人际关系。据此，梅奥提出了自己的观点：

①工人是"社会人"而不是"经济人"，梅奥认为，人们的行为并不单纯出自追求金钱的动机，还有社会方面的、心理方面的需要，即追求人与人之间的友情、安全感、归属感和受人尊敬等，而后者更为重要。因此，不能单纯从技术和

物质条件着眼，而必须首先从社会心理方面考虑合理的组织与管理。②企业中存在着非正式组织，企业中除了存在着古典管理理论所研究的为了实现企业目标而明确规定各成员相互关系和职责范围的正式组织之外，还存在着非正式组织。这种非正式组织的作用在于维护其成员的共同利益，使之免受其内部个别成员的疏忽或外部人员的干涉所造成的损失。为此非正式组织中有自己的核心人物和领袖，有大家共同遵循的观念、价值标准、行为准则和道德规范等。梅奥指出，非正式组织与正式组织有重大差别。在正式组织中，以效率逻辑为其行为规范；而在非正式组织中，则以感情逻辑为其行为规范。如果管理人员只是根据效率逻辑来管理，而忽略工人的感情逻辑，必然会引起冲突，影响企业生产率的提高和目标的实现。因此，管理当局必须重视非正式组织的作用，注意在正式组织的效率逻辑与非正式组织的感情逻辑之间保持平衡，以便管理人员与工人之间能够充分协作。③新的领导能力在于提高工人的满意度，在决定劳动生产率的诸因素中，置于首位的因素是工人的满意度，而生产条件、工资报酬只是第二位的。职工的满意度越高，其士气就越高，从而产生效率就越高。高的满意度来源于工人个人需求的有效满足，不仅包括物质需求，还包括精神需求。

行为科学通过对个体、群体以及组织在工作中行为的研究，说明它们是如何影响个体、群体的生产力水平以及生产绩效的。组织行为学的发展使人事管理中对个体的研究与管理，扩展到了对群体与组织的整体研究与管理，人事管理的实践也为此发生了很大的变化。进入20世纪70年代以后，组织行为学中的激励理论有了很大的发展，产生了一些当代激励理论，如麦克里兰（McClelland）的成就动机理论，亚当斯（Adams）的公平理论和弗罗姆（Vroom）的期望理论。它们对人事管理的影响是多方面的，并且已经被广泛应用到人力资源管理的理论与实践中。

（三）权变理论流派

弗雷德·菲德勒（Fred E. Fiedler）提出了"权变领导理论"，开创了西方领导学理论的一个新阶段，使以往盛行的领导形态学理论研究转向了领导动态学研究的新轨道，对以后的管理思想发展产生了重要影响。在许多研究者仍然争论究竟哪一种领导风格更为有效时，菲德勒在大量研究的基础上提出了有效领导的权变模型，他认为任何领导形态均可能有效，其有效性完全取决于所处的环境是否适合。

首先，菲德勒剥离出影响领导形态有效性的以下三个环境因素：①领导者与成员的关系。即领导者是否受到下级的喜爱、尊敬和信任，是否能吸引并使下级愿意追随他。②职位权利。即领导者所处的职位能提供的权力和权威是否明确充分，在上级和整个组织中所得到的支持是否有力，对雇佣、解雇、纪律、晋升和增加工资的影响程度大小。③任务结构。指工作团体要完成的任务是否明确，有无含糊不清之处，其规范和程序化程度如何。菲德勒模型利用上面三个权变变量来评估情境。领导者与成员关系或好或差，任务结构或高或低，职位权力或强或弱，三项权变变量总和起来，便得到八种不同的情境或类型，每个领导者都可以从中找到自己的位置。

菲德勒模型强调为了使领导有效需要采取什么样的领导行为，而不是从领导者的素质出发强调应当具有什么样的行为，这为领导理论的研究开辟了新方向。菲德勒模型表明，并不存在着一种绝对的最好的领导形态，企业领导者必须具有适应力，自行适应变化的情境。同时也提示管理层必须根据实际情况选用合适的领导者。菲德勒模型的效用已经得到大量研究的验证，虽然在模型的应用方面仍存在一些问题，比如权变变量的确定比较困难等，但是菲德勒模型在实践中还是具有重要的指导意义的。

二、建筑企业人力资源管理的最新发展

（一）人力资本理论

人力资本理论的创立者、人力资本之父美国著名经济学家舒尔茨（T. W. Schultz）系统、深刻地论述了人力资本理论，开创了人力资本研究的新领域。他的人力资本理论有五个主要观点：

①人力资本存在于人的身上，表现为知识、技能、体力（健康状况）价值的总和。一个国家的人力资本可以通过劳动者的数量、质量以及劳动时间来度量。②人力资本是投资形成的。投资渠道有五种，包括营养及医疗保健费用、学校教育费用、在职人员培训费用，择业过程中所发生的人事成本和迁徙费用。③人力资本投资是经济增长的主要源泉。舒尔茨说，人力资本投资的增长无疑已经明显地提高了人们的工作质量，这些质量上的改进也已成为经济增长的一个重要的源泉。有能力的人是现代经济发展的关键。④人力资本投资是效益最佳的投资。人力资本投资的目的是为了获得收益。舒尔茨对 1929～1957 年美国教育投资对经济增长的关系作了定量研究，得出如下结论：各级教育投资的平均收益率为 17%；教育投资增长的收益占劳动收入增长的比重为 70%；教育投资增长的收益占国民收入增长的比重为 33%。也就是说，人力资本投资是回报率最高的投资。⑤人力资本投资的消费部分的实质是耐用性的，甚至比物质的耐用性消费品更加经久耐用。

舒尔茨的观点震动了经济学界，影响日益深远。有专家认为舒尔茨的人力资本理论与知识经济思想同出一源，学习和研究人力资本理论对于深刻认识和理解已见端倪的知识经济，大有助益。舒尔茨人力资本理论的精华所在是：传统的经济学普遍强调的是物力资本的作用，认为机器、设备、厂房、资金等物力资本的存量规模尤其是积累快慢，是促进或限制经济增长的主要因素。舒尔茨则把这种认识给颠倒过来了。开天辟地第一回，贡献不可谓不大。

为什么人力资本在经济增长中能够起到决定性作用？学者们运用舒尔茨的人力资本理论是这样解释的：第一，一国人力资本存量越大，越可能导致人均产出或劳动率的提高。第二，人力资本本身具有收益递增的重要特征。第三，人力资本会导致其他物力资本生产效率的改善。在舒尔茨之后，又有加里·S·贝克、爱德华·丹尼森等人在继续深入研究人力资本理论，得出了不少有价值的见解。丹

尼森关于人力资本理论的基本观点，除与舒尔茨相同的地方之外，他还有突出的贡献和区别于舒尔茨的一些观点。他在人力资本数量研究和实证研究方面，做出了较大的贡献，是西方人力资本计量的代表人物。他与舒尔茨在理论观点上的主要区别如下：第一，舒尔茨把教育作为生产过程的单独因素，而丹尼森则认为教育不是生产中的单独因素，是生产中人力因素的一个组成部分。第二，教育因素和教育投资指的是受正规教育年限的多少。第三，"知识增进"是人力资本的组成部分。所谓人的"知识增进"，主要包括学生在校学习期间的学习质量和毕业后自学、进修所获得的知识；人的知识扩大的存量；知识应用延续时间的减少等。第四，正规教育因素对经济增长的作用，只有其中的 3/5 在起作用。他认为各级教育程度就业者的工资差别，相对于经济增长贡献的差别，并非全部是教育因素的作用，教育只有 3/5 在人力资本中起作用，因为除教育因素外，还有其他因素的作用，如天赋、才能、工作经验等因素。

（二）职业生涯理论

美国的埃德加·施恩（Edgar Schein）教授立足于人生不同年龄段面临的问题和职业工作主要任务，将职业生涯分为 9 个阶段。

（1）成长、幻想、探索阶段。一般 0~21 岁处于这一职业发展阶段。主要任务是：①发展和发现自己的需要和兴趣，发展和发现自己的能力和才干，为进行实际的职业选择打好基础；②学习职业方面的知识，寻找现实的角色模式，获取丰富信息，发展和发现自己的价值观、动机和抱负，做出合理的受教育决策，将幼年的职业幻想变为可操作的现实；③接受教育和培训，开发工作世界中所需要的基本习惯和技能。在这一阶段所充当的角色是学生、职业工作的候选人、申请者。

（2）进入工作世界。16~25 岁的人步入该阶段。首先，进入劳动力市场，谋取可能成为一种职业基础的第一项工作；其次，个人和雇主之间达成正式可行的契约，个人成为一个组织或一种职业的成员，充当的角色是：应聘者、新学员。

（3）基础培训。处于该阶段的年龄为 16~25 岁。与上一正在进入职业工作或组织阶段不同，要担当实习生、新手的角色。也就是说，已经迈进职业或组织的大门。此时主要任务已是了解、熟悉组织，接受组织文化，融入工作群体，尽快取得组织成员资格，成为一名有效的成员；二是适应日常的操作程序，应付工作。

（4）早期职业的正式成员资格。此阶段的年龄为 17~30 岁，取得组织新的正式成员资格。面临的主要任务：①承担责任，成功地履行与第一次工作分配有关的任务；②发展和展示自己的技能和专长，为提升或进入其他领域的横向职业成长打基础；③根据自身才干和价值观，根据组织中的机会和约束，重估当初追求的职业，决定是否留在这个组织或职业中，或者在自己的需要、组织约束和机会之间寻找一种更好的配合。

（5）职业中期。处于职业中期的正式成员，年龄一般在 25 岁以上。主要任务：①选定一项专业或进入管理部门；②保持技术竞争力，在自己选择的专业或管理领域内继续学习，力争成为一名专家或职业能手；③承担较大责任，确立自己的地位；④开发个人的长期职业计划。

（6）职业中期危险阶段。处于这一阶段的是 35～45 岁者。主要任务为：①现实的估价自己的进步、职业抱负及个人前途；②就接受现状或者争取看得见的前途做出具体选择；③建立与他人的师生关系。

（7）职业后期。从 40 岁以后直到退休，可以说是处于职业后期阶段，此时的职业状况或任务：①成为一名良师，学会发挥影响，指导、指挥别人，对他人承担责任；②扩大、发展、深化技能，或者提高才干，以担负更大范围、更重大的责任；③如果求安稳，就此停滞，则要接受和正视自己影响力和挑战能力的下降。

（8）衰退和离职阶段。一般在 40 岁之后到退休期间，不同的人在不同的年龄会衰退或离职。此间主要的职业任务一是学会接受权力、责任、地位的下降；二是基于竞争力和进取心下降，要学会接受和发展新的角色；三是评估自己的职业生涯，着手退休。

（9）离开组织或职业——退休。在失去工作或组织角色之后，面临两大问题或任务：①保持一种认同感，适应角色、生活方式和生活标准的急剧变化；②保持一种自我价值观，运用自己积累的经验和智慧，以各种资源角色，对他人进行传帮带。

需要指出的是，施恩虽然基本依照年龄增大顺序划分职业发展阶段，但并未囿于此，其阶段划分更多的根据职业状态、任务、职业行为的重要性。正如施恩教授划分职业周期阶段是依据职业状态和职业行为的重要性，又因为每个人经历某一职业阶段的年龄有别，所以，他只给出了大致的年龄跨度，并且在职业阶段的年龄划分上有所交叉。

埃德加·施恩认为，职业规划实际上是一个持续不断的探索过程。在这一过程中，每个人都在根据自己的天资、能力、动机、需要、态度和价值观等慢慢地形成较为明晰的与职业有关的自我概念。施恩还说，随着一个人对自己越来越了解，这个人就会越来越明显地形成一个占主要地位的职业锚。所谓职业锚就是指当一个人不得不做出选择的时候，他或她无论如何都不会放弃的职业中的那种至关重要的东西或价值观。施恩根据自己对麻省理工学院毕业生的研究，提出了以下五种职业锚：

（1）技术型：持有这类职业定位的人出于自身个性与爱好考虑，往往并不愿意从事管理工作，而是愿意在自己所处的专业技术领域发展。在过去我国不培养专业经理的时候，经常将技术拔尖的科技人员提拔到领导岗位，但他们本人往往并不喜欢这个工作，更希望能继续研究自己的专业。

（2）管理型：这类人有强烈的愿望去做管理人员，同时经验也告诉他们自己有能力达到高层领导职位，因此他们将职业目标定为有相当大职责的管理岗位。成为高层经理需要的能力包括三方面：①分析能力：在信息不充分或情况不确定时，判断、分析、解决问题的能力；②人际能力：影响、监督、领导、应对与控制各级人员的能力；③情绪控制力：有能力在面对危急事件时，不沮丧、不气馁，并且有能力承担重大的责任，而不被其压垮。

（3）创造型：这类人需要建立完全属于自己的东西，或是以自己名字命名的产品或工艺，或是自己的公司，或是能反映个人成就的私人财产。他们认为只有这些实实在在的事物才能体现自己的才干。

（4）自由独立型：有些人更喜欢独来独往，不愿像在大公司里那样彼此依赖，很多有这种职业定位的人同时也有相当高的技术型职业定位。但是他们不同于那些简单技术型定位的人，他们并不愿意在组织中发展，而是宁愿做一名咨询人员，或是独立从业，或是与他人合伙开业。其他自由独立型的人往往会成为自由撰稿人，或是开一家小的零售店。

（5）安全型：有些人最关心的是职业的长期稳定性与安全性，他们为了安定的工作，可观的收入，优越的福利与养老制度等而付出努力。目前我国绝大多数的人都选择这种职业定位，很多情况下，这是由于社会发展水平决定的，而并不完全是本人的意愿。相信随着社会的进步，人们将不再被迫选择这种类型。正如许多其他分类一样，以上的分类并无好坏之分，之所以将其提出是为了更好地认识自己，并据此重新思考自己的职业生涯，设定切实可行的目标。

案例分析：

美国达纳公司主要生产螺旋叶片和齿轮箱之类的普通产品，这些产品多数是满足汽车和拖拉机行业普通二级市场需求的，该公司是一个拥有 30 亿美元资产的企业。20 世纪 70 年代初期，该公司的雇员人均销售额与全行业企业的平均数相等。到了 70 年代末，在并无大规模资本投入的情况下，公司雇员人均销售额已猛增 3 倍，一跃成为《幸福》杂志按投资收益排列的 500 家公司中的第二位。这对于一个身处如此乏味的行业的大企业来说，的确是一个非凡的记录。

1973 年，麦斐逊任公司总经理。他做的第一件事就是废除原来厚达 22 英寸的政策指南，取而用之的是只有一页篇幅的宗旨陈述。其大意是：

（1）面对面的交流是联系员工、保持信任和激发热情的最有效的手段。关键是让员工知道并与之讨论企业的全部经营状况。

（2）我们有义务向希望提高技术水平、扩展业务能力或进一步深造的生产人员提供培训和发展的机会。

（3）向员工提供职业保险至为重要。

（4）制定各种对设想、建议和艰苦工作加以鼓励的计划，设立奖金制度。

麦斐逊很快就把公司的领导班子从 500 人裁减到 100 人，机构层次也从 11 个减到 5 个。

大约 90 人以下的工厂经理都成了"商店经理"。因为这些人有责任学会做厂里的一切工作，并享有工作的自主权。麦斐逊说："我的意思是放手让员工们去做。"他指出："任何一项具体工作的专家就是干这项工作的人，不相信这一点，我们就会一直压制这些人对企业做出贡献及其个人发展的潜力。可以设想，在一个制造部门，在方圆 25 平方英尺的天地里，还有谁比机床工人、材料管理员和维修人员更懂得如何操作机床、如何使其产出最大化、如何改进质量、如何使原材料流量最优化并有效地使用呢？没有。"

他又说："我们不把时间浪费在愚蠢的举动上。我们办事没有种种程序和手续，也没有大批的行政人员。我们根据每个人的需要、每个人的志愿和每个人的成绩，让每个人有所作为，让每个人都有足够的时间去尽其所能。我们最好还是承认，在一个企业中，最重要的人就是那些提供服务、创造和增加产品价值的人，而不是管理这些活动的人。这就是说，当我处在你们那 2.32 平方米的空间里时，我还是得听你们的。"

达纳公司和惠普公司一样，不搞什么上下班时钟。对此，麦斐逊说：大伙都抱怨说，"没有钟怎么行呢？"我说："你该怎么去管 10 个人呢？要是你亲眼看到他们总是迟到，你就去找他们谈谈嘛，何必非要靠钟表才能知道人们是否迟到呢？"我的下属说："你不能摆脱时钟，因为政府要了解工人的出勤率和工作时间。"我说，"此话不假。像现在这样，每个工人都准时上下班，这就是记录嘛！如果有什么例外，我们自会实事求是地加以处理的。"麦斐逊非常注意面对面的交流，强调同一切人讨论一切问题。他要求各部门的管理人员和本部门的所有成员之间每月举行一次面对面的会议，直接而具体地讨论公司每一项工作的细节情况。

麦斐逊非常注意培训工作，以此来不断地进行自我完善。仅达纳大学，就有数千名雇员在那里学习，他们的课程都是务实方面的，但同时也强调人的信念，许多课程都由老资格的公司副总经理讲授。

达纳公司从不强人所难。麦斐逊说："没有一个部门经理会屈于压力而被迫接受什么。"在这里，人们受到的压力是同事间的压力，大约 100 名经理人员每年要举行两次为期 5 天的经验交流会，同事间的压力就是前进的动力。他说："你能一直欺骗你的上司，我也能。但是你没法逃过同行的眼睛。"

麦斐逊强调说："切忌高高在上、闭目塞听和不察下情的不良作风，这是青春不老的秘方。"一个在通用汽车公司有着 16 年工龄、最近被解雇的工人说："我猜想解雇我的原因是由于我的活的质量不好。但是，在这 16 年里，有谁向我征求过改进质量的意见呢？从来没有过。"这两个人的话形成了鲜明的对比。

请你结合本文说说麦斐逊改革的原则是什么？麦斐逊的改革对我们有什么启示？

思考题

1. 人力资源的概念及特点。
2. 建筑企业人力资源管理的概念。
3. 建筑企业人力资源管理的特点。
4. 建筑企业人力资源管理的内容。
5. 人力资源与人力资本的区别与联系。
6. 建筑企业人力资源管理的功能。

第二章

建筑企业人力资源规划

古人云：凡事预则立，不预则废。这里的"预"就是指规划或计划。建筑企业要进行人力资源管理，首先要制定科学合理的人力资源规划（Human Resource Planning，简写 HRP），它是从企业整体角度出发预测、分析和制定企业人力资源管理的各项具体经济计划指标的活动，是企业综合计划的重要组成部分，也是各项具体人力资源管理活动的起点和依据。有效的人力资源规划可以预防企业机构臃肿、人浮于事，使资源配置达到最优化，提高企业的管理效率和竞争能力，因此，建筑企业必须认真编制和执行人力资源规划。

第一节　人力资源规划概述

一、人力资源规划含义和内容

人力资源规划是指根据企业发展战略和经营目标的要求，科学地预测、分析企业在不断变化的内外环境中的人力资源的供给和需求状况，制定必要的政策和措施，以确保企业在需要的时间和需要的岗位上获得各种需要的人力资源，并使企业和个人得到长期利益的活动过程。

人力资源规划主要包括两个层次：总体规划和各项业务计划。人力资源总体规划是指根据企业的总体发展战略来确定的人力资源开发和管理的总目标、总政策、实施步骤和总预算的系统筹划。人力资源业务计划则是总体规划的展开和具体化，每项业务计划都由目标、任务、政策、步骤和预算等部分构成。主要包括以下几个方面：

（1）配备计划。这是在企业发展的中长期时间内处于不同职务、部门或工作类型的人员的具体分布状况。建筑企业各个部门、岗位所需要的人员都有一个合适的规模和结构，这个规模和结构是随着企业内外部环境和条件的变化而变化的，这就需要由配备计划来确定，以适应企业发展的要求，这是决定企业人员需求的重要依据。

（2）退休解聘计划。是指在企业发展过程中，对于因自然原因或特殊原因而与企业解除劳动关系的员工数量进行预测的计划活动。

（3）补充计划。也称为招聘计划，是指为了保证企业在出现新的岗位或空缺的岗位时，能及时地制定所需数量和质量的人员的计划，使企业能够正常运转。

（4）晋升和轮换计划。晋升计划就是根据企业的人员分布和层级结构，拟定人员的提升政策；轮换计划是指为了实现工作内容的丰富化、保持和提高员工的创新热情和能力、培养员工多方面的素质，而制定的大范围地对员工的工作岗位进行定期变换的计划。晋升表现为员工岗位的垂直上升变动，轮换则主要表现为员工岗位的水平变动。

（5）培训开发计划。就是指企业为了使员工能够更好地适应正在从事的工作或为未来的发展准备后备人才而制定的计划，它有利于提高企业的整体素质和员工个人素质，增强企业的竞争优势。

（6）职业生涯发展计划。就是企业为了不断地增强员工的满意度并使员工个人发展与企业的发展和需要统一起来，而制定的有关员工个人的成长、发展与企业的需求、发展相结合的计划。包括企业对员工在使用、培养等方面的特殊安排，但一般情况下，企业不可能也没有必要为所有的员工都制定职业生涯计划，所以该计划的主要对象应是企业的骨干员工。

（7）劳动关系计划。就是企业关于如何减少和预防劳动争议、改善劳动关系的计划。

（8）绩效和薪酬福利计划。就是对员工的工作结果进行考核，并支付相应报酬的计划，它包括绩效标准及其衡量方法、薪酬结构、工资总额、工资关系、福利项目以及绩效与薪酬的对应关系等，是关系企业与员工切身利益的计划。

（9）人力资源预算。以上各个计划都或多或少地涉及费用问题，这就要在制定各个分项计划预算的基础上，制定出人力资源的总预算。

上述九个方面计划互相关联，例如培训计划、晋升与轮换计划、退休解聘计划都可能带来空缺岗位，因而需要补充人员；而补充计划要以配备计划为前提；补充计划的有效执行需要有培训计划、劳动关系计划来保证；职业生涯发展计划和晋升与轮换计划相辅相成等。

二、建筑企业人力资源规划的意义和作用

建筑企业历来被认为是劳动力密集型企业，所以人力资源在建筑企业中起着举足轻重的作用，通过人力资源规划可以使企业在施工生产中更加合理地利用人力资源，在完成生产任务的过程中不断提高劳动生产率，创造更好的经济效益，

可以说：建筑企业的生存和发展都离不开人力资源规划。另外，建筑企业单件、小批量的生产方式使得其施工生产经常处于不均衡状态，这就更需要人力资源管理与之相适应，机动灵活，而人力资源规划不仅具有先导性和全局性，还能不断地自觉调整人力资源政策和措施，指导人力资源管理活动的有效进行，因此，它在各项管理职能中起着桥梁和纽带作用。

具体来说，人力资源规划的作用体现在以下几个方面：

（1）有助于企业战略目标、任务的制定和实施。

（2）确保组织发展对人力资源的需求。

（3）有利于调动员工的积极性和创造性。

（4）有利于更好地控制人工成本。

（5）有利于人力资源管理活动的有序化。

三、人力资源规划的程序

一般来说，企业的人力资源规划的编制要经过以下七个步骤：

1. 收集准备有关信息资料

收集准备有关信息资料是人力资源规划非常重要的活动，信息资料的质量也对人力资源规划工作质量影响很大，因为它是制定人力资源规划的基本依据。与人力资源规划有关的主要信息资料包括：企业经营战略和目标；岗位说明书；员工的数量、质量、结构和分布；员工的培训、教育情况等。

2. 人力资源需求预测

这一步骤的主要任务是分析并预测企业在未来某个时期内需要什么样的人以及需要多少人，因此，分析人员必须了解哪些因素可能影响到企业的人力资源需求。一般来讲，这些因素包括企业生产技术、设备条件的变化、经营规模的变化、经营方向的调整、原有人员的流动率大小，以及外部因素对企业的影响等。

3. 人力资源供给预测

供给预测包括两个方面：一是内部人员拥有量预测，即根据现有人力资源及其未来变动情况，预测出规划期内各时间点上的人员拥有量；二是外部供给量预测，即确定在规划期内各时间点上可以从企业外部获得的各类人员数量。一般来说，内部人员拥有量比较透明，预测起来准确度较高，而外部人力资源的供给则有非常高的不确定性。因此，企业应把重点放在内部人员拥有量的预测上，外部供给量的预测则应侧重在关键人员和核心人员，如高级管理人员和技术人员等。

4. 确定人员净需求

人员需求和供给预测完成后，就可以将本企业在规划期内的人力资源需求的预测状况与在同期内企业本身可供给的人力资源状况进行对比分析，从中测算出各类人员的净需求数（包括人员数量、结构、标准等）。

5. 确定人力资源目标

企业人力资源目标通常不是单一的，每个目标可能是定量的、具体的，也可能是定性的、比较抽象的，通常可以用最终结果来阐述，如："每个员工年培训时间达到 40 小时"；也可以用工作行为的标准来表达，如"通过培训，受训者应该会做……"等。

6. 制定具体的业务计划

如前所述，具体的人力资源业务计划既要有指导性、原则性、可行性、适用性，又要有可操作的具体措施。根据供求预测的结果不同，企业应采取的政策和措施也有差异：

（1）需求大于供给时的主要措施。这在建筑企业是经常会出现的一种情况，比如在大量使用农民工的收割季节里，突然接到规模较大或工期较紧的工程施工合同等，也有时会因为各种原因造成某一些岗位上人员短缺，这时需要采取的措施通常包括：有针对性地培训企业员工并择优补充提升；进行水平性岗位调配并进行岗位培训；延长工作时间或增加工作负荷量并给予奖励；重新设计工作以提高工作效率；制定招聘政策到企业外进行招聘等。

（2）供给大于需求时的主要措施。这在建筑市场不景气或北方冬期施工淡季时经常会出现，这时一般要采取的措施有：永久性裁减或辞退富余岗位的员工；提前退休；对员工重新培训后调往新岗位；适当储备一些人员；在相应地减少工资的前提下减少工作时间或由多人分担一个工作岗位等。当然，这要与企业的长期经营计划相符合。

7. 对人力资源规划的监控、评估和反馈

所谓人力资源规划的审核与评估是对建筑企业人力资源规划所涉及的各个方面及其所带来的效益进行综合审查与评价，也是对人力资源规划所涉及的有关政策、措施以及招聘、培训、发展和报酬福利等方面进行审核与控制。这是人力资源规划的最后阶段，其目的在于检验整个规划过程的实际执行情况，并反馈给有关规划人员，协助有关部门将工作纳入系统。一般来说，评估内容包括以下几点：

（1）运行一段时间以后实际人力资源状况与预测的比较分析，检查有无调整原先预测规划的必要。

（2）工作规划预算与实际作业成本的比较。

（3）人力资源规划目标的验收。

（4）整体人力资源规划的成本效益分析。

对于建筑企业而言，人力资源成本是企业最重要的成本项目，必须严格加以控制。通常有许多数量化的指标可以参考使用，如：人事成本、离职率、生产效率指数、岗位空缺率、递补时间等。通过评估，可以全面地反映建筑企业人力资源规划目标实施的效果情况，为在下一阶段真正落实规划打下坚实的基础。

第二节　建筑企业组织设计与工作分析

在编制人力资源规划之前的准备工作中，一项重要的内容是组织设计和工作分析。这是人力资源管理的一项重要的基础工作，通过设计精干高效的组织机构，

再全面、深入地进行工作分析，就可以使企业充分了解各种工作的具体特点和对工作人员的行为要求，从而最大限度地提高人力资源的使用效率，降低人力资源的使用成本。在人力资源管理中，几乎每一方面职能都涉及工作分析所取得的成果，可以说，工作分析是人力资源管理所有职能工作的基础和前提。

一、建筑企业的组织设计

在我国，目前建筑企业承担的功能比较单一，即仅限于建筑施工，甚至有些公司的专业化分工更细：如土建施工公司、设备安装公司、装饰装修公司或纯粹的劳务分包公司等，即使是具有总承包资质的建筑企业，也与国外的同行业企业存在差距：国际建筑市场上的大承包商往往是集投资经济分析、建筑设计、施工建设、工程监理等多种职能于一身，总承包是真正的"交钥匙工程"。为了提高建筑企业的国际竞争力，我国建筑企业也要打破旧的经营模式，增加包括建筑设计和工程咨询等方面业务在内的综合实力，这就要求我们对于所有的建筑企业都要重新进行组织设计，以适应未来形势发展的需要。

组织设计就是以组织结构安排为核心的企业生产经营系统的整体设计工作，包括设计出清晰的组织结构，规定各部门的职权，并编制职务说明书。

（一）组织设计的步骤

（1）确定组织设计的基本方针和原则。一般企业常见的组织设计原则包括：目标至上原则、管理幅度原则、统一指挥原则、责权相称原则、分工与协作原则、执行与监督分离原则、精简与效率原则等，建筑企业还应该根据自身业务特点进行补充，特别是推行"项目法"施工以后必须坚持以项目为中心原则和对项目经理充分授权的原则。

（2）职能分析和设计。每个企业的存在都有其必要性，这就是企业的对外职能，比如提供特定的产品或服务，我们可以称之为"经营职能"；同时为了能够更有效地对外提供产品或服务，还要加强内部协调管理，分别设计诸如供、产、销、人、财、物和信息等方面的管理职能。无论是经营职能的选择还是管理职能的设计，都必须遵循组织设计原则，有所为有所不为，突出自身特色，明确关键性职能，并将总职能分解为各项具体的管理业务和工作。这就需要进行初步的工作流程设计，通过对人流、物流和信息流不断的优化，提高工作效率。

（3）工作分析和设计。我们通常所说的因事设岗，"事"即是工作，要在职能分析和设计的基础上设计和确定企业内从事具体的生产、经营和管理工作所需的职务类别和数量，分析担任每个职务的人员应负的责任、应有的权力及应具备的条件等。

（4）部门设计。这实际上就是进行业务组合，即根据企业内各个职务所从事的工作内容、性质及职务间的相互联系，在理清关系的基础上，依据一定的原则，将各个职务组合成为"部门"这种管理单位，并以主要业务内容命名各部门。如某建筑公司下设的部门包括工程管理部、技术质量部、安技部、经营部、财务部、综合部和项目经理部等部门，分别承担经营管理职能。而到了生产一线的操作层，又可以将相同的工种合并成班组，如瓦工组、木工组、电工组、油漆工组等。

（5）组织结构形成。在基本完成部门之间分工协作的基础上，根据外部环境条件和员工素质、技术状况、信息沟通及企业发展战略等因素，对初步设计的部门和职务进行微调，平衡工作量和职权分配，形成最终的组织结构。

（二）建筑企业的组织机构类型

企业的组织机构是企业内的全体人员为实现企业目标，通过分工协作，在职务范围、责任、权力等方面所形成的结构体系，包括职能结构、层次结构、部门结构、职权结构等。在现代社会，企业的组织结构大体可以分为直线结构、职能结构、直线职能结构、事业部结构、模拟分权结构、矩阵结构、委员会组织、网络结构和多维立体组织结构等类型，每种结构在信息沟通传递、指挥命令系统、责任权限、利益分配等方面均有所不同，适用于不同的企业和市场条件。

我国传统的建筑企业起步于新中国成立后的三年国民经济恢复时期，因为旧中国遗留下来的施工力量十分薄弱，只有一些为数不多的私人营造厂，绝大多数工程建设队伍是由分散的个体劳动者组织起来的，其中相当一部分人聚集在私营营造厂中，远远不能适应建国之初恢复和新建基础设施和工业项目的需要，所以政府不得不采取多种方式组织建设活动。比如：筑路和水利工程基本采取战时动员征集民工、再由主管部门配备专业队伍的办法组织施工；矿山、冶金、电力等重工业建设工程则多采取自营方式，逐渐发展为各自的专业施工队伍；一般的通用工业厂房、公共建筑、职工住宅、文教卫生设施、商业服务等工程主要依靠私营的营造厂商来承包。到 1952 年又开始对私营营造厂商进行社会主义改造，并将中国人民解放军的八个陆军师集体转业改编为建筑师（后改属于建筑工程部），承担国家重点工程和工业基地的建设任务，促进了国营建筑业的兴起。但这时期的施工管理体制是以计划经济为背景的，照搬了前苏联的整套做法，外部没有形成建筑市场，内部忽视经济效益，经常是无论工程大小，都要男女老少齐上阵，"党政工团齐抓共管"，结果反倒是效率低下，使得资源配置极不合理。实践证明，这种"拖家带口"式的施工方式不符合建筑业的生产力发展特点，造成了包括人力资源在内的大量浪费，必须加以改革。

1984 年我国建筑业就已经逐步产生了项目法施工的思想，1986 年正式提出改传统的施工方式为项目法施工，并以此为核心带动施工管理体制改革，从最初在部分企业搞试点到最终全部推行开来，结合国外项目管理和现代化施工管理经验，现在已经建立起了以施工项目为核心、适应项目施工需要的企业组织形式。首先，打破了旧的固定建制式的组织制度，在企业内部实行管理层与作业层分离，并根据项目需要用承包合同的方式实现两个层次的有机结合，明确各自的责权利，其中尤以"施工项目经理负责制"最为核心；其次，改革传统的直线职能式的组织形式，建立适应项目法施工的、以施工项目为中心的矩阵制、任务中心制等企业组织形式，在施工项目实行"干部能上能下、工人能进能出"的弹性人事制度。施工项目组织机构与企业组织机构是局部和整体的关系，既有上下交叉，又有项目之间的交叉，目前常用的交叉形式有四种：

（1）工作队式的项目组织机构。项目经理按照施工需要在企业内招聘或抽调职能人员，组成管理机构（俗称项目班子）。这种机构和人员的使用期限都与项目同寿命，项目结束后机构撤销，所有人员都回到原来所属部门等待新的项目招聘，是类似于矩阵制的一种形式。由于选聘的人员相对固定，不受原属部门牵制，可以完全为项目服务，项目经理指挥也比较灵便。

（2）以原建制为基础的项目组织机构。对于一些小型的、专业性较强或技术比较单一的项目，也可以不打破原有建制而由分公司（或称为施工队）直接组成项目班子，接受企业委托负责项目施工。当然，实行这种形式也可以根据需要从其他部门抽调人员支援，支援人员多属于某一方面的专家。

（3）矩阵制项目组织机构。这是项目法施工比较典型的组织形式，其特点表现在项目机构与职能部门的交织关系上，即：项目经理由公司任免，任用期与项目同寿命，项目经理部人员由项目经理与职能部门协商聘用，在项目工作期间接受职能部门和项目经理的双重领导，根据工程进度动态配备，一个人可以同时在两个以上的项目中工作，也可以部分时间在项目工作、部分时间在原部门工作，出现矛盾由公司协调，公司保留最终决定权，这样有利于统筹安排企业有限的人才。

（4）事业部直属项目组织结构。这种形式比较适用于在一地区有长期市场或一个企业有多种专业化施工力量，如打桩、钻井工程，管道工程，石化设备安装工程等不同工程专业，可以按照地区或者专业设立事业部（或称为工程处），事业部再根据工程特点选任项目经理独立承担项目施工任务。

二、建筑企业工作分析

工作分析又称职务分析或岗位分析，是指借助于一定的分析手段对某一特定的工作做出明确的规定，并确定完成这一工作所需要的知识技能等资格条件的过程。具体地说，工作分析就是全面收集某一工作的有关信息，对该工作从六个方面开展调查研究：工作内容（what）、责任者（who）、工作地点（where）、工作时间（when）、如何操作（how）、为什么要这样做（why），然后再将该工作的性质、结构、要求等进行书面描述、整理成文的过程，即是对该工作的工作内容和工作规范（任职资格）的描述和研究过程。它的成果包括工作描述和工作说明书两大部分。

（一）工作分析的一般方法

这里所讲的工作分析方法实际上是指收集工作信息的方法，它在工作分析中占有重要地位。工作分析的方法很多，各有所长，没有一种方法可以提供非常完整的信息，因此需要综合使用这些方法。

（1）问卷法。这是工作分析中最常用的一种方法，就是将事先编制的工作分析问卷发给调查对象，要求其认真填写，从而获取有关的工作信息，再将问卷加以归纳分析，写出工作描述后征求任职者的意见，加以补充和修改的过程。采用这一方法首先是要设计一份有效的调查问卷，根据需要可以选用结构化程度较高的通用型问卷、针对某一工作的专用问卷和效度、信度较高的定量化问卷等。

（2）观察法。是指工作分析人员直接到工作现场，针对某些特定对象（一个或多个任职者）的作业活动进行观察，收集、记录有关工作的内容、程序、形式和方法及工作环境、条件等信息，并加以比较、分析、汇总得出分析成果的方法。具体使用时根据观察对象的工作周期和工作突发性的不同可分为直接观察法、阶段观察法和工作表演法等。这种方法适用于大量标准化的、周期短的、体力劳动为主的工作（如施工作业），不适用于脑力劳动成分较高的工作（如工程设计）。

（3）工作日志法。又称工作写实法，指任职者按时间顺序详细记录自己的工作内容与工作过程，然后经过归纳分析，达到工作分析目的的一种方法。工作日志中至少应包括做什么、如何做和为什么做三个方面，一般适用于工作循环周期较短、工作状态稳定的职位。

（4）工作实践法。是指分析人员通过实际参与某项工作，从而深入细致地体验、了解、分析工作的特点和要求，以达到工作分析目的的方法。它可以克服某些有经验的员工却不善于表述、不了解自己完成任务方式的缺点，也可以弥补一些观察不到的内容，获得的数据资料更加真实可靠。但是由于现代企业中很多工作高度专业化，分析人员往往不可能具备从事所有工作的知识和技能，所以该方法仅适用于对一些比较简单的、短期内可以掌握的工作的分析，也可以与其他方法结合起来运用。

（5）访谈法。是通过分析人员与现岗工作人员面对面交谈获得所需资料的方法。因为员工对自己所承担的工作最为了解，对工作情况最有发言权，所以与他们面谈是收集工作分析信息的一种有效方法，特别是那些无法用实践法和观察法来了解的复杂工作更需要用通过面谈来了解工作的内容、原因和做法。具体使用时又包括个别员工访谈法、集体员工访谈法和主管访谈法三种形式。

此外，还有关键事件法等其他方法，都可以作为工作分析的手段。实际上，很可能通过不同的方法收集得到的信息会有所差别，这就需要进一步分析、验证，只有根据实际情况将各种方法结合起来使用，才能对工作及工作者在体力、智力、社会和环境等方面的要求有一个全面地了解。

（二）建筑企业工作分析内容

建筑业是个古老的行业，很多工种由来已久，所以大部分操作层面的工作内容和要求已经十分成熟，这部分工作分析只需凭借以往的工作经验就可以完成，这是对建筑企业比较有利的一面。但是随着建筑形式、建筑材料、施工技术的不断更新和进步，很多旧的经验和意识很快又会过时，工作分析也必须成为企业的一项日常管理工作，与时俱进，为人力资源管理提供科学的依据，实现"人称其职、人尽其才"。通常在以下情况下特别需要进行工作分析：其一，组建一个新的企业时，招聘员工至少需要有一个粗略的岗位职责和任职资格说明；其二，由于企业的经营业务发展需要使工作内容、性质发生变化时，也要及时进行工作分析，保证不出现职能遗漏和重叠；其三，企业由于技术创新、劳动生产率提高时，重新进行定岗、定员也需要通过工作分析提供依据；其四，为了完善规章制度，如绩效考核、晋升、培训机制的建立等，特别是当人力资源管理整体水平很低，一切工作无从下手时，就应该从工作分析来切入。根据不同的工作分析目标确定分析重点和精确程度。

尽管我国大多数的建筑企业长期粗放经营，没有经历过科学管理阶段，基础管理工作薄弱，但改革开放以后也曾在建筑业推行过"岗位责任制"、"全员承包制"、"满负荷工作法"等多次经济体制改革，这些改革客观上为我们进行工作分析积累了大量的素材。分析人员应在调查时首先要注意收集使用本企业的这些历史资料，并借鉴同行业优秀企业的先进经验，取长补短，确保工作分析科学合理。

工作分析的最后成果就是形成岗位说明书。它是对企业各类岗位在工作内容、工作任务、工作职责、权限、工作环境及本岗位人员的任职资格条件等方面所做的统一要求，是对工作分析的结果加以整合以形成具有企业法规效果的正式文本。一般说来，它包括对工作的描述和对任职资格的描述两方面内容。其中工作描述包括岗位标志（岗位名称、编号、所属部门、直接上级职位、岗位薪点等）、岗位概要、工作活动内容、工作职责、工作结果、工作关系和工作环境等内容；任职资格的描述则包括一般要求（年龄、性别、学历、工作经验、培训等）、生理要求、技能要求、心理要求和其他特殊要求等方面的最低要求，除了满足企业自身需要以外，还必须遵守国家和行业的有关规定。自从实行"项目法"施工以后，很多建筑企业实行管理层与劳务层分开，属于管理层的岗位设置至少要包括：隶属于工程管理部门的材料管理、设备管理、合同管理、生产统计；隶属于技术质量部门的计量测量管理、技术资料管理、质量体系管理、试验管理；隶属于安全技术部门的设备用电安全管理、施工消防安全管理、安全生产培训管理；隶属于经营部门的招投标管理、预算管理；隶属于财务部门的会计、出纳；隶属于综合管理部门的办公室、后勤、人力资源管理等。而属于劳务层的通常分布在项目经理部，又分为专业技术骨干和一般劳动力：前者在有些地方简称为"一长十员"——"长"即是项目经理（俗称项目长），"十员"有施工员、技术员、质量员、安全员、机械员、材料员、抽样员、测量员、合同员、核算员、资料员、预算员、计量员等，实际上不止十种岗位，可根据工程项目的规模合并兼任；后者还是按照工种配备，可以完全根据项目的工程性质、规模、进度要求等实行弹性聘任。

三、建筑企业劳动定额与劳动定员

劳动定额是指在一定的生产技术和企业条件下，为劳动者所预先规定的生产一定量的合格品或完成一定量工作所需的活劳动消耗量的标准。它一般有时间定额（或者工时定额）和产量定额两种基本的表现形式，因为建筑产品工作量大、生产周期长，所以适宜采用时间定额。由于我国建筑企业也经历过相当长时间的计划经济年代，国家设置了专门研究建筑业劳动和材料消耗定额的机构（有些地方称为建筑定额管理站），他们定期对外发布定额标准，这就可以成为建筑企业科学组织生产劳动、合理分配劳动报酬的重要依据。当然，建筑企业也可以参照国家、地区和行业定额标准，按照自己的特点制定更符合实际的企业标准，体现真实的经营水平。

劳动定员是指在一定时期内和一定的技术条件下，对企业配备各类人员所预先规定的限额，或者说是企业用人的数量与质量的界限。它以企业劳动组织正常性生产为前提，以工作岗位为对象，凡是企业正常生产经营所需要的各类人员，无论是生产岗位还是服务岗位，也无论是技术岗位还是管理岗位，都应纳入定员范围，所以说，劳动定员是企业管理的一项基础性工作。定员的方法是：一方面要在预测企业经营任务的前提下，结合企业或行业的劳动定额确定劳动总量，再结合班次轮换和后备保障、临时任务调剂等因素确定一线工作人员数量，体现高效率、满负荷和充分利用工时的先进性原则；另一方面又要根据企业经营管理流程需要的工作分析结果和行政主管部门要求合理定员。比如：国家对于建筑企业实行资质管理制度，企业要具备相应的资质就必须保证各类人员的比例关系要协调，特别是对工程技术人员和一、二级项目经理的人数有严格要求，在制定劳动定员时要优先保证满足这些条件。

第三节　建筑企业人力资源预测

所谓规划，实际上就是比较全面的、长期的计划，所以任何规划都是建立在合理的预测基础上的。建筑企业人力资源规划也同样需要首先在现有的组织结构框架内对人力资源的需求、供给做出预测，进而分析供需矛盾，找出解决办法。

一、人力资源需求预测

人力资源需求预测是指根据企业战略规划和内外条件选择预测技术，并对企业的人力资源需求数量、质量、结构进行预测的过程。其主要任务就是分析企业需要什么样的人以及需要多少人等。为此，规划人员首先要了解哪些因素可能影响企业的人力资源需求，然后再根据这些因素的变化对企业的人力资源需求状况进行预测和规划。

（一）人力资源需求预测的影响因素

从我国的现实情况来看企业的人力资源需求是由多种因素决定的，对它们的把握直接影响到人力资源需求预测结果的精确程度，必须根据企业的实际，综合考虑这些因素的变化进行预测。影响因素包括以下几个方面：

（1）企业的发展战略和经营规划。这是最直接的影响因素，它决定了企业内部的岗位设置及人员需求的数量、质量与结构水平。比如：当一个建筑企业决定向外地扩张时，未来的岗位数和人员数肯定会有所增加；当企业准备增加某一方面业务时（如工程设计），人员构成也会发生变化。

（2）生产技术和管理水平的变化。因为不同的生产技术和管理方式很大程度上决定了企业内部的生产流程和组织方式，进而决定了企业内部的岗位设置的数量和结构。比如建筑企业实行了"项目法"施工以后，管理重心放在了项目上，对于有一线操作经验的人员需求就上升了。同时新的施工工艺也使得企业需要用一些掌握新技能的员工来替代原有员工，所以当企业的生产和管理技术发生重大变化时，会引起岗位和人员的巨大变化。

（3）企业的产品或服务的社会需求。企业的宗旨归根结底还是要为顾客服务，即建筑业通常所说的业主、甲方或建设单位等。他们的要求企业必须满足，最终会体现在人员的配置上。比如随着城市用地的日益紧张，高层建筑比例迅速上升，相应地要求建筑企业中具备高层建筑施工能力的人员就要增加。

（4）企业现有的人力资源状况。主要是现有人员流动率，包括退休、辞职、休假、死亡和劳动关系终止等几种情况。

（5）企业所拥有的财务资源对人员需求的约束。对于像建筑业这样生产不均衡的行业，必须有一定的人力资源储备才能应对市场环境的变化，但是人才储备也需要成本，所以财务资源充足的大企业可以在任务不饱满时也引进人才，壮大力量，财力不济的小公司则不行。

（6）外部环境对企业的影响。外部环境包括社会、政治、经济、技术、法律环境等大的方面，具体影响因素不胜枚举，都需要一一分析考虑。其中特别是经济环境对人力资源需求的影响最大，而且可预测性较弱，因为它直接决定企业的市场状况，通过对企业产品或服务的需求的影响进而影响到企业对人力资源的需求。建筑业作为国民经济的基础产业，尤其受到基本建设投资的影响较大，此外，同行业竞争对手的变化也是不容忽视的重要因素。这些外部环境是企业人力资源规划的"硬约束条件"，任何政策和措施均无法回避。比如：《中华人民共和国劳动法》规定：禁止用人单位招用未满16周岁的未成年人。企业在拟定未来的人员招聘计划时就必须遵守这一规定；还有刚刚出台的《劳动合同法》以及清理农民工工资拖欠问题的一些具体政策都是必须加以注意的外部环境。

以上复杂的内外环境因素的影响使得人力资源需求预测更加复杂和困难，需要分析和筛选出对企业人力资源需求影响最为关键的因素，并确定这些因素的实际影响程度，然后再根据这些因素的变化对企业的人力资源需求状况进行预测和规划。

（二）人力资源需求的预测方法

人力资源需求的预测是以企业发展战略和目标为出发点的，它不仅取决于企业所提供的商品或服务的数量，而且取决于劳动输入和产品产出之间的关系（如前所述的劳动定额），即劳动生产率。根据企业目标长远性的程度，人力资源需求预测可以分为短期预测、中期预测和长期预测等三种类型：短期预测主要涉及下一年度如何满足企业对于人力资源配备的需求；中期预测集中考虑如何满足企业1～5年的目标和要求；长期预测则致力于考虑企业5年以上的发展目标。它们实际上都反映了企业在发展方向上的基本原则和对环境变化的适应能力。具体预测方法有以下几种：

1. 经验判断法

也称为直觉预测法，是指企业的各级管理者根据自己工作中的经验和对企业未来业务量增减情况的直觉考虑，自下而上地确定未来所需人员的方法。具体做法是：先由基层管理者根据自己的经验和对未来的业务量的估计，提出本部门各类人员的需求量，再由上一级管理者估算平衡，再报上一级的管理者，直到最高层管理者做出决策，然后由人力资源部门制定出具体的执行方案。这是一种非常简便、粗放的人力资源需求预测方法，主要适用于短期的预测。它一般开始于企业产品的需求，并对政府法令规定、市场竞争一并加以考虑，进而预测出未来产品的需求，如建筑企业就是确定每个工程项目的规模，然后按照各项目的特性、所需技术、行政资源分别制定出工作人员预算，反映出各个项目的工作量，最后再以一定的数量比率（综合劳动定额或综合劳动生产率）转换为人力需求。所以，当进一步进行量化分析预测时，这种方法也可以叫做转换比率分析法，就是把企业未来的业务量转换为对人力资源的需求量，这其中的关键步骤是计算出业务量增加与人员需求量之间的比例关系，同时还要考虑到劳动生产率变化的影响，具体操作时可以使用下列公式进行预测：

$$计划期末所需员工数量 = \frac{目前业务量 + 计划期业务量的增长量}{目前人均业务量 \times (1 + 生产率增长率)}$$

需要指出的是，这种预测方法存在着两个缺陷：一是进行估计时需要对计划期的业务增长量、目前人均业务量和生产率的增长率进行精确的估计；二是这种预测方法只考虑了员工需求的总量，没有说明其中不同类别员工需求的差异，无法解决人员的结构性矛盾。

2. 德尔菲法

又称专家意见法，是美国兰德公司于 20 世纪 40 年代末提出的一种预测方法，其特点是专家参与、匿名进行、多次反馈和采用统计方法加以处理，有利于企业利用专家的知识、经验和分析能力做出长期的需求预测。因为企业制定人力资源的长期规划时，需要明确长期发展方向，考虑是否继续生产过去的产品，是否增加、减少或变更企业的经营战略，这就需要利用专家各自独特的视角综合分析影响企业发展的各种因素，通过调查问卷或面谈来获得各位专家关于某些特殊问题的独立判断意见。采用德尔菲法作预测时，可按下列步骤进行：

（1）设计人力资源调查表，在表中简要说明调查的注意事项，列出有关人力资源需求预测的各类问题。

（2）组成专家小组，人数一般在 15～20 人为宜，确保每位专家只与负责人力资源规划的调查人员发生联系，分别发放调查表，并为专家提供相关的背景资料。

（3）各专家根据所掌握的资料和经验独立地对表中问题进行判断和预测，并说明其依据，以书面形式将结果提供给调查人员。

（4）调查人员将各位专家的第一次预测值和说明汇总后进行统计分析，并将结果再次发给各位专家，进行综合比较，由专家们独立决定是否修改自己的预测结果。

（5）经过反复几轮的调查，多次修改后，最后综合各位专家的意见便可以获得比较理想的预测结果。

使用这种方法时，一定要注意专家之间不能见面，各自单独进行，以利于专家们独自作出判断，这样能够发挥各位专家的不同作用，集思广益，而且各位专家可以根据别人的意见修正自己的判断，准确度高。

3. 回归分析法

这是定量化的数学预测法。它主要是通过企业过去的人员数量变化趋势来预测未来人力资源需求变化趋势的一种方法，需掌握大量的相关因素及数据资料才能进行。如果利用一种因素进行预测，称为线性回归（也可以叫单变量趋势外推法）；如果利用多种因素进行预测，称为多元回归。

使用回归分析法进行人力资源需求预测时，首先要找到企业中与人力资源需求量（包括数量、质量、结构和分布）相关性最大的一种或几种因素，然后再分析出这些因素与人员数量的变动趋势和规律，最后推测出未来的变化趋势和需求量。具体运用时分为三个步骤：

（1）确定与人员增减有关的企业因素。一般来讲，选择的企业因素必须满足两个基本条件：一是确定的企业因素应与人力资源数量直接相关，以便于企业计划的制定，而且相关程度越大，预测越准确；二是所选因素的变化必须与所需员工数量的变化成比例，而且这些因素应是容易预测和把握的。所以选择相关因素非常关键，必须符合实际，力求准确。建筑企业对于人员数量最为相关的因素除了前述的未来业务量以外，还有一个非常重要的因素就是企业的技术装备率，它决定了一个企业的技术构成和人员比例情况。

（2）分析企业历史上这些因素与人力资源数量之间的变化规律。这一步的主要工作是搜集掌握近些年来企业每年的劳动产出量、资产数量与人力资源数量等一些数据指标，进而可以分析并确定它们之间相互的变化趋势，以便预测下一年或以后几年的各因素变化趋势和人力资源需求变化趋势。

（3）分析和修正过去的变化趋势，预测以后的人力资源需求量。这一步要求在分析认识过去历史数据变化的原因时，要做到准确、实际、恰当，充分把握这些因素对未来人力资源需求量的影响程度（相关系数），并依据这种影响程度的大小对过去的变化趋势作出修正，进而在预测这些因素的变化规律的基础上对未来的人力资源需求量做出合理的延伸和预测。也可以说，应用回归分析就是要在自变量（相关因素）与因变量（人力资源需求量）之间找出一条最合适的关系曲线，通过检验过去几年曲线的理论值与实际值的误差来确定预测的精确度，误差越小，预测就越准确。

4. 总体预测法

这是以数学模型进行预测的一种方法，这个模型综合考虑了企业的内在及外在因素，公式如下：

$$E = \frac{L+G}{Y} \cdot \frac{1}{(1+X)}$$

其中，E 就是预测未来劳动力的数值，L 是目前企业经营活动的总值，G 是经过 N 年后的经济活动增加值，X 是在 N 年后劳动生产率的增加比率，Y 是目前企业经营活动的转换总值（每位员工对应的经济活动值）。

5. 劳动定额法

这种方法的思路同于总体预测法，但更适用于对直接生产人员需求数量的预测（如各项目的一线工人）。在已知企业计划任务总量并制定了科学合理的劳动定额的基础上，运用劳动定额法能较为准确地预测出人力资源需求量，其公式为：

$$N = \frac{W}{Q(1+R)}$$

式中　N——人力资源需求量；

W——企业计划期任务总量；

Q——企业定额标准；

R——计划期劳动生产率变动系数，$R = R_1 + R_2 - R_3$，其中 R_1 表示企业技术进步引起的劳动生产率提高系数；R_2 表示经验积累导致的生产率提高系数；R_3 表示由于劳动者及某些因素引起的生产率降低系数。

综上所述可以发现，这几种方法都是以现存的或者过去的企业业务量和员工之间的关系为基础，都适合于预测具有共同特征的员工的需求。这些方法的精确度不仅有赖于两者之间关系的强度、这种关系的提炼方法的精确性，还和这种关系在将来继续保持的程度密切相关。因此，人力资源规划的另一个关键因素是预测现有劳动力的老化和员工离职情况。通常企业人员减少量是辞职人数、解雇人数、调离人数和退休人数的总和，应该区分为不可避免的和可以控制的两类情况。建筑行业由于其生产活动的不均衡性、工作地点流动性和收入不稳定等因素造成该行业人员流动比较频繁，再加上随着时间的推移各个不同的工作岗位上员工正常的流动率，预测离职率确实比较困难。因此，除了使用关系模型进行预测外，还需要用管理人员的主观判断进行修正，才能符合企业的要求。

二、人力资源供给预测

人力资源供给量预测，也称人员拥有量预测，是人力资源规划的又一关键环节。只有进行人员拥有量预测，并把它与人力资源需求量相对比之后，才能制定各种人力资源规划。

对建筑企业而言，能否得到有效的人力资源供给主要取决于企业的规模、经营分布区间、产品的多样性、工会的力量、员工的素质以及企业地理位置的差异等因素。而对于人力资源的提供方——各类人才来说，是否愿意到某企业就职则主要受到薪酬因素和非薪酬因素两方面影响。其中前者是影响人力资源供给最为基本的、首要的因素，往往成为决定人力资源流动的第一要素；后者又包括工作环境（工作性质、工作条件、劳动保护等）和劳动者自身因素（身体状况、技能水平、学识、出身、心理品质等）两个方面。由于建筑行业的一线操作多属于苦、脏、累、险的工作，所以，近二三十年来已经几乎无法从城市人口中招收到一线操作工人了，取而代之的是大量的进城务工人员（农民工）。

人力资源的供给来源主要包括两个渠道，一是企业外部，即社会人才市场和劳务市场，二是企业内部，即原有的在编职工，需要分别进行预测。

（一）企业内部供给预测方法

除了新建企业以外，内部供给应该是绝大多数企业人力资源供给的主要部分，企业未来的人力资源需求的满足应首先考虑内部人力资源供给。企业内部人力资源供给的预测方法有：

（1）人员核查法，也称技能清单法。就是对企业现有的人力资源的数量、质量和结构，人力资源在各个职位上的分布情况进行核查，以掌握企业拥有的人力资源现状。通过核查，可以了解员工在工作经验、技能、绩效晋升潜力等方面的情况，从而帮助人力资源规划人员估计现有员工调换工作岗位及胜任的可能性大小，决定哪些人可以补充当前的职位空缺。因此，在日常的人力资源管理工作中，要注意做好员工的工作能力及潜力方面的客观记录，通常可以用《人事资料登记表》的方式来提供企业内可用技能的信息，尤其是随着计算机和网络技术的广泛应用，《人事资料登记表》的制作和使用将越来越便利。当然，不同员工类型的《人事资料登记表》会有所差异，而且随着员工情况的变化随时更新，一旦出现职位空缺，人力资源部门便可以根据它提供的信息及时挑选合适人选。

（2）人员接替图，也称为职位置换卡。就是企业的人力资源管理部门利用人员接替图来对每一位内部候选人进行跟踪，以便为企业内重要的职位挑选候选人员。人员接替图记录各个工作人员的工作绩效、晋升的可能性和所需要的训练等内容，由此来决定有哪些人员可以补充企业的重要岗位空缺。使用这一方法的操作过程是：首先确定在人力资源规划中涉及的工作职能范围，一般应是对企业生产经营活动有重大影响的管理岗位；其次是确定每个关键岗位上的接替人选；然后再评价接替人选目前的工作情况和是否达到了提升的要求；最后了解他本人的职业发展需要，并引导其将个人的职业目标与企业目标结合起来。其最终目标是确保企业在未来能有足够的管理人员供给。

技能清单描述的是个人的技能，而人员接替图则是确认可以胜任企业中关键岗位的候补人选。图 2-1 就是一个简单的高层管理人员接替图的示例。

其中，第一层的总经理为需要准备替换的关键岗位。第二层为总经理的后备人选及接替顺序：A 是马上可以提升的；B 是可以提升的；C 是经过培养锻炼有可能提升的。第三层为各位分管副总经理的后备人选及接替顺序：a、b、c 是企业准备提升的后备中层管理人员。

建立人员接替模型的关键是根据工作分析的信息明确不同岗位对员工的具体要求，然后确定一位或几位较易达到这一岗位要求的候选人；或者确定哪几位员

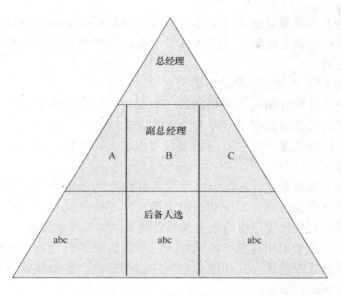

图 2-1　高层管理人员接替图

工具有潜力、可以经过训练后胜任这一工作，然后把各岗位的候补人员情况与企业员工的流动情况综合起来考虑，控制好员工流动方式与不同岗位人员接替方式之间的关系，对企业人力资源进行动态管理。

（3）马尔科夫模型。这是应用于内部人力资源供给预测的又一种常用方法，它主要是用来预测等时间间隔点上（一般为一年）各类人员的分布状况。该模型的基本思路是：在给定的时期内企业各类人员都是有规律地由低一级向高一级职位转移，且转移率是一个固定的比例或可以根据企业历史上职位转移变化分析推算出来。如果各类人员的起始数、转移率和未来补充人数已经给定，则组织中各类人员的分布就可以预测出来。该方法重点描述企业中员工流入、流出和内部流动的整体形式，可以作为预测企业内部人力资源供给的基础。

运用该方法时，首先要做一个企业人员变动矩阵（有几类岗位就做几阶方阵），其中的每个元素可以表示从一个时期到另一个时期两个岗位之间变动的员工数量的历史平均百分比（转移率），比如：上一年第一类岗位（最基层）本年度还有 60% 员工留存在本岗位，有 30% 升职到第二类岗位，没有升到更高级岗位的，则 P11（一类到一类的转移率）为 0.6；P12（一类到二类的转移率）为 0.3；P13（一类到三类的转移率）为 0。还有 10% 哪里去了？肯定是流出本企业了。这些百分比实际上反映的是每一种岗位中人员变动的概率，是在一定时期内估计出来的平均值，时间越长，这个百分比的准确性就越高。

其次，就要将计划期初（上年年末）每种岗位的人员数量与每一种岗位的人员变动概率（转移率）相乘，然后纵向相加，就可以得出企业内部未来人员供给的净值。所以说，马尔科夫模型是一种动态的预测模型。

（二）企业外部供给预测方法

企业现有的工作人员因各种主观和自然原因退出工作岗位是不可抗拒的规律，

当企业内部的人力资源无法满足需要时，就必然需要从外部不断补充人员，这就要根据企业生产经营变化和人员自然减员情况，预测和分析企业外部的人力资源供给情况和形势。

1. 影响外部人力资源供给的主要因素

（1）宏观经济形势和失业率预期。一般说来，宏观经济形势越好，失业率越低，人力资源供给就越紧张，招聘工作就越困难。

（2）人口资源状况。它主要包括人口规模、人口年龄、素质结构、现有劳动力的参与率等。

（3）劳动力市场发育程度。市场发育良好将有利于劳动力自由进入市场，由市场工资率引导劳动力的合理流动；而市场发育不健全及双轨制的就业政策势必影响人力资源的优化配置，也给企业预测外部人员供给带来困难。

（4）社会就业意识和择业心理偏好。由于受传统的就业观念的影响，很多人形成了不正常的就业意识，互相攀比，择业心理扭曲，使得建筑业这样的基础产业部门人力资源供给紧张。

（5）本地区的经济发展水平、教育水平、地理位置、外来劳动力的数量与质量、同行业对劳动力的需求等因素。

2. 企业外部人力资源供给的主要渠道及预测

外部供给是由企业在劳动力市场上采取的各种吸引活动引起的，所以外部供给分析需要研究企业可能引进的潜在员工的数量、质量等因素。企业可以根据过去的招聘与录用经验，了解那些有可能进入企业工作的人员状况，以及这些潜在员工的工作能力、经验、性别、成本等方面的特征，从而把握他们能够承担企业的哪些工作。

企业外部人力资源供给的主要渠道有：大中专院校及技职校应届毕业生、复员转业军人、失业人员与流动人员、其他企业的在职人员等。

其中，大中专院校及技职校应届毕业生的供给较为确定，主要集中在春季，且其数量和专业层次、学历等均可通过各级教育部门获取，预测工作容易。

复员转业军人由国家指令性计划安置就业，也比较容易预测。

比较困难的是城镇失业人员和流动人员的预测，在预测过程中需综合考虑城镇失业人员的就业心理、国家就业政策、政府对农村劳动力进城务工的控制程度及其他因素等。

而对于其他企业的在职人员的预测则需考虑诸如社会心理、个人择业心理、企业本身的经济实力及同类企业相当人员的工资、保险、福利、待遇等因素，根据本企业的政策科学地比较预测。

三、人力资源供求平衡

使人力资源供求关系达到平衡是人力资源规划的主要目的。这个平衡应该是通过将人力资源供给和需求预测进行比较后二者在数量、质量及结构等方面完全一致。但实际上，能够完全达到平衡的情况十分罕见，这时人力资源规划就要根据企业人力资源供求预测结果制定相应的政策措施，使企业未来人力资源供求实现平衡。

（一）人力资源短缺情况下的政策与措施

当预测结果表明企业在未来某一时期在某些岗位上可能需求大于供给、出现人员短缺时，为了不影响经营计划的完成，企业就要一方面充分利用和开发现有人力资源，另一方面从外部招聘有用人才来弥补不足。具体的政策和措施有：

（1）培训本企业职工，对于受过培训的员工根据需要择优提升补缺，并相应提高其工资等待遇。

（2）进行平行性岗位调动，适当进行岗位培训。

（3）延长员工工作时间或增加工作负荷量，并给予相应的补偿或奖励。

（4）重新设计工作以提高员工的工作效率。

（5）改变用工方式，雇用临时工。

（6）改进生产技术或进行超前生产。

（7）制定优惠的招聘政策，到企业外进行招聘。

此外，解决人力资源短缺最为有效、最根本的方法是采取有效的激励机制调动现有员工的积极性，如设置多样化的物质和精神奖励、让员工多参与决策、采用多种形式培训提高员工的技能、鼓励员工进行技术革新等，不断提高劳动生产率，减少对人力资源的需求。

（二）人力资源过剩情况下的政策与措施

如果通过预测分析发现企业在未来的某一时期内可能出现在某些岗位上人员过剩，即单纯的内部供给就已经超过需求，出现了冗员现象，这时企业应采取的一般措施主要有：

（1）永久性裁减或辞退富余岗位的员工。

（2）暂时或永久性地关闭一些不盈利的生产部门，精简职能部门。

（3）让部分效率低下或多余岗位的员工提前退休。

（4）对员工进行重新培训，调往新岗位，或适当储备一些人员。

（5）减少工作时间，随之减少工资。

（6）由两个或两个以上的人员分担一个工作岗位，相应减少工资。

当然，不同的措施效果会有很大差异，对于企业和员工也具有不同的含义。比如：裁员要比自然减员速度快得多，而且对企业更有利，但对于员工来说，裁员所带来的经济和心理方面的损害要比自然减员严重得多，因而会遭到员工的强烈反对。

（三）人力资源供求结构不平衡的政策与措施

在制定平衡人力资源供求的政策措施过程中，有时会发现没有单一的供不应求或供过于求，往往是某些部门人力资源供过于求，而另外几个部门又供不应求，或者是高层次人员供不应求，而低层次人员供给却远远超过需求。这时就需要对企业的现有人力资源进行结构调整，如将一部分人员从某些供过于求的岗位转移到某些供不应求的岗位，其办法包括提升、平调、降职等。另外，也可以针对某些人员进行专门培训，同时辅之以招聘和辞退，以保证人员结构的平衡。

第四节 人力资源规划的编制与实施

人力资源规划的重要性决定了其编制工作不可能是由某一个部门单独完成的，而是需要在各个职能部门的配合下，由人力资源管理部门牵头编制，再由各部门实施后不断修正，使之真正起到指导作用。

一、人力资源规划编制的基本条件

建筑企业的人力资源规划的最终目的是实现员工与岗位的合理配置，使之各得其所。规划编制应是在完成了组织设计和工作分析基础上进行的，其具体的基本条件就是企业内各岗位的设置与改进。

（一）岗位设置

企业在进行人力资源规划时，其岗位设置的数量准确与否直接决定着人力资源规划的成败，也决定着企业的运行效率的高低。设置岗位时除了要充分考虑每个岗位的具体情况外，还要从部门和企业生产经营的全过程角度对岗位的设置进行总体评价。

一般来说，某一企业的岗位设置是由该企业的总任务、总目标决定的，也可以按照某一部门的目标任务来决定，本着"因事设岗"的基本原则，按照企业实际需要科学合理地设计岗位，使之既能满足企业劳动分工与协作的需要，节约成本、提高生产经营效率，又能满足劳动者在安全、健康、舒适的条件下从事工作的生理、心理上的需要。

在实际进行岗位设置时，应该遵循以下原则：

（1）岗位数目最低原则。这就要求企业以尽可能少的岗位设置来承担尽可能多的工作任务，充分发挥人的潜力。同样的工作任务如果设置的岗位多不仅增加沟通的难度、人浮于事、效率低下，而且会加大成本开支，百害而无一利。当然，这里的任务既包括企业和部门的常规任务，也包括专项和应急任务。

（2）岗位间有效配合原则。这就要求企业中各个岗位之间有效合作、相互支持，从而保证企业的总目标、总任务的实现，体现企业的团队精神及整体合力。

（3）积极效应原则。这是要求企业的每一个岗位与相关岗位要协调一致，没有内耗，保证发挥各自职能。

（4）经济性、科学性、合理性、系统性原则。

（二）岗位改进

企业岗位改进是指企业根据经营条件的变化，对某些岗位重新进行工作职责、内容和范围的再设计。一般从以下三个方面来进行：

（1）扩大工作范围，丰富工作内容。在现代化大生产的条件下，企业劳动分工越来越细，严密的分工使得岗位界限非常明确，这固然有利于管理和考核，也能提高劳动效率、促进企业生产，但同时也带来了一些问题，如劳动简单化、工作单调乏味、劳动者的情绪低落等，不利于企业培养复合型人才，也不利于企业进行员工的再配置。针对这种情况，可以采取如下措施：

一是工作扩大化，就是将工作职责和工作范围扩大。它包括横向扩大工作和纵向扩大工作，前者是指将分工很细的作业环节合并（如由一人负责一道工序改为几个人共同负责几道工序，用多项操作代替单项操作）；后者则是将本岗位的部分职能转移到下一等级岗位上（如将部分管理职能放权给生产者承担），增加岗位的工作职责，工作范围沿着企业组织结构的垂直方向进行扩大。工作扩大化可使岗位的工作范围和责任增加，改变员工对工作的单调感和乏味感，提高工作效率。

二是工作丰富化。在岗位现有工作任务的基础上，通过充实工作内容，使岗位工作多样化，消除因从事单调工作而产生的枯燥厌倦感，从心理上满足员工的需要。如尽量安排员工进行不同工序、设备的操作，实现"一专多能"；使员工了解本岗位工作与整个工程的关系；在条件允许时让员工自己设定目标以提高其工作责任感等。这样能使员工有更多的实现个人成就、表现个人才能和受到表扬奖励的机会，既提高了工效，又增强了心理满足感。

（2）工作满负荷。对于企业来说，岗位改进的一项基本任务是让每个岗位的工作量饱和，使有效劳动时间得到充分利用，提高劳动生产率。如果有些岗位低负荷，不仅增大成本开支、造成浪费，而且会打击其他岗位员工的积极性；但如果超负荷运转，虽然能带来高效率，但不会维持长久，既影响员工的心理、生理健康，又会给设备带来不必要的损害。这就需要对岗位的任务量进行分析，设计出先进合理的劳动定额和岗位定员。

（3）劳动环境的优化。劳动环境是指劳动场所和工作地，它的好坏也直接影响工作效率和员工的积极性，应该利用现代科学技术改善劳动环境中的各种影响因素，使之适合于劳动者生理心理安全健康，建立起人—机—环境的最优系统。建筑企业的施工现场主要是露天作业，自然环境难以控制，但也要尽可能整顿和改善，保证环境安全卫生。现在各地建设主管部门推行的文明施工活动就是按照这一要求来做的。

二、人力资源规划的编制

如前所述，建筑企业的人力资源规划的编制需要经过七个步骤：
（1）收集有关信息资料；
（2）人力资源需求预测；
（3）人力资源供给预测；
（4）确定人员净需求；
（5）确定人力资源目标；
（6）制定具体规划；
（7）对人力资源规划的审核与评估。

　　具体制定时，一般先由各部门根据职能分工、业务量与工作定额、生产经营需要等提出本部门的人力资源需求，交给人力资源部门进行综合平衡，初步制定用人指标再反馈给各部门征询意见，经过几上几下，最后确定各项规划指标，交主管领导审批。

　　人力资源规划的核心，主要从选才、留才和育才三个方面入手：

　　（1）选才。在选择企业员工时，适才可能比英才更重要。所谓适才，就是员工不论其智慧、才能、专业能力，还是人格、体质，都能胜任其所担任的岗位工作，而且企业也能满足他的工作追求，使之能在现有的企业文化下快乐地工作，在团队运作中与人合作。如果员工的水平远远高于岗位要求（即人才高消费），企业不仅留不住员工，而且会多支出不必要的成本；反之，如果员工水平低于岗位要求，就会造成工作延误。所以，员工适应企业的能力和员工本身的专业能力同样重要，必须适得其才、人事相宜，才能使双方共同发展。

　　（2）留才。要使企业的优秀人才终身为企业效力，不受外界的诱惑，真心实意地为企业的目标努力、愉快地工作，就要从四个方面做好工作：一是要有足够的财务保障，保障员工的合理、正常待遇，并且在企业发展后员工收入也能水涨船高；二是要对员工的成绩及时肯定，满足员工工作成就感的心理需要，实行人性化管理；三是要为员工提供职业发展机会，使之随着企业的发展一起成长，这既包括公平合理的岗位升迁，也可以给其创造新事业的机会，使之看到职业发展的未来；四是要为员工营造享受工作乐趣的环境，相互尊重、和谐进取，形成独特的企业文化，提高企业凝聚力。

　　（3）育才。就是要对企业的各类人力资源进行持续不断的培训和开发，通过建立学习型团队的企业和领导者教授型的企业，为企业源源不断地培养适时的人才和优秀的员工。

三、人力资源规划的应用

　　对人力资源规划进行了科学的、符合企业实际的编制以后，为了更好地落实规划，还要制定详细、具体的人力资源规划应用方案。

　　1. 人力资源规划应用方案的目标

　　任何计划都是由预期目标和实现目标的途径两部分组成，人力资源规划的目标是通过对整个企业人力资源需求、供给的了解，针对企业本身的情况而制定出一个比较具体可行的方案。这样既可以提供人力资源管理作业的依据，也为日后评估人力资源规划提供标准。常使用的目标主要有：生产效率的提高、内部人员的精简、外部人员的招聘、劳动力成本、调配人员的培训等，而且这些指标互相关联，比如：生产效率的提高和内部人员精简与劳动力成本有关，其目的也是降低劳动力成本；外部人员的招聘和调配人员的培训是考虑现行人事政策与外部环境的配合，也在追求劳动力间接成本的降低。这些指标的安排都必须考虑整个企业的目标和策略，以保证人力资源规划与其他企业活动的一致性。

　　2. 人力资源规划应用方案的策略

人力资源规划应用方案的策略就是要制定出达到目标的不同途径和方法，具体内容包括与目标相适应的主要工作及活动、工作时限、负责人员、预算等，并在提出的多个方案中进行比较和筛选。制定和选择方案时首先要分析国家法律法规和人才市场的现状，然后进行成本效益分析，了解方案执行的可行性，预测可能出现的后果，综合考虑后形成最终方案。

3. 人力资源管理制度规范的制定

对于一些经过长期验证、确实行之有效的管理方案和具体实施办法应该以制度的形式固定下来，作为约束全体员工行为、确定办事方法、规定工作程序的规范。包括：企业基本制度、管理制度、技术规范、业务规范、个人行为规范等。制定和形成各项制度规范时应该满足以下几个基本要求：

（1）从企业实际出发。即根据本企业业务特点、技术类型、管理协调的需要，充分反映企业组织活动的规律性，体现企业特点保证制度规范的可行性、实用性。

（2）依据需要制定。需要是制定与否的唯一标准，因为不必要的制度规范会扰乱企业的正常活动。在有些非正式的行为规范或习惯能很好发挥作用的前提下，就没有必要制定类似内容的行为规范，以免伤害员工的自尊心和工作热情。

（3）符合法律和社会道德。企业制定的各种制度规范不能违背国家法律和社会道德规范的规定，必须保持一定程度的一致性，否则会影响企业的生存和发展，也难以在内部形成真正的约束。

（4）系统配套。企业制度规范要全面、系统和配套，各种条例、章程、规程、办法等要构成一个内在一致、相互配套的体系，同时要保证制度的一贯性，避免前后矛盾、漏洞百出、互相重复、要求不一等现象，形成一个完善、封闭的系统。

（5）合情合理。一方面要讲究科学、理性和规律，另一方面又要考虑人性的特点，避免出现不近情理的制度，在制约方面，要充分发扬自我约束、激励机制的作用，避免过分使用强制手段。

（6）保持先进。制度规范的制定要从调查研究入手，总结本企业经验的同时也要吸收其他企业的先进经验，引进现代管理技术和方法，保证制度规范的先进性。

第五节　建筑企业人力资源管理费用预算

无论是人力资源总体规划还是各项业务规划，在制定规划时都必须考虑的一个重要约束条件就是成本费用因素。实际上，现在国内很多建筑企业的人力资源管理工作难以有效开展的重要原因就是资金不足。因此要使规划真正能够落到实处，除了安排好各项业务以外，还要制定出各分项计划的费用预算和总预算，并尽量节省资金。人力资源管理费用预算是企业在一个生产经营周期（一般为一年）内，人力资源全部管理活动预期的费用支出的计划，它作为企业整体预算的重要组成部分，关系到企业整体预算的准确性、完整性和严肃性。因此，做好这项预算也是人力资源管理部门的重要职责之一。

一、建筑企业人力资源管理费用的项目构成

像建筑企业这样的劳动密集型企业，人力资源管理费用要在经营成本中占很大比例，那么，这么多的资金都用到哪里？一般来说，企业人力资源管理费用包含以下三大基本项目：

（1）工资项目。这是企业人力资源管理费用的主体，表现为多个工资的子项目，按照国家统计局及地方政府的规定："职工工资总额是指企业在一定时期内直接支付给本企业全部职工的劳动报酬总额，主要由计时工资、基础工资、职务工资、计件工资、奖金、津贴和补贴、加班工资等部分组成"。也有些企业比照国外企业做法，实行年薪制，可能不再具体分出这些子项目。

（2）涉及职工权益的社会保险费及其他相关的资金项目

① 基本养老保险费和补充养老保险费；

② 医疗保险费；

③ 失业保险费；

④ 工伤保险费；

⑤ 生育保险费；

⑥ 职工福利费；

⑦ 职工教育经费；

⑧ 职工住房基金；

⑨ 其他费用，如根据《工会法》规定应提取的工会基金等。这部分企业人力资源管理费用与工资项目存在着一定的比例依存关系，各个项目提取比例的大小与企业所在地区的经济发展水平、劳动力结构状况、政府现行的法律法规和政策等有直接关系。

（3）其他项目。这些费用项目是在企业人力资源管理费用中，除了上述两项基本费用以外的其他一些费用预算，如："其他社会费用"、"非奖励基金的奖金"、"其他退休费用"等，一般是在发生之后才有的费用项目。

二、企业人力资源管理费用预算的编制

（一）编制费用预算的基本依据

为了保证企业人力资源管理费用预算的正确性和准确性，企业人力资源管理人员必须关注国家有关部门发布的各种相关政策和法律法规信息。例如：地区与行业的工资指导线、消费者物价指数、最低工资标准、社会保险等方面规定标准的变化情况，以及本企业对下一年度工资调整的指导思想和要求等。

（二）编制费用预算的基本程序和要求

1. 工资项目的预算

对于企业而言，在人员基本固定的情况下，工资总额比较容易测算，一般是岗变薪变、同工同酬、相对稳定、小幅上调。所以，可以在上一年度的工资项目

基础上进行分析调整。一般先从三个方面进行分析检查：

（1）分析当地政府有关部门本年度发布的最低工资标准对工资预算的影响，如有新的变化将影响企业工资标准水平，需要进行必要的调整，就可以以此为依据，测算出上一年度与本年度的最低工资标准的增长幅度。

（2）分析当年同比的消费者物价指数是否大于或等于最低工资标准的增长幅度。一般情况下，消费者物价指数会大于或等于最低工资标准的增长幅度，这时应以它作为调整工资的标准，以此在保证企业合法经营的前提下，不降低员工的生活水平。

（3）分析当地政府有关部门发布的工资指导线，作为编制预算的参考指标之一。同时可以走访同行业其他企业的工资调整情况，使企业制定的工资标准具有一定的竞争力。

在分析外部因素的基础上，企业人力资源管理部门可以提出工资调整的建议，由企业最高层领导根据经营业绩和长远规划作出是否增加工资的决策，一般情况下，应确保工资调整的幅度不小于最低工资标准的调整幅度和消费者物价指数的增长幅度。有了总体调资幅度，就可以按照工资总额的项目逐一进行测算、汇总编写工资年度预算表。

在编写下一年度工资预算表时，一般要先将本年度工资各子项目预算和上一年度工资各子项目预算，以及上一年度工资各子项目结算和本年度已经发生的工资各子项目结算情况统计清楚，然后进行比较分析，看一看预算与结算比较的结果差异有多大，再对比一下下年度预计的生产经营状况与上年度、本年度的不同，将工资各子项的变化在工资总额中进行调整。

2. 社会保险费与其他项目的预算

在工资项目预算的基础上，再对涉及员工权益的社会保险费与其他费用项目的预算进行测算就比较容易了。具体步骤是：

（1）分析和对照国家有关的规定，对涉及员工权益的项目有无增加或减少，标准有无提高或降低等都要充分理解政策要求。

（2）由于本类项目的提取比例一般是按照本地区上年度职工月平均工资测算的，因此应当掌握本地区有关部门公布的各种有关员工工资水平的数据资料，如上年度员工平均工资水平等。

（3）分析企业中上一年度工资及社会保险等方面的相关统计数据和资料，保证其连续性。

上述两部分预算完成后，就可以汇总成下一年度的企业人力资源管理总费用。由于企业人力资源管理费用涉及企业和员工的切身利益，必须慎重从事，在编制预算时一定要注意以下几个方面的问题：

（1）各种项目的预算要客观合理，防止人为加大，宽打窄用，避免出现预算没有使用完的情况，在核算时要反复对照上一年度的预算与使用结算情况，力求真实。

（2）密切注意各费用项目与其他费用项目预算之间的内在联系，防止顾此失彼，造成整体预算失衡。在进行费用预算时一定要顾全大局，具有企业的整体意识。

（3）坚持严肃认真、实事求是的工作作风，缜密地进行分析测算，不允许有半点臆测和猜想。

总之，编制企业人力资源预算是一项复杂而且精度要求很高的系统工程，它虽然是人力资源管理部门的职责，但它作为企业整体生产经营预算的一部分，也需要其他职能部门的支持和配合。

思考题

1. 人力资源规划的概念和内容是什么？
2. 工作分析的方法有哪些？
3. 建筑企业人力资源预测的方法有哪些？
4. 如何实现人力资源的供求平衡？
5. 企业的岗位设置应该遵循哪些原则？
6. 建筑企业人力资源管理费用的项目构成有哪些？
7. 编制人力资源费用预算的程序是什么？
8. 结合某一现实中的建筑企业，调查其劳动定额制定情况。

第三章

建筑企业员工招聘

企业的任何资源都不是与生俱来的，比如资金需要通过股东出资、银行借贷、发行债券等方式来筹措，固定资产也需要购置，那么作为企业运转必不可少的人力资源呢？就要通过员工招聘来解决。这是人力资源管理部门的重要工作内容，离开了招聘，人力资源管理就是"无源之水"，特别是当前建筑企业生产任务不均衡、员工流动大，员工招聘显得尤为重要。

第一节　建筑企业人员招聘概述

一、人员招聘含义

所谓招聘是指根据企业生存和发展的需要，以企业人力资源规划为指导，吸收、寻找具有任职资格和能力的求职者，从中筛选出合适的人员并予以录用的过程。各行各业招聘工作的目的都是为了提供企业的生存和发展所必需的人力资源，建筑企业也是一样，招聘旨在吸引应聘人员充实空岗职位，那么建筑企业为什么会出现空岗职位呢？

（1）企业业务的增加，部门的增加等造成的职位空岗。

（2）企业内人力资源向社会的流动，组织内部的人事变动（如升迁、降职、退休、解雇、死亡、辞职等）造成的职位空岗。

（3）企业经结构调整需要新的专业人才、特殊人才来适应市场竞争造成的职位空岗。

企业出现岗位空缺后，在内部可以通过工作布告，外部动用报纸、网络等媒介发布信息，寻找求职者，这就意味着招聘工作的开始，这是企业获取人力资源的第一环节。

二、人员招聘原则

1. 公开招聘原则

要求企业将招聘职位、数量、要求、条件等信息公开发布，扩大范围招纳人才。这样做的目的有两个：其一是可以给企业内部外部的应聘者以公平竞争的机会，广纳人才。其二是将招聘置于公开监督下，不正之风难以滋生。

2. 全面平等的区别

所谓全面是指既要求应聘者有专业的技术水平，又不能忽视其人格、思想等方面即要选择德才兼备的人才。企业在进行员工录用时，必须有严格的录用标准和科学的测试方法，才能正确考核人才。同时要注意为了激励应聘人员，考官应该平等对待所有应试者，保持一视同仁的态度，为每一名应聘者提供公平竞争的机会。不能以偏概全，只考察其中某一方面就简单做出录用或拒绝的判断。

3. 双向选择原则

在市场经济体制下，建筑企业人员招聘实行双向原则，应聘者自由的选择供职单位，同时用人单位自主选择所需人员。这是招聘者和求职者的最佳选择。它使双方都在原有的基础上有所提高，为了吸引高质量的人才，用人单位要塑造自身的形象，增加自身的吸引力，不断提高经济效益和社会效益，同时应聘者为了适应激烈的竞争也要不断地提高自身素质，才能获得理想的职业。

4. 人事相宜的原则

人事相宜即应聘者本人的能力与其应聘职位应该相互匹配。人的能力有大有小，本领有高有低，任何人都不可能十全十美，而工作有难有易，对于不同的应聘者就应该区别对待。根据具体情况，量才录入，做到人尽其才，人事相宜。例如，在建筑企业如果招聘一个现场技术人员，必须要具备以下能力：

（1）团队精神。现在已经不是一个人打天下的时代了，必须学会作为团队一分子怎样发挥自己的潜能来服务于项目整体。

（2）快速学习。技术在不断更新，不学习会落伍。

（3）独立工作。现场很多时候需要独立解决问题。

（4）工作热情。敬业精神和责任心对现场工作人员尤其重要。

而在其他方面，如：创新能力等，应聘者可能会表现得差一些但也是适合这个岗位的。

5. 低成本、效率优先原则

这个原则首选考虑的是效率，即可招可不招时不招，可多招可少招时少招。一个岗位宁可暂时空缺也不要让不合适的人占据，招聘来的人员一定要充分发挥其作用，适应企业的需要。

低成本、效率优先原则还要考虑招聘成本。低成本要求企业根据不同的招聘要求，灵活选用适当的招聘方式，以尽可能低的成本录用高质量且适应企业的需要的人才。

招聘成本包括：招聘费用（如招聘广告、考官劳务费等），重置费用（如：一次招聘不慎，二次招聘的费用）及机会成本（如：人员离职带来的损失），其他费用（如：外聘人员的培训费用）。招聘单位有时对于招聘成本并不注意，但是对于以经济效益为中心的今天的企业来说，这绝对是一个不小的浪费。招聘要同时讲求高效率与成本，以尽可能低成本选择高质量且适合企业需要的人才。

三、认识误区

1. 学历就等于能力

有的企业在选择人才时，最看重的是其学历，其理由是：一个研究生的素质不一定高于一个本科生，但一群研究生的素质一定高于一群本科生。企业要想提高自身的素质，最合理的办法就是选择研究生即高学历者。总结一下这个企业的用人标准就是："学历＝能力"。著名桥梁专家林元培在上海设计了杨浦、南浦、徐浦、卢浦4座大桥，成为上海的代表性建筑。但是按照这一人才标准，他在上海可能也不算好，因为他只是中专毕业。学历只是能力的充分条件，而不是充分且必要条件。

在新的经济体制下，企业应该改变一下自己的用人标准。上海公共行政与人力资源研究所所长，著名人才问题专家洪荣华认为新的人才标准包括三个要素：知识要素、能力要素和业绩要素。其中最主要的是能力要素。

2. 要选就选最优秀的人才

选择最优秀的人才，势必要支付高昂的工资，把所有的优秀人才都招进企业也是不现实的。首先成本费用对于企业就是一个很大的挑战。再者，这些人才未必能够形成合理的人才结构，不能发挥各自的优势。企业应该筛选出最为合适的人员，而不是最优秀的人才。

在招聘过程中，你会发现每个人都有自己的优势：有的人反应不快，但很耐心；有的人不善表达，但善于策略性思考；有的人天生就有迷人的气质，这就是天赋，看看他们哪个最适合你的空缺岗位。没有最优秀的只有最合适的人才。

3. 经历等于经验

一些大学应届毕业生常常被拒之门外，那是因为他们没有工作经验，而大多数企业都要求应职者具有工作经验，他们为什么这么看重这一点呢？工作经验是一个人在工作经历中，善于思考、善于学习、善于总结的结果。工作经历只能表明一个人以往学习、工作的时间长短，它是一个人的历史轨迹。当然没有经历何来经验，但是人的经历与经验不能画等号。企业在选择人才时，不要进入这个误区，因为也许一个只有一年工作经历的人，他每时每刻都在总结和提高，而一个已经工作了10年的人，还是不能算是一名合格的员工。

招聘单位应该避免进入这三个误区，选择最为合适的人才，充实到企业中，这关系到企业的生死存亡及是否在行业竞争中占据优势地位。因为在所有构成企业竞争优势要素中，人的因素最为重要。

四、招聘程序

建筑企业的招聘工作是一个程序化的操作过程，它是从职位出现空缺开始至候选人进入公司工作截止。整个过程包括五个阶段，分别是：提出招聘需求、确定招聘渠道、人员的选拔与评价、人员录用和招聘工作评估。每个阶段都有具体的任务和内容，这些任务和内容的目标一致，都是为企业选择合适的人才。

1. 提出招聘需求

这是招聘工作的首个阶段。由用人部门提出招聘需求，虽然人员预算已经被提前拟定好了，但是计划赶不上变化，企业的业务在不断变化会急需某方面的人才，于是有了需求，是否需要招聘，需要由人力资源部的招聘负责人和用人单位的上级主管做出分析和判断。

当然，在着手招聘之前，还需要招聘人员清楚地知道空岗职位的工作职责和对任职者的职位资格，可以拟定职务说明书。

2. 确定招聘渠道

企业要遵循低成本高效率原则选择合适的招聘渠道来收集应聘人员的信息。如果找不到应聘者，无人应聘，无人可选，那么招聘工作就不能正常进行。通常有两种招聘渠道：一是内部招聘，可以由内部员工晋升，职务公告等补充职位空缺。二是外部招聘，可以通过招聘会发布招聘广告，校园招聘，猎头机构，内部员工推荐等方法获得所需要的人才。

3. 人员的选拔与评价

这一阶段，主要是从应征的候选人当中挑选出优秀且符合需求的人才，这一步很关键，因为是否能够对每一名应征者的适合度进行准确的评价，关系到企业是否能够选择出高质量的人才。选拔的方法有很多种，比如：筛选简历、面试、笔试、心理测试等，企业可以根据实际需要单独使用或综合使用。

4. 人员的录用

用人单位做出初步录入决定后，候选人需要确定工资待遇、职位等，随后用人单位通常会要求被初步录用的人员参加身体健康检查，避免由于健康原因影响以后的工作，对于体检合格的候选人可以做出正式采用决定，候选人就可以办理入职手续了，比如：与原单位解除劳动协议，与新单位签订职位合同，办理档案的转档等，录用人员报到后，有时会安排岗前培训，并安排 3～6 个月的试用期考察。

5. 招聘评估

这是对招聘工作的效果进行分析的过程。包括的内容有成本效益评估，录用人员数量与质量评估，测试方法的效度与信度评估等。

以上就是人员招聘程序的五个阶段及需求招聘人员所要完成的具体任务，企业在应用时不是一成不变的，可以根据实际情况灵活安排，提高招聘效率和节省招聘成本如图 3-1 所示。

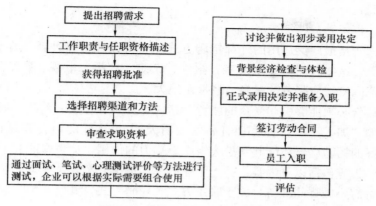

图 3-1　建筑企业人员招聘的程序

第二节　建筑企业人员招聘的渠道与方法

当企业的某个岗位出现空缺后，人力资源部的招聘人员就要寻找合适的人员补充空岗，那么他们通过哪些途径呢？他们可以从公司外部寻找候选人，还可以将眼光放在组织内部。

一、外部招聘

1. 外部招聘的优势

（1）选择范围广，往往能够寻找到合适的人选。这是外部相对于内部招聘的最大优势，其挑选余地大，尤其是一些稀缺的复合型人才和特殊领域的专才，还可以节省内部的培养和业务培训费用。

（2）新员工带来新思想、新方法。新思想和新方法会避免很多人用同样的方法考虑问题，有利于企业的管理创新，避免近亲繁殖带来的弊端。

（3）鲶鱼效应。外聘人才的加入会给原有员工带来压力，能激发他们的斗志和潜能，双方会互相促进互相提高，提升企业的整体素质。

（4）外部招聘是一种有效的与外部信息交流的方式，企业可以借此树立良好的外部形象。

2. 外部招聘的劣势

（1）外部招聘的范围广，所以会造成筛选难度大，成本高。如果招聘人员过分要求应征者的学历，忽视了其真实能力，往往会导致再次招聘，发生重置成本。

（2）外聘人员对企业并不熟悉，需要时间融入企业，而企业如果对其进行培训，成本也很高。

（3）"外部引进"有可能会挫伤内部员工的积极性，特别是有进取心和事业心的员工。

3. 方法

（1）广告

招聘广告是最广泛适用的外部招聘方式。它可以通过多种新闻媒介向社会发布招聘信息，这些新闻媒介主要有：报纸、杂志、广播、电视、网络等，其特点就是传播范围广，应聘者数量多，选择余地大。

招聘广告必须能够引起受众的注意，其内容真实、合法、简洁，语言要生动、煽情，比如"加入××，你将拥有崭新的明天。"等这样的语言容易让人产生共鸣。一个好的招聘广告还能起到扩大组织影响力的作用，让更多的人了解组织。

招聘广告应包括以下内容：关于企业的基本情况介绍，关于职位情况的介绍，关于应聘者需要做哪些准备，关于联系方式和应聘方式，其他有关注意事项。

（2）校园招聘

校园招聘的对象是大学毕业生，他们已成为各组织技术人才和管理人才的最主要来源。由于社会上有经验的雇员数量有限，获取这些人才成本较高，因此行业内越来越多的企业瞄准了校园这个大市场。校园招聘的特点是企业可以找到足够多的高素质人才，而且成本较低，但是大学生刚进入社会往往缺乏工作经验，需要进行培训。

优秀企业始终与学校保持联系，随时收集学校的有关信息，有的企业在校园内开展各种形式的活动。比如：在学生的建筑设计大赛上，从某建筑企业的公司中的技术专家充当评委，与学生进行双向交流。有的企业资助贫困学生，吸引他们毕业后到企业工作，还有的企业在学校设立奖学金，获得奖学金的学生将会得到进入企业实习的机会等，让企业的形象经常出现在学校里。

企业可通过一年一次或两次的校园招聘会，与毕业生直接见面，还可以与学校签订定向培养、委托培养协议，从学校直接获取优秀人才。

（3）人才市场招聘

我国人才市场包括各级人才市场、劳动市场和职业介绍所。这些机构可以帮助企业寻找员工，同时又帮助求职者寻找工作，其特点是可以在短时间内收集到较多的求职信息，借助这些机构，双方可以进行面谈，既增进了彼此了解又缩短了应聘与招聘时间，成本低，目前各地区均有免费的人才交流会。

（4）员工推荐

员工推荐是通过企业员工向相关部门推荐的招募方法。员工推荐对于招聘专业人才特别有效，其优点是成本低，应聘人员素质高，可靠性高，尤其是在发展前景看好的企业。因此，有些企业还提供奖金，以鼓励为企业提供优秀人才的员工，比如：微软。但是这种方法的缺陷是容易给那些搞不正之风的人提供可乘之机。

（5）人才猎取

猎头公司通常为企业寻找高级人才，比如：高级管理人才和技术专家等职位。这些高级人才往往不会参加招聘会，有的根本就不想换工作，那么其他招聘方法很难得到他们。

猎头公司有个人才数据库，很多高级人才的基本情况都储存其中，一旦企业有所需求，对企业及其人力资源需求有详尽了解的猎头公司就会主动出击，帮助企业寻找人才，猎头公司在供需匹配上较为慎重所以成功率比较高，但是由于企业需要的是高级人才，所以猎头服务费用也会相当高，通常是所招聘职位年薪的1/3 或 1/4。

二、内部招聘

1. 优势

（1）内部招聘可以调动员工的积极性。员工内部晋升，可以鼓舞士气，增加员工对企业的归属感和认同感，有利于员工职业生涯发展，有利于稳定员工队伍。

（2）内部招聘可以节约成本。相对于外部招聘，内部招聘可以节约招聘成本和一些必要的培训费用，为企业节省开支。

（3）内部招聘人员可以很快进入工作角色。内部员工毕竟对企业有很深了解，可以节省投入工作的时间，同时员工之间也容易沟通和协调，不容易产生摩擦。

（4）内部招聘为组织节省了招聘程序，一些项目如职前培训、基本技能培训项目可以省去。

2. 劣势

（1）内部招聘如果操作不当，会使员工之间产生内部矛盾。成功的人会感到需要清除异己，而失败的人往往会沮丧、妒忌、丧失信心，这样不利于组织内部团结。

（2）容易造成"近亲繁殖"。由于企业没有获得外部"血液"和不同思想的人，因此会形成概念和见解保守单一没有创新，不利组织的长期发展。

（3）内部招聘的范围狭窄，会出现职位"内定"现象，对于组织内部员工和外部应征者来讲都是不公平的。

3. 方法

（1）内部晋升

内部晋升，是指当某个岗位出现空缺后，由企业内部符合条件的员工从一个较低级的岗位晋升到一个较高级的岗位的过程。内部晋升给员工的发展提供了很好的机会，会使员工感到自己的职业生涯是有前途的，有利于鼓舞士气，同时被提拔的内部人员会很快适应新的工作环境，但是这种方法的弊端是自我封闭，可能选不到优秀人才。所以当企业的关键岗位出现空缺时，往往采用内部和外部同时寻找合适人选的方法。

（2）职务公告

这种方法是在确定了空缺职位的性质、职责及所要求的条件后，采用多种方法公布告知给尽可能多的组织内部员工，号召有才能、有志气的员工毛遂自荐，建功立业。这种方法省时省力，是一种刺激员工职业发展的方法。

（3）员工推荐

员工推荐法也适用于内部招聘。一般是由上级主管向人力资源管理部门推荐候选人，用人部门和人力资源要对候选人进行考核和选择。由于候选人是内部员工，加之企业人力资源部门通常会有员工的档案，可以掌握其在教育、培训、经验、技能、绩效等方面的信息，所以，也使组织更加了解候选人，便于进行决策，选择最佳人选补充空岗。

三、渠道与方法定位

建筑企业在进行招聘渠道与方法定位时应综合考虑如下因素：

1. 各种方法的优势和劣势

2. 招聘计划中职位数量和任职资格条件

3. 成本效益

由于建筑行业已经进入成熟期，如果企业需要大量熟练型的操作人员和办事人员，可以通过劳动力市场、职业介绍所等。招聘后，这些人可以马上投入工作，如果企业急需少量高层次专业人才，则可以通过同行推荐或猎头取才，招聘到有真才实学的人才，这样的稀有人才成本肯定会提高。由于建筑企业多为大型国有企业，大多数企业已成熟，所以一般不会大量需求专业技术人员和管理人员，但是如果企业刚进入行业，正处在快速成长期，则可以进行校园招聘，大学毕业生具有开拓创新，不怕艰难的精神，但是这些新手需要培训，人员流动率高，还可以发布招聘广告，扩大招聘范围。

第三节　建筑企业人员的选拔和评价

建筑企业人员选拔是指从应聘者的简历筛选开始，经过用人部门和人力资源部门共同初选、面试、考试、体检、个人资料核实到人员甄选的过程。这一过程是人员招聘最为关键、技术性最强、难度最大的一步。

一、人员选拔评价的意义

选拔工作起源于各部门需要人员补充空岗职位，如果应聘者的素质、技能与岗位要求差距过大，就会影响企业的经济效益。有研究表明，同一职位，最好员工的劳动压力是最差员工的 4 倍，这就意味着选拔评价工作在整个人力资源管理活动中有着重要的地位。

称职的员工不但能发挥个体的优势，还能够通过团队合作建立专业配套、智能互补、长短相济实现群体结构的优化，因事择人减少雇佣了不合格员工，也给企业节省了离职成本及培训成本。这种人与事的科学结合，也会使企业的人力资源管理工作更加顺利。

二、人员选拔评价的方法

1. 审查求职资料

审查求职资料是人员选拔评价工作处于初选阶段的一种方法。它是通过阅读求职者的个人资料（如简历）或应聘申请表进行的。初选工作的主要内容就是直接排除那些不合格的应聘者，对于合格者做出是否进一步面试的决定。这样可以减少筛选的工作量，降低招聘成本。

2. 笔试

笔试是最古老最基本的选择人才的办法。它是由招聘人员事先拟定好试题，以试卷的形式发给应聘者，在试卷上作答并予以评定成绩的一种选拔评价方法。它主要用于考察应聘者的业务知识、文字能力和分析综合能力。这种方法操作程序简单，成绩评定也较为客观，但是往往不能全面考察应聘者的工作态度、口头表达能力、反应能力和操作能力等，因此它还需要其他方法进行补充。当前，笔试往往作为应聘者的初次竞争，合格者进入下一轮的选拔。

3. 面试

只是通过审查求职资料并不能掌握求职者的全面情况，面对面正式交谈能够更加全面的了解应征者的个人修养、语言表达能力、反应能力等，所以面试已经成为当今最为普通的选拔评价方法。据统计，99.1%的香港企业在人员选拔过程中使用面试，而且它还常常在一个招聘选拔程序中不止一次的使用，是一种了解面试者个性特征、能力状况及求职动机等方面的一种人员甄选技术。

4. 心理测试

笔试也好，面试也罢，都不能洞察到一个人的内心世界，包括他内在的能力、发展潜力、个性特点、动机等。为了帮助企业了解应聘者的内在特征，心理学家编制了许多测验，有很多都可以应用到人员甄选评价中。它的主要内容包括：职业能力倾向性测试、价格测试、兴趣测试。

（1）职业能力倾向性测试的内容一般可分为：

普通能力倾向测试。其主要内容有：思维能力、想象能力、记忆能力、推理能力、分析能力、数学能力、空间关系判断能力、语言能力等。

特殊职业能力测试。它是指那些特殊职业或职业群的能力。

心理运动机能测试。其主要包括两大类：一是心理运动能力，如选择反应时间，肢体运动速度、四肢协调、手指灵巧、手臂稳定、速度控制等。二是身体能力，包括动态强度、爆发力、动态灵活性、身体协调性与平衡性等。在人员选拔中，对这部分能力的测试一方面可通过体检进行，另一方面可通过各种仪器或工具进行。

（2）人格测试的主要内容一般可分为：性格、气质、态度、品德、情绪、动机和价值观等非认识的个性特征。

（3）兴趣测试的主要任务是从中发现应聘者的喜好并从中得到最大满足的工作是什么。

5. 人才评价中心

评价中心技术是一种综合性的人员选拔评价方法，它的主要内容是情境性测试，同时综合使用了包括前面所介绍的人格测试、能力测试等心理测试的方法。

它主要是将应聘者置于一个模拟工作情况中，由招聘方对其行为表现进行评价的方法。它有很多种形式，比如：角色扮演、演讲辩论、团队游戏、无领导小组讨论等。中央电视台的《绝对挑战》节目就经常使用一些有趣的情境性测评方法对应聘者进行考察。

6. 体检

有些岗位对于员工的体力和健康状况有一定要求。比如：一个钢筋工，他的工作性质要求身体有力量，一位后勤部的食品操作工不允许携带乙肝病毒。企业就要动用医学手段对应聘者的身体基本素质进行检查。

7. 个人资料核实

有时基于对求职者提供的基本材料存有疑点或者某些特别重要而又不便于向求职者个人进行调查的情况，企业需向有关方面进行核实，以防上当受骗。

对于以上几种方法，大多数企业倾向于审查求职材料和面试筛选法，因为它们具有很强的适应性，适用于任何类型的应聘人员，而体检更加适合体力劳动岗位，评价中心最适合高级人才。企业在实际中，一定要安排选用好这几种方法，特别是它们的组合使用才能提高招聘水平，降低招聘成本。

三、候选人面试

1. 面试概述

在这么多的人员选拔评价方法中，面试是最重要、最传统也是最为广泛应用的一种甄选方法。它所考察的范围更为广泛、弹性更强。一方面要求考官要专即专、要广即广、要深即深、要浅即浅，另一方面要求应聘者灵活应对，将自己的逻辑思维能力、语言表达能力、交际能力、应变能力以及性格、仪表、态度等展示于考官面前，以待评价。相对于面试，笔试、心理测试等方法在这方面均有不足。

2. 面试的方法

面试的方法一般包括结构化面试、非结构化面试、压力面试。

（1）结构化面试

所谓结构化面试又称标准化面试，是面试前对面试所涉及的内容、试题评分标准、评分办法、分数使用等一系列问题进行系统的结构化设计的面试方式。它的优点是对所有面试者按照相同的标准，便于分析、比较、主观性不强。研究表明，结构化面试的信度与效果较好。缺点是灵活性稍差，收集的信息比较固定。

比如，考官对面试者提出问题是：如果在工作中，你的上级非常器重你，经常把属于别人职权范围内的工作分配给你，同事对你颇有微词，你将如何处理这些问题？考官根据以往听到的各种回答，得出三种基准答案，并分别给各种答案赋予分数。基准回答可能是"感到为难，并能从有利于工作、有利于团结的角度去考虑问题；态度积极、委婉、稳妥地说服领导改变主意，同时对同事一些不合适甚至过分的做法有一定的包容力，并进行适当沟通"（优）；"感到为难，但又不好向领导提出来（怕辜负领导的信任），私下里与对你有意见的同事进行沟通，希望能消除误会。"（中）；"不感到为难，坚决执行上级交代的任务，并认为这是自立能力强、能干的必然结果。"（差）。

（2）非结构化面试

这种面试方法没有特别遵循的模式，考官可以随机想起问题，谈话可以向各个方面展开，其主要目的在于给面试者充分发挥能力和潜力的机会。其优点是应聘者会感觉更自在，回答时也容易敞开心扉，但是这种方法容易将最关键问题漏掉，因此对于主考官的素质要求颇高。

举例：某企业欲招聘若干管理人员，通知所有应聘者某月某日某时整在位于某大厦公司总部的同一时间面试。结果等到面试那天，公司派人提前在该大厦大厅内接待前来应聘的人员，并请大家在大厅内恭候，等到所有应聘人员到齐后，接待人员告诉大家一个不幸的消息：电梯坏了，需要大家由接待人员带领，爬几十层楼梯到公司的办公室参加面试。有些人听后则立即就走了，有些人爬到一半后也放弃了，只有少数几个人坚持到最后。结果就是这些坚持到最后的应聘者被录用了。这是一个典型的非结构化面试。事实上，电梯根本没坏，主考官就是要考一考应聘者吃苦耐劳和坚韧不拔的意志。

（3）压力面试

这种方法通常是给面试者提出一个意想不到的问题，这个问题会故意让人感到不舒服，甚至是敌意的或具有攻击性，考官借以观察面试者的反映。这种方法的目的是了解应聘者的心理承受能力、情绪调整能力、应变能力等。一般适用于公关人员、高级管理人员。

举例：关于某个候选人频繁更换工作，考官会让他做出工作变换的必要性解释，如果他的回答是合理的则转入下个问题，如果该候选人对此表现出愤怒和不信任的话，考官就会推断此候选人对压力的忍受程度差。

3. 面试过程中应注意的问题

（1）面试前的准备

面试应当在安静不被人打扰的房间进行。面试之前，要对候选人的基本情况进行初步了解，考官可以查阅其求职资料。另外，不要忘记回顾一下职务说明书，一个合格的考官必须知道应该询问什么。当然，考官可以预先准备一些基本问题，因为在看过面试者的简历后，一定会对某些部分感兴趣，比如说候选人目前的工作内容。考官可以问这样一个问题："你每天的工作是什么？"这样的问题不是完全没有用，考官可以从他的回答中深入进行追问，通过一套问题的提问，你可以针对候选人是否符合工作所需要的技能和经验进行评判。千万要记住，对候选人不能有成见，因为根据首因效应对某个人进行的判断往往是武断的。要借助科学的方法选择理想的人才。

（2）胜任能力面试

在企业的整个面试过程中有 65% 是关于胜任能力的问题，为此胜任能力模型给我们提供了从事某项工作的能力要求及行为表现，为甄选工作提供了考核标准。

所谓胜任能力模型是通过分析岗位优秀的任职者的行为，经过分门别类，总结出一些能力要素，每一个能力要素有一个叙述性意义，加上3～6个典型行为指标，或特定的行为模式来说明能力要素。比较常见的能力要素有：沟通能力、客户意识、主动性、解决问题能力、谈判能力、创造能力、领导能力、团队合作、自信心、分析判断力等。举个例子，对于"领导能力"这一要素，胜任能力模型是这么描述的：影响人们心甘情愿地和满怀热情地为实现组织目标而努力，其行为表现为有效利用人际关系，关注事情而非个人，以恰当且令人信服的方式表达观点和建议，寻求并获得人们对行动的投入。

但是不同的岗位对于候选人的技能要求是不同的，比如：总经理岗位要求是具有分析判断能力、决断能力、战略思想组织意识、领导能力、有工作动力、精力、心理承受能力、沟通能力、书面交流能力，而对于一个技术工人的岗位要求是技术熟练、检修故障的能力、工作高标准、心理承受能力、团队意识、安全意识。

显而易见，一个岗位要求的能力有很多，面试官要在短时间内一一进行考核是不可能的，所以就要对各能力要素按重要性排序选出一个典型指标进行面试考核，关于这些能力要素的提问有：

①请告诉我你在什么情况下工作最有效率。（团队意识）

②说一个你曾经干了些分外工作的经历。你为什么要承担这么多分外工作（工作主动性）

③请讲述一下你本来不喜欢，但公司却强加给你的一些改变。（适应能力）

④假如另一部门员工经常来打扰你部门员工的工作，你有哪些办法可以解决这个问题？为什么？（决策、分析问题的能力）

⑤假如管理层要求你裁员20％，你根据什么标准来决定裁掉哪些人员，留住哪些人员？（战略意识）

（3）常见的面试提问技巧

①简单提问

在面试刚开始时，你就可以感觉到，某个面试者过于紧张，或者羞怯，为了排除他的心理压力，考官可以提出一些简单的问题，这些问题有时是以问候性的语言开始，如"你家住在什么地方？""怎么过来的？"有时是一些封闭性的问题，封闭性问题就是只能回答"是"、"不是"或"喜欢"、"不喜欢"，如"你目前的工资是多少？"

②递进提问

考官想让面试者描述自己的工作经历、技能、成果、工作动机、个人兴趣等。可以采用递进式问题，应先提他比较熟悉、容易回答的问题，再将问题向深层次引申，这时他已经放松思想，渐入佳境。下面是一组难度逐渐加大的面试题。

- 请介绍一下你的家庭背景？
- 你为什么要报考××大学的××专业？

- 请问你在大学所学的教育对你现在的工作有什么帮助？
- 你在过去的工作中获得的主要经验是什么？
- 是什么原因促使你来应聘本企业？
- 你觉得你以前干的工作中，最难做的工作是什么？为什么？能否举个例子？
- 你对建设企业文化有什么想法或建议？

③ 比较式提问

有时主考官要求应聘者对多个事物进行比较分析，比如："如果现在同时有一个晋升机会与培训机会，你将如何选择？""以往的工作经历中，你认为最失败的地方是什么？"这样的分析比较，会帮助考官来了解应聘者的个人品格、工作动机、工作能力与潜力等。

④ 举例提问

这是面试的一项核心技巧。当应聘者回答某问题时，主考官让其举例说明，如"请举例说明若你与老板之间在某件事上有很大冲突，你该如何消除你们之间的分歧？"为什么要举例呢？这样的问题应聘者可能就会按书本上的说法或假设，阐述得很完美，而实际上，他在这个岗位上未必如他所说去做，这时考官无法鉴别应聘者所谈问题的真假，让其举例说明解决问题或完成任务的方法和措施，有助于了解应聘者的实际解决问题的能力。

⑤ 客观评价提问

客观评价提问用于主考官有意让应聘者介绍自己的情况，客观地对自己的优缺点进行评价，比如他会问："你认为自己在这个岗位的竞争优势是什么？"通过这个回答，考官可以找到此人与其他人的优势差异，进一步加深对他的了解。这种提问方式还可以用于某些曾发生在主考官身上的事，来引导应聘者毫无戒备地回答有关敏感问题，如"世上没有十全十美的人，比如说我在处理突发事件时就易冲动，今后有待于进一步改善。你觉得你在哪些方面需要改进？"这样的问题也可以帮助考官进一步了解应聘者。

（4）面试官的素质

面试工作中，还有一个应该注意的关键问题，就是面试官的素质，高素质的面试官可以为企业选拔出高质量的人才。面试官应具备的素质：

① 灵活动用面试技巧，善于设计面试题目。
② 语言表达能力强，语意表达清晰准确。
③ 为人处事客观公正，实事求是。
④ 善于观察，思维灵活敏捷，知识面广。
⑤ 工作富有责任心，兢兢业业，认真负责。

（5）面试成绩评定表

面试工作进行中，面试官不但要倾听应聘者的回答，还应该做些记录，这些记录可以帮助面试官准确地对应聘者进行评估。评估可以采用评语式评估，如表3-1的差—较差—一般—较好—好，也可以是评分评估如表3-1中的1-2-3-4-5。

面试成绩评定表   表 3-1

姓名	性别		年龄		
编号	所属部门		应聘职位		
评价要素	评定等级				
	1（差）	2（较差）	3（一般）	4（较好）	5（好）
求职动机 个人素养 语言表达能力 团队意识 人际交往能力 综合分析能力 性格内外向 应变能力 相关专业知识 自我认知					
总评价	□建议录用 □可考虑 □建议不录用				
用人部门意见	签字：____	人事部门意见	签字：____	总经理意见	签字：____

第四节 人员的录用

人员录用是招聘工作的一个环节，涉及的相关事宜包括做出录用决策、签订劳动合同、人员的入职。

一、员工录用决策

1. 做出初步录用决策

在我们动用面试心理测试等方法对候选人进行选拔评价之后，根据实际情况择优录取。这里我介绍一种方法它对行业内大部分岗位都适用，动用加权平均法对空岗职位的胜任能力进行比较分析。例：甲、乙两位候选人员应聘某企业总经理职位，此岗位的胜任能力主要有 7 点，对每项胜任能力打分最高 5 分，最低 1 分，给每个胜任能力要素赋予一个重要性系数即权重。对于一个总经理来说，越重要的胜任力设定的权重越高，如：决断能力、战略意识。

领导能力设为 5；其次是心理承受能力为 4；其他项目改为 3，将两个候选人每个项目上的原始得分乘以权重，得出各项目的加权得分，再将每个项目上加权得分加总进行平均就得出最后的得分，甲为：14.6，乙为：15.7，应该被录用的是乙（见表3-2）。

胜任能力评分表

表 3-2

胜任能力要素	权重	甲		乙	
		原始得分	加权得分	原始得分	加权得分
沟通能力	3	4	12	3	9
书面交流能力	3	3	9	5	15
工作主动性	3	2	6	1	3
心理承受力	4	5	20	2	8
战略意识	5	4	20	5	25
领导能力	5	3	15	5	25
决断能力	5	4	20	5	25
加权平均分		14.6		15.7	

从这个例子中可以看出，不同的权重设定会得出不同的结论，所以在进行权重认定时一定要谨慎，才能录用到高质量的人才。

2. 薪酬商定

在初步做出录用决策之后，企业就要与被录用人员进行薪酬商定，这是现代企业招聘面试过程中不可避免的环节。如果企业是通过校园招聘录用了应届毕业生，则可以执行统一的薪酬政策，否则就要考虑很多因素，如：候选人原有水平、期望值、市场水平、企业的薪酬政策等，建筑企业比较成熟，最好按照事先根据每个岗位所制定的薪酬标准确定薪酬。当然根据灵活性原则，若情况特殊还可以进行微调。

3. 背景资料检查与体检

这项工作就是对与应聘者有关的一些背景信息进行查证，以确定其任职资格。现在很多企业在聘用人员时，由于成本时间以及其他因素根本不对应聘者信息做任何查证，只是听凭他们的一面之词，有些人就会钻空子，在某些内容上作假，现在最常见的就是在教育程度上作假，持有博士学位，实际上是伪造的，试问这样一个不诚实的人企业会录用他吗？要杜绝这种情况，最好的办法是将调查进行到底！涉及体力劳动岗位或对身体健康程度有一定特殊要求的岗位时，还应对应聘者进行体检，实际上大多数企业在新员工报到后，都会安排体检，这样做的目的有两个：一是保证录用到健康的人员不会影响到以后的工作，二是保证录用到健康人员，保护现有员工的健康。

4. 录用通知

通知应聘者是录用工作的一个重要部分。通知分为两种：录用通知和拒绝通知，通知录用者要及时，否则可能就会丧失重要的人力资源，拒绝要委婉，将伤害程度降低到最低，下面就是两种通知的格式：

录 用 通 知

_____先生/女士：

非常高兴通知您，我公司将向您提供_____职位。接受该职位的工作，意味着您应该完成下列的工作职责：1. _____ 2. _____。

很希望您接受这项工作。我公司为您提供难得的发展机会，良好的工作环境和优厚的报酬。您的月薪是_____元，其他福利：_____。

敬请您在____月____日前来公司报到，报到地点：_____。如果您还有什么问题，请速与我部联系。联系电话：_____

此致

××公司人力资源部

年　　月　　日

拒 绝 通 知

尊敬的_____先生/女士：

非常感谢您对敝公司的兴趣和对我们工作的支持！您在应聘期间的良好表现给我们留下了深刻的印象，但由于我们招聘名额有限，这次只能割爱。我们已将您的有关资料备案，并保留半年，如果有了新的空缺，我们会优先考虑您。

感谢您能够理解我们的决定，祝您早日找到理想的工作！

对您热诚应聘敝公司，再次表示感谢！

此致

××公司人力资源部

年　　月　　日

二、签订劳动合同

1. 试用合同

员工进入组织前，要与组织订立试用合同，主要内容包括：试用的职位、试用的期限、员工在试用期的报酬与福利、员工在试用期应接收的培训、员工在试用期的工作绩效目标与应承担的义务和责任、员工在试用期应享受的权利、员工转正的条件、试用期组织解聘员工的条件与承担的义务和责任、员工辞职的条件与义务、员工试用期被延长的条件等。

2．雇用合同

试用期满后，对于试用合格的员工，企业要与其签订正式的雇用合同。合同的签订有利于保障双方当事人的权利和促进双方当时事人履行义务，所以合同的内容要十分明确。按照《中华人民共和国劳动法》的规定，劳动合同应具备以下条款：

（1）劳动合同期限；

（2）工作内容；

（3）劳动保护和劳动条件；

（4）劳动报酬；

（5）劳动合同解除的条件；

（6）劳动合同终止的条件；

（7）违约责任。

以上七条称为必备条款，除此之外《劳动法》还规定双方可以协商约定的其他条件即补充条款，具体介绍见第八章。

三、员工的入职

当一名应聘者经过层层选拔被录用后，就可以进入该企业工作，这就是员工的入职。但在此之前他要具备以下条件：

（1）与原企业解除劳动合同；

（2）将人事档案转移到公司指定的档案管理机构；

（3）体检合格。

具备了以上条件后，该员工就可以按照约定时间正式入职了，成为该组织的成员。通常情况下人力资源部要在员工入职时要求其填写个人档案登记表，将员工的基本信息进行储存，以备以后查询之用。在这份登记表中记录的内容包括：员工的个人资料、教育背景、工作经历、资格证书的获取情况以及该员工在企业未来工作中的有关信息等。

入职后，新员工通常会接受入职培训，其内容包括：公司发展历程介绍、业务介绍、发展目标和方向介绍、企业文化理解、礼仪的规范、各种制度理解、办公设备的使用等。

第五节　招聘评估

招聘评估工作是招聘工作的最后一个环节，也是必不可少的一个环节。招聘评估包括内容有：成本效益评估、录用人员数量与质量评估、测试方法的效度与信度评估等。

一、招聘评估的作用

招聘评估工作是改进招聘工作的依据。现在建筑行业内许多企业招聘的经验还不够丰富，通过招聘评估可以发现工作中的成功与不足之处，有利于提高招聘效率、降低招聘成本。具体表现在：

（1）成本效益评估有利于节省开支。成本与效益评估能够使招聘人员明确各项费用的支出情况，找出那些不应支出的项目，这有利于降低今后招聘的费用。

（2）录用员工的数量与质量评估是对招聘工作有效性检查的重要指标，有利于改进招聘工作。数量评估，可以分析录用人数是否满足招聘需求，通过录用人数与计划数量的比较，为人力资源规划修订提供依据；质量评估通过对工作绩效、行为、实际能力、工作潜力的评估，促进了招聘方法的改进，同时又为员工培训、绩效评估提供了信息。

（3）信度与效度评估是对招聘过程中测试方法的正确性与有效性进行检验，这无疑又会提高招聘工作的质量。

二、成本与效益评估

成本与效益的评估是对招聘工作效率进行评价的一个重要指标，因为企业的各项管理活动都力求高效低耗地完成，员工招聘工作也不例外。但是由于招聘工作的效益主要体现在招聘的员工日后为企业所作的贡献上，当前不易直接测量，所以可以通过与过去的企业效益对比、或用完成业务的增量来确定招聘工作的经济效益。当然，还有可能通过大规模的招聘提高了本企业的竞争优势、增加了企业的知名度和美誉度等，这些无形的收益也应加以考虑。

至于招聘成本，除了招聘过程中的直接费用支出（如广告费、测试费、体检费等）以外，还要充分估计到招聘人员将来的使用成本，如：过高的工资标准、各种额外的福利要求、不适应岗位带来的工作损失等，这才是建筑企业人力资源管理人员应该重点关注的。

三、数量与质量评估

1. 数量评估

对招聘工作有效性检验的一个重要方面就是对录用员工数量的评价。录用人员评估主要从录用比、招聘完成比和应聘比三方面进行。其计算公式为：

$$录用比＝录用人数/应聘人数×100\%$$

$$招聘完成比＝录用人数/计划招聘人数×100\%$$

$$应聘比＝应聘人数/计划招聘人数×100\%$$

以上三个指标，若录用比越小，则说明录用者的素质可能越高；当招聘完成比大于或等于100%时，则说明在数量上完成或超额完成了招聘任务；应聘比则说明招聘的效果，该比例越大，则招聘信息发布的越好。通过数量评估，分析在数量上满足或不满足需求的原因，有利于找出各招聘环节上的薄弱之处，改进招聘工作；同时，通过录用人员数量与招聘计划数量的比较，为人力资源规划的修订提供了依据。

2. 质量评估

录用员工质量的评估是对招聘工作成果与方法的有效性检验的另一个重要方面。它是对员工的工作绩效行为、实际能力、工作潜力等方面的评估，既有利于招聘方法的改进，又对员工培训、绩效评估提供了必要的信息。

四、信度与效度评估

1. 信度评估

信度主要是指测试结果的可靠性或一致性。可靠性是指一次又一次的测试总是得出同样的结论，它或者不产生错误，或者产生同样的错误。信度可分为：稳定系数、等值系数、内在一致性系数。

稳定系数是指用一种测试方法对一组应聘者在两个不同时间进行测试的结果的一致性。一致性可用两次结果之间的相关系数来测定。其系数高低既与测试方法本身有关，也跟测试因素有关。此法不适用于受熟练程度影响较大的测试，若被测试者在第一次测试中可能记住某些测试题目的答案，从而提高了第二次测试的成绩。

等值系数是对同一应聘者使用两种对等的、内容相当的测试结果之间的一致性。例如，对同一应聘者使用两份内容相当的个性测试量表时，两次测试结果应当大致相同。

内在一致性系数是指把同一（组）应聘者进行的同一测试分为若干部分，考察各部分所得结果之间的一致性。这可用各部分结果之间的相关系数来判别。

此外，还有评分者信度，这是指不同评分者对同样对象进行评定时的一致性。例如，许多人在面试中使用一种工具给一位应聘者打分，他们都给候选人相同或相近的分数，则这种工具具有较高的评分者信度。

2. 效度评估

效度即有效性或精确性，是指实际测到应聘者的有关特征与想要测得的特征的符合程度。一个测试必须能测出它的功能才算有效。效度主要有三种：预测效度、内容效度、同测效度。

（1）预测效度，是说明测试用来预测将来行为的有效性。在人员选拔过程中，预测效度是考虑选拔方法是否有效的一个常用的指标。我们可以把应聘者在选拔中得到的分数与他们被录用后的绩效分数相比较，两者的相关性越大，则说明所选的测试方法、选拔方法越有效，以后可根据此法来评估、预测应聘者的潜力。若相关性很小或不相关，说明此法在预测人员潜力上效果不大。

（2）内容效度，即测试方法能真正测出想测的内容的程度。考虑内容效度时，主要考虑所用的方法是否与想测试的特性有关，如招聘打字员，测试其打字速度和准确性，手眼协调性和手指灵活度的操作测试的内容效度是较高的。内容效度多应用于知识测试与实际操作测试，而不适用于对能力和潜力测试。

（3）同测效度，是指对现有员工实施某种测试，然后将测试结果与员工的实际工作绩效考核进行比较，若两者的相关系数很大，则说明测试效度很高。这种测试效度的特点是省时，可以尽快检验某测试方法的效度，但若将其应用到人员选拔测试时，难免会受到其他因素的干扰而无法准确地预测应聘者未来的工作潜力。例如，这种效度是根据现有员工的测试得出的，而现有员工所具备的经验、对组织的了解等，是应聘者所缺乏的。因此，应聘者有可能因缺乏经验而在测试中得不到高分，从而错误地被认为是没有潜力或能力的。其实，他们若经过一定的培训或锻炼，是有可能成为称职的员工的。

思考题

1. 建筑企业应如何选择员工招聘渠道？
2. 人员招聘的原则有哪些？
3. 简述人员招聘的程序。
4. 面试时应注意哪些问题？
5. 对比说明外部招聘和内部招聘的优缺点。
6. 企业如何对招聘效果进行评估？

第四章

建筑企业职工绩效考评

绩效考评在建筑企业的人力资源管理和绩效管理中都起着不容忽视的作用。在人力资源管理中，绩效考评扮演着对员工工作绩效进行考核的重要角色。在绩效管理中，绩效考核是实施绩效管理的前提和基础。

绩效考评，是工作行为的测量过程，就是用事先制定的标准来衡量工作成绩和效能，并将衡量结果反馈给员工的过程。绩效考评作为一种衡量、评价、影响员工工作表现的正式系统，可起到检查及控制的作用，并以此来揭示员工工作的有效性及未来工作的潜能，从而促进员工自身、部门和企业的共同发展和进步。

本章主要介绍了绩效考评理论和在建筑企业中的应用，包括绩效考评的理论基础、影响建筑企业绩效考评的因素、建筑企业绩效考评的流程以及建筑企业绩效考评的方法等内容。

第一节　绩效考评概述

美国联合技术公司（简称联技公司）靠绩效考评很快提升了企业的管理水平，在《财富》杂志的公司排名评比中稳步上升。美国联合技术公司是一家全球性公司，业务遍及世界 170 多个国家，其下属的普惠公司（生产飞机发动机）、奥的斯电梯公司（电梯和扶梯）、开利公司（冷暖空调及冷冻设备）等 7 个子公司都在各自领域居世界领先地位。根据美国《财富》杂志 1998 年的统计，联技公司以 257 亿元的营业额，位居全球 500 家大公司的第 130 位和美国公司 500 强的第 41 位，成为全球最大的三家航空航天公司之一。

美国联技公司靠绩效考评获得了成功,那么,绩效考评的含义和意义是什么?它有什么功能?这就是本节课所要解决的主要问题。

一、绩效的概念

所谓绩效,是指一个组织的成员完成某项任务以及完成该项任务的效率与效能。绩效的含义,从不同的角度来看有着不同的理解。

从管理学的角度看,绩效是组织期望的结果,是组织为实现其目标而展现在不同层面上的有效输出。它包括个人绩效和组织绩效两个方面。组织绩效建立在个人绩效实现的基础上,但个人绩效的实现并不一定能保证组织是有绩效的。如果组织的绩效按一定的逻辑关系被层层分解到每一个工作岗位以及每一个人的时候,只要每一个人都达到了组织的要求,组织的绩效就实现了。但是,组织战略的失误可能造成个人绩效目标实现而组织却失败的结果。

从经济学的角度看,绩效与薪酬是员工和组织之间的对等承诺关系,绩效是员工对组织的承诺。一个人若要进入组织,就必须对组织所要求的绩效做出承诺,这是进入组织的前提条件;而薪酬是组织对员工所做出的承诺。当员工完成了他对组织的承诺的时候,组织就实现其对员工的承诺。这种对等承诺关系的本质,体现了等价交换的原则,而等价交换的原则是市场经济的基本运行规则。由此可见,我们对绩效的管理,有着深刻的经济学要求。

从社会学的角度上看,绩效意味着一个社会成员按照社会分工所确定的角色承担他的那一份职责。他的生存权利是由其他人的绩效保证的,而他的绩效又保障其他人的生存权利。因此,出色地完成绩效是作为社会成员的义务,受益于社会就必须回馈社会。

综上所述,员工的工作绩效,是指员工经过考评并被企业认可的工作表现、行为及结果。对企业而言,绩效就是任务在质量、数量和效率等方面完成的情况。对员工个人而言,绩效就是上级和同事对自己工作状况的评价。员工工作绩效的高低直接影响着企业的整体效率和效益。因此,了解员工绩效的特点和影响绩效的因素对于掌握和提高员工的绩效具有重要的意义。

二、绩效考评的概念与意义

1. 绩效考评的概念

绩效考评是绩效管理的一个重要环节。绩效考评是通过岗位管理人员或岗位关联人员与该岗位员工之间有效的双向或多向沟通,依据考评标准和实际工作完成资料,在分析和判断基础上形成考核成绩,并将绩效成绩反馈给员工的一种管理工作制度。

绩效考评是一个动态的过程,是对员工现任职务职责的履行程度,以及担任更高一级职务的潜力所进行的有组织的并且是尽可能客观的考核和评价,它包括五个方面的重要内容,分别是:考核主体、自我评价、绩效沟通(面谈)、绩效评价与绩效反馈。

2. 绩效考评的意义

绩效考评的目的是发现员工优缺点，并帮助其发挥自己的潜力，从而改进工作状况，确定努力方向并对他们进行培训，为员工的个人全面发展提供信息和依据。此外，绩效考评还可以确定企业整体和各部门的工作情况，发现工作中的各种问题，为人力资源的合理配置和目标调整提供有效的参考。

（1）绩效考评是管理者提高管理效率及改进工作的重要手段。绩效考评从表面上来看是对员工工作业绩的考评，其实它也是企业进行管理不可缺少的机制。通过绩效考评，可以了解员工完成工作目标的情况；表达管理层对员工工作的要求和发展期望；获得员工对组织的看法和建议；建立管理者与员工之间的沟通渠道等。总之，通过员工的绩效考评，管理者可以及时发现工作中的问题，减少或避免工作中的误差，提高管理工作效率。

（2）绩效考评是员工改进工作及谋求发展的重要途径。通过绩效考评，员工可以明确自己的目标和职责；了解组织对自己的期望和要求，找出差距，调整工作方式，以期更好地完成工作任务；同时提出自己的发展要求，使组织能给予支持和帮助，以利于更好地实现自己的职业生涯计划。

（3）绩效考评是企业人力资源管理工作的重要依据。

①绩效考评是人员任用的依据。企业人员任用的原则是因事择人、用人所长。要想了解一个人的长处和短处，进而分析其适合何种职位，必须经过考评。只有通过对一个人政治思想素质、心理素质、知识素质、业务素质等各方面进行考评，才能推断其能力和专长。因此，员工考评是"知人"的主要手段，而"知人"是用人的主要前提和依据。

②绩效考评是决定人员调配和职务升降的依据。企业的人事调动必须以科学的员工考评做保证，而不能只凭领导人的好恶轻率地决定。通过全面、严格的考评，对一些素质和能力已超过现有职位要求的人予以晋升；对一些素质和能力不能达到现有职位要求的人予以降职；对一些用非所长的人或其素质和能力已发生了跨职系变化的人，应予以横向调动。

③绩效考评为员工报酬制度的设立和调整提供了客观依据。员工现有的报酬制度是否合理、是否具有适度的激励功能、是否与员工的工作贡献有效挂钩、报酬的总水平是否合适等，都可以通过绩效考评获得信息，为改进企业的报酬制度服务。

④绩效考评为员工培训提出了直接要求。员工的绩效考评可以反映其素质的高低，以及员工本人的培训意愿和上级主管对员工完成任务在哪些方面还有提高的要求。这些因素构成了培训需求的内容。同时，绩效考评也是判断培训效果的主要手段。

⑤绩效考评为员工的激励、奖励与惩罚提供了客观的依据。换言之，对员工奖励和惩罚的力度和方式、对员工激励的手段和强度，均以绩效考评中的反馈信息作为主要依据来加以考虑、制定和调整。

3. 考评本身也是一种激励因素。通过考评，肯定成绩，指出长处，坚定信心；通过考评，提出缺点和不足，明确努力方向。只有这样，才能使员工保持旺盛的工作热情，出色地完成组织目标。

三、绩效考评的功能

1. 管理决策功能

绩效考评是一种控制手段，是制定人事决策的依据。企业通过对员工工作绩效的考核，获得相关的信息，便可据此制定相应的人事决策与措施。通过奖励、升降、淘汰，达到调整控制的目的。

绩效考评也是进行薪酬管理的重要工具。按企业既定的付酬原则，通过科学、合理的绩效考评结果调整员工的薪酬，可以发挥应有的激励作用，达到提高工作绩效的目的。

2. 培训开发功能

绩效考评可以确定培训需求。绩效考评是按制定的绩效标准进行的，考核结果显示的不足之处便是员工的培训需求。管理者可以据此制定培训计划，经过培训之后再对员工进行绩效考评，还可以检验培训计划与措施的实际效果。

绩效考评还是开发人力资源的重要手段。绩效考评给管理者和员工双方提供了讨论该员工长期事业目标和发展计划的机会。这一机会是通过反馈考核结果来实现的。在过去绩效的基础上，管理者向员工提出具体建议，帮助他分析提高绩效的方法，并使之与该员工的长期目标结合起来。

3. 促进沟通功能

将绩效考评的结果反馈给员工，可以促进上、下级之间的沟通，使双方了解彼此的期望。通过绩效考核进行沟通，可以有效地加强和保持现有的良好绩效。几乎所有员工都希望知道自己何时很好地完成了某项工作，同样，改进绩效不佳的方法很多，但最有效的方法往往是通过上下级之间的沟通实现的。

了解并掌握了上述三大功能，我们便可抓住绩效考评的重点。之前，有不少从事人力资源工作的人都会问，绩效考评是"人事考核"还是"工作考核"，两者是否合二为一统称绩效考评。为此，有必要在此进行分析与评述。

四、绩效考评的类型

绩效考评通常可以从以下几个方面进行分类：

（1）按时间划分，可以分为定期考评与不定期考评。定期考评又可以分为半年期、一年期、两年期和三年期等。

（2）按目的划分，可分为例行考评、晋升考评、选拔考评、评定职称考评和录用考评等。

（3）按对象划分，可分为对普通员工的考评和对干部的考评。其中，对干部的考评，又可分为对领导干部、中层干部及科技干部的考评。

（4）按考评的形式划分，可分为口头考评和书面考评、直接考评和间接考评、个别考评和集体考评等。

（5）按考评的内容划分，可分为综合考评和单项考评。其中单项考评包括工作业绩考评、工作能力考评和工作态度考评等。

（6）按考评标准的设计方法划分，可分为绝对考评和相对考评。绝对考评是以本人的职位说明书和工作计划的具体要求作为考评标准，即按同一尺度去衡量相同职位上的人员。相对考评是对被考评者相对优劣次序的评价。

第二节　绩效考评理论

一、公平理论

公平理论也叫社会比较理论，是由美国心理学家亚当斯（J. S. Adams）提出的。它着重研究工资报酬分配的合理性、公平性对职工工作积极性的影响。

公平理论认为，一个人所得报酬的绝对值与其积极性的高低并无直接的必然联系，只有他对所付出的劳动与所获得报酬的比值，与同等情况下的参照人相比较，主观上感到是否公平、合理，这才会真正影响人的积极性。

公平理论中有一个基本概念叫"伽"，即个人投入（贡献）与其所得报酬的比值。若用"O"表示个人从某项工作中得到的报酬或产出的结果，一般指工资、奖金、地位或兴趣的满足等，并用"I"表示个人完成工作所付出的努力或投入的代价，包括经验、技能、资历或努力程度等，那么"伽"＝I/O。

假设现在有 A、B 两人，A 与 B 相比后无非会出现三种基本心态：两比率相等，使 A 感到公平；比率不等（报酬不足），产生不公平感；比率不等（报酬过多），也产生不公平感。应当指出的是，这种比较和对"结果"、"投入"的估计，全凭个人的主观感觉，是受每个人公平观制约的。因此，同样的报酬在不同人看来其公平感受也是不同的。

当个体主观上有不公平感时，就会产生一种力图恢复"公平"的愿望，并采取措施来消除不公平感。人们减少自己不满程度的一般方式是：改变自己的结果与投入比率（减少投入或设法增加报酬）；改变他人的结果与投入比例（让他人多付出或设法减少其所得）；更换比较对象，以获得主观上的公平感；通过自我解释，达到自我安慰；发牢骚，泄怨气，制造人际矛盾，甚至要求调离工作。因此，在管理工作中，针对实际问题具体分析人们不公平感的产生原因，以尽快加以扭转是非常重要的。同时，还应注意培养员工的正确公平观念，使员工在机会均等的条件下，进行"能力"与"努力"的积极竞争。

公平理论提出，相对报酬是指员工在获得报酬之后的公平感是影响激励更为重要的因素，管理者应当认识到"社会比较"是人们普遍的心理现象；对员工进行合理的绩效考评、采取客观的"以功行赏"的报酬政策和对员工进行正确公平观及比较方法的教育，是提高公平感的必要管理措施。由于人的能力不同、需要不同、工作本身的难度不同，所以，在对员工进行绩效考评的过程中，考评人员应充分考虑到公平感对员工的影响，正确地检查和评定企业员工对职务所规定的职责的履行程度，从而确定其工作成绩，建立合理的报酬政策。

二、目标一致性理论

建立有效的考评指标体系的前提条件是：在考评系统中，应在系统目标、考评指标和考评目的三者之间取得一致，这就是目标一致性理论的中心思想。它包括3层含义。

1. 考评指标与系统目标的一致性

系统存在总目标，即在决策和计划中所确定的人们所期望的内容及其数量值。系统输出的结果均体现为目标实现的程度，在人力资源系统中，就是绩效水平。这决定了绩效考评必须和系统目标相联系，而考评指标表达的是考评的要求，必然要与系统目标相一致，这体现在两个方面：

（1）内容是否一致。即考评指标的内容是否反映了目标的实质含义，是否达到了一致性的要求。考评指标的内容不仅能够正确反映系统输出对目标值的实现程度，而且能引导系统朝正确的方向发展。

（2）内容是否反映了目标的整体性。即考评指标的内容是否反映了系统总目标的整体及其各个侧面。考评指标不应该是单一的，而是应该根据系统的总目标进行科学的分析，系统的了解，建立一套能够反映系统总目标和整体效率的多方面、多层次、相互之间有机联系的考核指标体系。

2. 考评指标与考评目的的一致性

考评指标体系是一组既独立又相互关联，并且能够比较完整地表达考评要求的考评因子。也就是说，考评指标体现的是考评要求、考评目的。根据考评目的的不同，考评指标也应该有所变动。

3. 考评目的与系统目标的一致性

考评指标既要与系统目标一致，又要与考评目的一致，这就要求考评目的与系统目标具有良好的一致性。否则，设计考核指标体系过程将遇到难以两相适应的局面，导致绩效考评工作的失败。另一方面，系统目标决定了一切活动，考评目的必须服务于系统目标。考评只是一种手段，为考评而考评的活动是毫无价值的。因此，考评的目的和系统目标的一致性也是目标一致性原理的要求。

三、定量与定性相结合理论

在绩效考评过程中，对信息的收集和处理的操作方式有两种，即定量考核和定性考评。

1. 定量考评

定量考评是以统计数据为基础，把统计数据作为主要信息来源，建立绩效考评数学模型，以数学手段求得考评结果，并以数量的形式表示出来。

（1）定量考评的优点：可以摆脱个人经验和主观意识的影响，具有较高的客观性和可靠性。对于复杂或多变的过程，还可借助计算机等现代的先进工具，来解决庞大数据复杂运算的问题，提高了考评的可行性和时效性。

（2）定量考评的缺点：对于数据不够可靠或者难以量化的考评项目，定量考评结果就难以达到客观和准确的要求。另外，定量考评的过程不够灵活，难以发挥人的智力对考评的作用。

2. 定性考评

定性考评也称为专家考评。它是由考评主体对系统的输出做出主观的分析，直接给考评对象进行打分或做模糊的判断，如"很好"、"好"、"一般"、"不太好"或"不好"。定性考评完全是依据考评主体的知识和经验来做出判断和评价，容易受各种主观因素影响。所以在实际工作中，定性考评经常由集体来共同进行，彼此相互补充，以得到一个相对比较完善的结论。

另外，定性考评还要求考评主体具有专家水平，对考评对象从事的工作相当内行，能够从大量感性经验资料和不完整的数据资料中分析出事物的本质。

（1）定性考评的优点：不受统计数据的限制：可以充分发挥人的智慧和经验，综合更多的因素，把问题考虑的更加全面，避免或减少统计数据可能产生的片面性和局限性。另外，当考评所需的数据很不充分、不可靠或考评指标难以量化的时候，定性考评能够做出更加有效的判断。新学科的发展和模糊数学的应用大大推动了定性考评技术的推广和应用。

（2）定性考评的缺点：考评结果容易受考评主体主观意识的影响和经验的局限，其客观性和准确性在很大程度上取决于考评主体的个人素质；考评结果的稳定性不够，特别是在不够民主的环境中，武断的主观判断经常造成严重的不公平，从而挫伤了员工的积极性，影响了组织的发展。

3. 定量考评和定性考评相结合

健全的绩效考评制度的出发点，就是要努力克服考评的主观性，实现客观考评，以发挥绩效考评应有的作用。

在实际绩效考评的工作中，不能单纯使用定性考评或定量考评方式，而是要将两种方法的长处加以综合应用，弥补各自的不足。在数据比较充足的情况下，以定量考评为主，辅以定性考评；在数据比较缺乏的情况下以定性考评为主，辅以定量考评。定量考评也有一个定性分析的过程，定性考评中应用的模糊数学，也有定量的计算过程，二者是相互依存的关系。建立考评指标体系的时候，应尽量实行量化，尽量收集相关的统计资料，提高考评结果的精确度。同时，应针对考评对象的具体情况，将定量考评和定性考评技术有效地结合起来使用。

第三节　影响建筑企业绩效考评的因素

绩效考评工作涉及面很广，而且对其他管理活动将产生广泛的影响，因此它是一项复杂的综合性的管理过程，这就决定了它必然受到多种因素的限制。这些因素大致可以分为 3 类：个体因素、组织因素和社会因素。

一、个体因素

1. 管理层的重视和支持

管理层的重视和支持是绩效考评成败的关键因素。有调查结果表明，有的行政主管人员认为绩效考评只不过是一种毫无意义、繁琐的工作，但具有战略眼光的管理人员不会持这样一种先入为主的态度，而是会将绩效考评工作作为一项重要的管理活动加以重视。

2. 员工的理解和支持

员工对绩效考评的理解和支持也是至关重要的。这就要求管理人员对员工宣传绩效考评的目的和意义，解释考评方法的可靠性，争取获得员工对绩效考评体系的认同、理解和支持。

3. 考评人员的问题

即使考评系统设计得再好，如果没有考评人员良好的配合，系统也不能正常发挥作用。从实践的情况看，考评人员的问题大多来自主观因素的影响，主要有以下几个方面：

（1）晕轮效应误差。这是指考评人员用某人的某一点特征或者一般的印象来进行评价，比如被考评人员的某一方面表现很好，即使其他方面很差，总体印象也会被认为是好的；或者被考评人员某一方面很差，即使其他方面很好，考评人员也认为其很差。这样，考评结果就难以达到客观公正。

（2）不适当的评分——过宽、过严及趋中误差。过宽误差是指一些考评人员出于各种原因，总是给员工较高的分数。过严误差是指一些考评人员总是给员工较低的分数。趋中误差是指考评人员认为没有最好的人，也没有最差的人，人们既各有所长，又各有所短。在这种心理因素作用下，考评人员往往习惯把所有被考评人员都评定为中间等级，评语也几乎相同，因而不能准确反映被考评人员的特点，也直接影响了考评效果。

（3）近期效应误差。一般说来，正常的记忆衰退后，人们对近期发生的事情印象比较深刻，而对远期发生的事情印象比较淡薄。因此，在考评开始之前较短时间内的员工行为会影响考评的结果。如一个人在一年中的前半年，工作都是马马虎虎，等到最后几个月才开始表现较好，这就会使考评人员对他的评价产生近期误差，以近期的表现代替整个考评期的结果。所以在进行考评时，必须对被考评人员进行全面的了解，注意防止近期效应误差。

（4）感情效应误差。人与人之间是有感情的。从性质上来说，有感情好与感情坏之分，而且感情好、坏还有程度之分。在员工绩效考评过程中，考评人员与被考评人员也存在着一种感情关系。考评人员可能因对被考评人员的感情而自觉不自觉地对被考评人员的绩效评价偏高或偏低。为了避免感情效应造成的误差，考评人员一定要克服在工作中的个人情感因素，努力站在客观的立场上，力求公正。

（5）偏见误差。由于考评人员对被考评人员的某种偏见给被考评人员工作业绩的评估造成的误差称为偏见误差。调查结果表明，考评人员的个人偏见对考评结果有很大的影响。

（6）暗示效应误差。暗示是一种特殊的心理现象。所谓暗示，是指人们通过语言、行为或某种事物提示别人，使其接受或照办。在考评过程中，考评人员在领导者或权威人士的暗示下，很容易改变自己原来的看法，这样造成的考评误差就称为暗示效应误差。这也会使绩效考评的公平与公正性受到很大的挑战。

4. 被考评人员的问题

（1）一些员工不愿意进行考评，特别是那些安于现状、不求进取的人，不希望在考评中显示差别，因而可能会制造一些阻力。

（2）被考评人员主观上存在一些问题，如有一些被考评人员有意地自我评估过高，也有一些人过于谦虚，在自评中往往不好意思把自己的业绩写上。这两种情况都会造成考评偏差，都会给绩效考评工作带来不利的影响和后果。

二、组织因素

1. 组织内部的特点

组织内部的沟通程度、组织文化的特点，都会影响到绩效考评体系的有效运行。组织文化的类型会促进或妨碍绩效考评。当今处在动态中的组织，必须越来越重视利用工作小组来完成工作，且要认识到工作小组的努力结果和个人的贡献。一个封闭的、缺乏信任的企业文化不能够为个人或工作小组提供所需要的环境。在这样的环境中，即使个人可能努力地做好工作，但业绩往往难以实现，认可这种环境中的真正贡献，可能是十分困难的。

2. 考评尺度和考评方法

选择合适的考评尺度和考评方法是绩效考评体系成功的技术保障。考评方法选择适当，才会使其结果有说服力，从而能有效地发挥考评体系的管理职能和作用，否则就会适得其反，既挫伤工作优秀者的积极性，同时也掩盖差劣的工作行为。

3. 考评的反馈机制

目前许多企业的绩效考评还缺乏有效的反馈制度，被考评人员既无申辩或补充的机会，也无了解自身表现与组织希望之间吻合程度的机会，使考评失去了改善员工绩效这个重要的作用。

4. 绩效考评信度

绩效考评信度是指对同一职位的工作绩效考评标准在不同的时期内应保持一致性，同时，不同的考评人员对同一职位上的工作人员的考评标准要保持一致。对员工的考评应根据其职位说明书的要求来衡量，只要其职位说明书的内容没有改变，就不能因考评时间、考评人员的变化而随便改变考评标准。随着时间或技术条件的变化，某一职位上的工作内容和工作要求会有所变化，但必须要经过主管人员和该职位上的工作人员双方协商同意，并将要改变的内容写到职位说明书里，亦要对工作条件做相应的改变。同时，实践证明，经过良好训练的考评人员，在对同一个人的绩效进行考评时，他们之间的误差较小，其考评的可信度也高；反之，没有受过训练的考评人员之间的误差较大，其考评的可信度也较低。

5. 绩效考评效度

绩效考评效度是指考评标准要正确、合理和合法。考评项目的设立要与职位说明书规定的要求有密切的联系；各考评项目的打分权数之间的关系要合理，换句话说，要根据职位说明书中规定的主要职责、次要职责和相关职责的重要程度给予合理的打分权数，避免弃重拾次。另外，对某一职位绩效考评项目及各项目打分权数的设立，与相类似职位的考评项目和权数的设立应相平衡。

三、社会因素

社会因素是指组织存在的外部世界或环境。绩效考评管理系统必须能够检测行业的重大发展和组织运作所处的宏观环境。

组织必须与不同的关系人打交道，如银行、股东、董事会和工会。上述各方都为了各自的目的要求组织提供信息，并想方设法地影响组织的绩效管理体系的内容。

1. 政治和法律因素

由于绩效考评涉及一系列决策，所以组织在实行绩效考评时，必须保证其客观性和公正性，否则就必须承担可能因考评标准不公平而带来的法律责任。

各种法律和政治因素可能会制约企业的行为，并可能会给企业带来机会和威胁。地方政府是企业的主要监管者、补贴者、雇主和客户。有些企业可能在很大程度上依赖政府的合作和补贴，这就意味着，对这些企业来说，政府环境分析可能是企业绩效管理的主要影响因素。

2. 经济因素

企业能否盈利在很大程度上受所在国家经济状况和经济实力的影响，总体宏观经济环境决定了企业发展的机会。经济不景气会影响所在企业的产品或服务的需求，而优越的经济条件会给企业提供扩展的机会。经济环境的景气与否都会影响企业对员工绩效考评的效果。

3. 文化因素

文化因素在组织所面临的各种影响因素中尤为独特。文化因素不像其他社会因素那样显而易见，但却无时无刻不在潜移默化地影响着企业对员工的绩效考评。

4. 技术因素

当今世界科技迅猛发展，为企业创新提供了前所未有的发展机遇，也为绩效考评提供了新的手段与工具，使绩效考评的效率与精确度都得到了较大的提高。

第四节　建筑企业绩效考评的流程

一、绩效考评计划

绩效考评的第一个环节是绩效考评计划，它是绩效考评过程的起点。企业的战略目标要实现，必须要将其分解为具体的任务或目标，落实到各个岗位上。然后再对各个岗位进行相应的职位分析、工作分析、人员资格分析。这些步骤完成之后，管理者就该和员工一起根据本岗位的工作目标和工作职责来讨论，搞清楚在绩效计划周期内员工应该做什么工作、做到什么程度、为什么要做这项工作、何时应做完，以及员工权利大小和决策权限等。在这个阶段，管理者和员工的共同投入和参与是绩效考评的基础。如果是管理者单方面布置任务，员工单纯接受要求，就变成了传统的管理活动，失去了协作性的意义，绩效考评也就名不符实了。通常绩效计划是一年期的，在年终可以修订。

为了保证绩效考评顺利进行，必须事先制定考评计划。在明确考评目的的前提下，根据目的要求选择考评对象、考评内容、考评时间和考评方法。

二、绩效考评实施

绩效考评实施是考评人员对被考评人员进行考核与评价，从而获取素质能力数据的过程，它是整个考评过程的核心。

制定了绩效考评计划之后，被考评人员就开始按照计划开展工作。在工作的过程中，考评人员要对被考评人员的工作进行指导和监督，对发现的问题及时予以解决，并随时根据实际情况对绩效计划进行调整。绩效计划并不是在制定之后就一成不变的，随着工作的开展会不断调整。在整个绩效考评期间内，都需要考评人员不断地对被考评人员进行指导和反馈，即进行持续的绩效沟通。这种沟通是一个双方追踪进展情况、找到影响绩效的障碍，以及得到双方成功所需信息的过程。作为激励手段的绩效管理也应遵循人性化的特征。不管被考评人员等级的高低，相互之间谁大谁小，都是平等的。基于这种认识，考评人员要从心底沟通开始，关心和尊重被考评人员，在实现目标的过程中为被考评人员清除各方面的障碍，双方共同探讨被考评人员在组织中的发展路径和未来的目标。持续的绩效沟通能保证考评人员和被考评人员共同努力，及时处理出现的问题，修订工作职责。上下级在平等的交往中相互获得信息，增进了解，联络感情，从而保证被考评人员的工作能正常开展，使绩效实施的过程顺利进行。

三、绩效评估

企业通过科学、合理的绩效评估模式可以给员工提供工作反馈，使其扬长避短，改善绩效，提高能力与素质。绩效评估应按照规范合理的程序进行，以确保评估的科学性和有效性。

通常，人力资源部门对监督和协调绩效评估程序负有主要责任。各职能部门的管理人员也必须积极参与制定评估计划的目标。如果实施员工参与管理制度，那么，员工会更容易接受绩效评估计划，并使其获得心理满足和受到重视的感觉。比如，在绩效评估程序的准备阶段，员工如果能够有机会参与策划和制定此标准，则会减少对加薪或提升决策中的公正与否的怀疑。

四、绩效结果应用

绩效结果应用是绩效考评的最后阶段，也是绩效考评发挥作用的阶段。其目的是将绩效考评结果用于改进绩效、薪酬设计、培训、员工职业发展、人事决策等内容中。

1. 绩效结果的应用方向

（1）改进工作绩效。本质上，绩效的改进是促进一些符合期望的行为发生或增加出现的频率，减少、消除不期望出现的行为。通过沟通，管理者向员工传递了需要改进的方面，并共同探讨出改进的手段。随后，就应该促使员工用强化的方法来使绩效得以改善。

对于好的绩效或行为，管理者应给予肯定，鼓励其继续保持并发扬光大；对于不好的行为或绩效，就要给予纠正，促进所希望的行为出现。

在执行与管理的过程中，必须依据不同对象和具体情况采取不同程度的强化行为。比如有的人看中物质奖励，就以奖金等为相应刺激物；有的人看中机会，则可以以培训、职务晋升等作为刺激物。这里，应考虑到对象的实际能力、经验等因素，目标的达成也最好是分阶段性的，不要指望员工能一次获得成功。经过一段时间的激励与指导，员工的绩效就有可能朝着管理者期望的方向前进。对于其每一点小的进步，管理者都应予以表扬与肯定。

（2）薪酬奖金的分配。这是绩效考评结果一种非常普遍的用途。一般来说，为了增强报酬的激励效果，在员工的报酬体系中有一部分是与绩效挂钩的。对于从事不同性质工作的人，这部分薪酬所占的比例应有所不同。另外，薪资的调整也往往由绩效来决定。

（3）职务调整和是否继续留用。绩效考评的结果也可以为职务的变动提供一定的信息。员工在某方面的绩效突出，就可以让其在此方面承担更多的责任。如果员工在某方面绩效不够好，很可能是目前所从事的职务不适合他，可以通过职务的调整，使其从事更适合的工作。当某员工经过多次职务调整，经过多次绩效考评，都无法达到绩效标准时，或是其态度经过多次提醒都难以改变时，就可以考虑将其解聘了。

（4）培训与再教育。这是更多员工看重的东西。他们在清楚了解自己的技能水平后，非常希望企业能提供学习与提高的机会。通过培训，如果绩效提高了，就说明培训是有效的，对于员工本身、对于工作业绩、对于企业目标的实现，都大有裨益。如果绩效没有太大变化，有可能是培训没有组织好或员工没有掌握。

（5）员工职业生涯规划。这是关系员工长远发展的规划。它是根据员工目前的绩效水平和长期以来的绩效提高过程，与员工协商制定的一个长远工作绩效目标和工作能力改进、提高的系统规划，也是员工在企业中的未来发展途径。这个规划的制定，不仅对目前员工绩效进行了反馈，还可以增加员工对企业的归属感和满意度，是促进其提升绩效的强有力的动力。

2. 应用绩效结果需注意问题

成功的绩效考评不仅取决于考评本身，而且很大程度上取决于整个绩效管理过程。绩效管理是指为了实现组织的目标，通过持续开放的沟通过程，形成组织目标所预期的利益和产出，并推动团队和个人做出有利于实现组织目标的行为。所以，绩效考评不仅是一个人力资源管理的工具，而且与组织的战略目标密切相关，需要在考核之前与被考核者进行充分的沟通，使之清晰地了解自己的工作目标和标准。

第五节　建筑企业绩效考评的方法

一、品质导向法

（一）排序评价法

排序评价法（Ranking Method）是一种相对比较的方法，它是把限定范围内的员工，按照某个考评因素上的表现从绩效最好的员工到最差的员工进行排序的绩效考评方法。

在大部分的绩效考评方法中都会用评分来表明被考评人员的工作业绩，但排序法不同，在排序法中是用对比来评价被考评人员的工作业绩。也就是说，所谓的排序法是通过将被考评人员的业绩与其他人进行对比，将所有的被考评人员排出一定的顺序来评价员工工作的。排序的主要方法包括简单排序法、交错排序法、强制分布法和团体评价法几种。

1. 简单排序法

简单排序法，即把部门内的员工按照优劣排列名次，从最好一直排到最差一名。

既然是排序，就必须有排序的标准，那么根据什么指标来进行员工考评的排序呢？

例如，销售部门员工可能会制定一个销售利润的指标，根据这一指标进行排序，用以衡量这个部门的销售人员，谁完成销售利润最高，排序就最靠前，就是第一名，谁的利润最少，就排在最后一名。

简单排序法的优点是显而易见的：简单、明确，易于理解和执行。但缺点也同样是致命的，对于一个销售人员的考评仅仅有一个利润指标肯定是不够的，在排序过程中往往难以体现公平的原则。比如，已经在公司工作5年的销售人员会有一些老客户和渠道，而新加入公司的销售人员则可能没有这样的客户和渠道，用同一把尺子去排序显然是不合理的。

简单排序法在发展过程中，也逐渐得到完善，可以选择两个指标或多个指标，然后在不同的指标之间进行权重的分配。例如除了利润指标，还可以选择一个开发新客户的数量，利润指标的完成情况占80％，开发新客户的数量占20％等，这样给新老销售人员的排序可能会更趋于公平合理。

简单排序法的重点是选择排序的指标，这个指标的选择会像指挥棒一样指挥员工的行为和努力方向。简单排序法是员工之间的相互比较，操作简单，目标明确，但确实存在致命的缺点，很少有企业单独使用这种方法用于员工的绩效考评。简单排序法的特点是：很大程度上取决于部门经理对员工的看法，所以，有时会有一些误区。鉴于此方法操作简单，所以较适合正在起步的企业采用。

2. 交错排序法

通常来说，根据某些工作绩效考评要素将员工们从绩效最好的人到绩效最差的人进行排序，要比绝对的对其绩效进行评价容易得多，因此，交错排序法也是一种运用得非常普遍的工作绩效评价方法。

在实行交错排序法的情况下，评价者在所有需要评价的员工中首先挑选出最好的员工，然后选择出最差的员工，将他们分别列为第一名和最后一名。然后在余下的员工中再选择出最好的员工作为整个序列的第二名，选择出最差的员工作为整个序列的倒数第二名。依次类推，直到将所有的员工排列完毕，就可以得到对所有员工的一个完整的排序。人们在直觉上相信这种交错排序法优于简单排序法。

3. 强制分布法

强制分布法实际上也是将员工进行相互比较的一种排序方法，只不过它是对员工按照组别进行排序，而不是按照个人进行排序。这一方法的理论依据是数据统计中的正态分布概念，认为员工的业绩水平遵从正态分布，因此可以将所有员工分为杰出的、高于一般的、一般的、低于一般的和不合格的5种情况。在实践中，实行强制分布的企业通过对设定的分布形式进行一定程度的变通，使员工业绩水平的分布形式呈现出某种偏态分布。

强制分布是要求考评人员将被考评人员按一定比例的要求分派到每一个档次上，如业绩突出的占20％，中等的占70％，业绩不佳者占10％之类。依据某个标准，任何一个群体在经过一段时间后都会自动产生分化，并且分化的结果符合统计学中正态分布的规律。比如说，将同一考分的学生安排在一个班中学习，经过一段时间后，这些学生的学习成绩就会产生分化，会有成绩好的学生，也会有成绩不好的学生。在企业中，也是一样，同一职位等级的员工经过一段时间后，也会产生分化，会有业绩突出与业绩不良的。

强制分布法与"按照一条曲线进行等级评定"的意思基本相同。使用这种方法，就意味着要提前确定准备按照一种什么样的比例将被考评人员分别分布到每一个工作绩效等级上去。

强制分布的优点是可以克服评价者过分宽容或过分严厉的结果，也可以克服所有员工不分优劣的平均主义。但是其缺点是，如果员工的业绩水平事实上不遵从所设定的分布样式，那么按照评价者的设想对员工进行强制区别则容易引起员工不满。一般而言，当被考评的员工人数比较多，而且考评人员不只一人时，用强制分布可能比较有效。

4. 团体评价法

为了克服强制分布评价法的缺陷，同时也将员工的个人激励与集体激励更好地结合起来，可以使用团体评价制度以改进强制分布的效果。实施这种评价方法的基本步骤如下：

（1）确定 A、B、C、D、E 各个评定等级的奖金分配的点数，各个等级之间点数的差别应该具有充分的激励效果。

（2）由每个员工根据业绩考评的标准，对自己以外的所有其他员工进行 0～100 分的评分。

（3）对称地去掉若干个最高分和最低分，求出每个员工的平均分。

（4）将部门中所有员工的平均分加总，再除以部门的员工人数，计算出部门所有员工的业绩考评平均分。

（5）用每位员工的平均分除以部门的平均分，就可以得到一个标准化的评价得分。那些评价标准分为 1 及其附近的员工就应该达到 C 等级的评价，那些评价标准分明显大于 1 的员工就应该达到 B 等级或 A 等级的评价，而明显低于 1 的员工就应该达到 D 等级甚至 E 等级的评价。在某些企业中，为了强化管理人员的权威，可以将员工团体评价结果与管理人员的评价结果的加权平均值作为员工最终的考评结果。但是需要注意的是，管理人员的权重不应该过大，各个评价等级之间的数值界限可以由管理人员根据过去员工业绩考评结果的离散程度来确定。这种计算标准分的方法可以合理地确定被考评的员工的业绩评价结果的分布形式。

（6）根据每位员工的评价等级所对应的奖金分配点数，计算部门的奖金总点数，然后结合可以分配的奖金总额，计算每个奖金点数对应的金额，并得出每位员工应该得到的奖金数额。其中，各个部门的奖金分配总额是根据各个部门的主要管理人员进行相互评价的结果来确定的。

为了鼓励每位员工客观准确地评价自己的同事，那些对同事的评价排列次序与最终结果的排列次序最接近的若干名员工应该得到提升评价等级等形式的奖励。另外，员工的评价结果在评价的当期应该是严格保密的，同时奖金的发放要采取秘密给付的方式，以保护员工的情绪。但是各个部门的评价结果应该是公开的，以促进部门之间的良性竞争。

从以上介绍的 4 种基本的排序方法可以看出，员工比较系统的优点是成本低、实用，评定所花费的时间和精力非常少。而且，这种绩效考评法有效地消除了某些评定误差，如避免了宽厚性错误及考评人员的趋中性错误。当然员工比较系统也有几个缺点。首先，因为判定绩效的评分标准是模糊或不实在的，评分的准确性和公平性就可能受到很多质疑。其次，员工比较系统没有具体说明一个员工必须做什么才能得到好的评分，因而它们不能充分地指导或监控员工行为。最后，公司用这样的系统不能公平地对来自不同部门的员工的绩效进行比较，如 A 部门排在第六名的员工可能比 E 部门的第一名做得更好。

（二）强迫选择法

强迫选择法是对绩效表现考评的特征法的一种，它要求考评人从现成的书面报告中区分出成功与不成功的表现。

强迫选择法是一种比较复杂的评定方法。其量表由10～20个组构成，每组又由四个行为描述项目组成。在四个行为描述中，要求员工管理部门（或评定者）分别选择一个最能描述和一个最不能描述被评定者行为表现的项目。每一组中的描述都是经过心理学家精心设计的，保证每组中的两个描述涉及优点，另两个描述涉及缺点。在每两个相同性质的描述中，有一个能够区别绩效的好坏，另一个则不能。

强迫选择法要求考评人员从每一组陈述中做出选择。其中，每一组陈述都分别表述工作的成功与不成功。考评人员从每组陈述中选出一种而不需要知道哪一种陈述更准确地表示成功的工作行为。

强迫选择法用来描述员工的语句中并不直接包含明显的积极或消极内容。考评人员并不知道考评结果到底是高、是低或者中等，这就避免了趋中倾向、严格/宽松变化等评价误差。其缺点在于，考评人员会试图猜想人力资源管理部门提供选项的倾向性，并根据自己的理解进行评定。此外，由于难以把握每一选项的积极或消极成分，因而所得到的数据很难在其他管理中得到应用。

在强迫选择中，员工管理部门必须在一系列对员工的描述中进行选择。这种方式的典型做法是由员工管理专家为考评准备项目，由员工管理部门评价其项目的可行性，即决定哪些项目所描述的行为是有效的，哪些是无效的；然后由其组织实施（即考评员工）。员工管理部门将每个分类之中项目的数字相加，汇总为一个有效的指数。

强迫选择法最主要的局限在于建立和维持这种方法正确性的成本，这已使许多考评人员放弃采用这种方法。另外，这种方法不能像其他方法那样采用考评面谈等形式来达到发展的目的。

（三）书面法

书面法是绩效考评的一种特殊方法，它要求考评员工的行为并写出书面报告。与其他方法要求考评人员完成一个既定的考评表格不同，书面法要求考评人员以文章的形式，认真描述被考评的员工。考评人员通常被要求记录员工的优点和缺点，并对员工的发展提出建议。书面法经常与其他方法一起使用，因为其可以提供一些其他方法所不能提供的描述信息。

书面法使考评人员有机会指出被考评员工独有的特征。当上司要求指出员工在才能、技能和优缺点方面的特殊之处时，这种方法就显示出了它的优越性。但书面法最大的局限在于，对员工的所有特征试图进行描述太费时；同时，绩效考评的质量易受到考评人员写作技巧和表达风格的影响。最后，这种方法过于主观，并有可能没有重点描述与绩效考评相关的方面。

（四）配对比较法

配对比较法是将部门内的员工两两配对进行比较，最后计算得分的高低。配对比较法使得排序型的工作绩效法变得更为有效。其基本做法是，将每一位员工按照所有的评价要素（工作数量、工作质量等）与所有其他员工进行比较，根据配对比较的结果，排列出其绩效名次，而不是把各被考评人员笼统的排队。如表4-1所示假定需要对5位员工进行工作绩效考评，那么在运用配对比较法时，应首先列出一张表格来，其中要标明所有需要被考评的员工的姓名以及需要评价的所有工作要素。然后，将所有员工根据某一类要素进行配对比较，然后用"＋"（好）和"－"（差）标明谁好一些、谁差一些。最后将每一位员工得到的"好"的次数相加。

运用配对比较法对员工进行绩效考核　　　　表 4-1

1. 就"工作质量"要素所做的考核					
比较对象 ＼ 被考核员工	A 张三	B 李四	C 王五	D 赵六	E 刘七
A 张三		＋	＋	－	－
B 李四	－		－	－	－
C 王五	－	＋		＋	－
D 赵六	＋	＋	－		＋
E 刘七	＋	＋	＋	－	
合计	2＋	4＋	2＋	1＋	1＋

2. 就"创造性"要素所做的考核					
比较对象 ＼ 被考核员工	A 张三	B 李四	C 王五	D 赵六	E 刘七
A 张三		－	－	－	－
B 李四	＋		－	＋	＋
C 王五	＋	＋		－	＋
D 赵六	＋	－	＋		－
E 刘七	＋	－	－	＋	
合计	4＋	1＋	1＋	2＋	2＋

配对比较法具有优势的地方是通过对被考评人员进行两两之间的比较而得出的次序，其评估结果更可靠。但是，也应看到，这种方法仅适合于对人数较少的被考评人员来进行，而且在操作方面比较麻烦。一旦被考评人员人数过多（大于5人），手续就更加繁琐，因为配比的次数是 $m = z(z-1)/2$（其中，z 为人数）。5个被考评人员的配比需要10次，10个被考评人员就要配比45次，如有50个被考评人员就要1225次。而且只能评比出被考评人员的名次，不能反映出他们之间的差距有多大，也不能反映出他们工作能力和品质的特点。

这一方法在人力资源管理中经常被用于职位的评估，选取几个指标，比如职位的重要性、影响程度、风险等，分别对职位进行配对比较，评估其对于公司的价值，并作为确定薪酬的依据。

员工配对比较法仍然是人与人之间的相互比较，优点是哪位员工做得比较好一目了然，缺点是如果只比较其中的一项因素，具有极大的片面性，而且由于很大程度取决于部门经理对员工的看法，很可能带有上级的倾向性，亦难客观公正。因此，这一方法也很少在企业的绩效考评中单独使用。但是配对比较法使得排序型的工作绩效法变得更为有效。

（五）图解式评估法

图解式评估法也称为图尺度考评法，是最简单和运用最普遍的工作绩效评价技术之一。表4-2就是一种典型的考评尺度表，它列举出了一些绩效构成要素（如"质量"和"数量"），还列举出了跨越范围很宽的工作绩效等级（如从"不令人满意"到"杰出")。

在利用这种方法进行工作绩效考评时，首先制定一个图解式考评量表，它向考评人员展示了一系列被认为是成功工作绩效所必须的个人特征（如合作性、适应性、成熟性、动机），每一特征都伴有一个5分或7分的评定量级。量表上的分数用数目或描述性的词或短语加以规定，用以表示不同的绩效水平。量表的中间分数通常被锚定为"平均"、"适度"、"满意"或"达标"。其次针对员工从每一项考评要素中找出最能符合其绩效状况的分数。最后将每一位员工所得到的所有分值进行加总，即得到其最终的工作绩效考评结果。

员 工 考 评 表   表4-2

考核项目	评 分 等 级				
	好（5分）	较好（4分）	一般（3分）	较差（2分）	差（1分）
1　完成任务					
2　工作质量					
3　业务能力					
4　组织纪律					
5　出勤情况					
......					
合计					

当然，许多建筑企业还不仅仅停留在对一般性工作绩效因素（如"数量"和"质量"）的考评上，他们还将这些因素作为考评标准对员工工作职责进行进一步分解。

在图解式评估法下，每个特征或特性都以某种尺度表示，考评人员就依据这一尺度来对员工拥有的特征进行考评。图解式评估法有多种形式，其差别在于以下方面：第一，被考评人员的特征；第二，工作尺度定义的程度；第三，每个标准定义的清晰程度。当尺度和标准被准确定义后，主观偏见产生的可能性将大大降低。通过对考评人员的培训和在绩效考评体系中建立描述性的考评指南，企业将会很好地做到这一点。

另外，考评表格应该提供足够的空间供考评人员记录对员工行为的评价。这些评价将提高考评的准确性，因为这要求考评人员仔细观察员工的行为，然后在考评面谈时提供一些事例与员工进行讨论。

二、行为导向法

（一）关键事件法

以两个关键事件为例：

关键事件一：张涛是一家建筑设计公司的销售员，张明是公司的经理。一天，张明路过张涛的办公桌时候，正巧张涛在打电话。张明注意到张涛正在客户打电话，收集客户对设计质量的反馈："您觉得我们的设计品质怎么样啊？"、"您觉得我们的设计还有哪些方面还需要改善?"、"您还和其他设计公司有业务往来吗? 它们在哪些方面比我们好?"而且他认真地记录下客户的意见。过了几天,张涛整理了一份客户意见调查报告交给了张明。张明发现,报告详细地对客户使用产品的意见进行了总结和归类,并且有张涛自己的意见分析,这些分析对于产品的改进很有帮助。

关键事件二:高爽将一份打印精美的月度报告交给了总经理。总经理非常认真地阅读了这份报告,他对报告中的一些数据感到有些怀疑,于是就重新核算了一下,发现果然有错误。总经理忽然想到高爽的报告与林宇的报告用的是同样的模板,于是他拿出了林宇的报告对照了一下,结果发现高爽的报告中有些数据由于粗心没有替换,用的还是林宇原来的数据,这样就导致了错误。

绩效考评的品质导向法有一个潜在的缺陷,即对员工的考评特征可能被模糊并带有主观性。因此,要提高绩效考评的准确性,就应该遵循一种工作范围和尺度来对行为进行描述。这样,考评人员可以比较容易地评判员工在工作范围内的成绩。

行为导向的考评方式是建立工作中的行为标准或规范,强调在完成工作目标过程中的行为必须符合这种标准或规范,通过对员工行为与企业行为标准或规范的比较和评估,推断出员工的工作业绩。

行为导向的考评方式相信行为最终必然导致结果,只要控制行为就能够控制结果,而且大多数企业的员工行为标准或规范都会深刻地带上企业文化的烙印。

(1)关键事件法(Critical Incident Method),是观察、书面记录员工有关工作成败的"关键性"事实。它是由两个美国学者弗拉根和伯恩创立的,包含了三个要点:第一,观察;第二,书面记录员工所做的事情;第三,有关工作成败的关键性的事实。

关键事件法要求保存最有利和最不利的工作行为的书面记录。当这样一种行为对部门的效益产生无论是积极还是消极的重大影响时,管理者都应把它记录下来,并把这些资料提供给评价者用于对员工业绩进行考评。这样的事件便称为关键事件。这些事件可以被用来向员工提供明确的反馈,让其清楚地知道自己哪些方面做得好,哪些方面做得不好。此外,还可以通过强调那些能够支持组织战略的关键事件而与组织的战略紧密联系起来。然而,许多管理者都拒绝每天或每周对其下属员工的行为进行记录。并且,要对不同员工进行比较通常也是很困难的,因为每一个事件对于员工来说都是特定的。用这种方法进行的考评有可能贯穿整个考评阶段,而不仅仅集中在最后几周或几个月里。然而,如果一名基层主管要对许多员工进行考评,则记录这些行为所需要的时间可能会过多。

在运用关键事件法的时候,主管人员将每一位下属员工在工作活动中所表现出来的非同寻常的良好行为或非同寻常的不良行为(或事故)记录下来,然后在每6个月左右的时间里,主管人员和其下属人员见一次面,根据所记录的特殊事件来讨论后者的工作绩效。

关键事件法常常用做等级评价技术的一种补充。它在认定员工特殊的良好表现和劣等表现方面是十分有效的，而且对于制定改善不良绩效的规划也是十分方便的。不过，就它本身来说，在对员工进行比较或在做出与之相关的薪资提升决策时，可能不会有太大用处。

关键事件考评方法一般不会单独使用。因为，记录的只是一些好的或不好的事情，并没有贯穿整个过程。这个考评方法，只是为以后的考评提供有利的依据。

（2）关键事件法的优点是：

①有理有据。因为时间、地点、人物全都被记录下来了。

②成本很低。不需要花钱，也不需要花太多的时间，经理做的只是花上几分钟将这件事写下来，成本非常低。

③及时反馈，提高员工的绩效。据统计，员工离职最大的原因，就是平常干得好没有人夸，干得不好也没有人批评。

当然关键事件法也存在弱点，最大的缺陷是主管人员常漏记关键事件。有很多时候，管理人员都是一开始忠实地记下每一件，到后来失去兴趣，到考评期快结束时再去补充记录。这样，近期效应的偏差被夸大，员工会觉得管理人员编造事实来支持其主观意见。即使管理人员做了全面的记录，员工也会因管理人员总记着几个月前的差错而感到不快。

记录关键事件的方法主要是 STAR 法。这是由四个英文单词的第一个字母表示的一种方法；由于 STAR 是星星的意思，所以又叫"星星法"。星星就像一个十字形，分成四个角，记录一件事件也要从四个方面来写：

S 是 Situation——情境。这件事情发生时的情境是怎么样的？

T 是 Target——目标。他为什么要做这件事？

A 是 Action——行动。他当时采取什么行动？

R 是 Result——结果。他采取这个行动获得了什么结果？连起这四个角就叫 STAR。

（二）行为锚定等级评价法

1. 行为锚定等级评价法的概述

行为锚定等级评价法（Behaviorally Anchored Rating Scale，BARS）是一种将某一职务工作可能发生的各种典型行为进行评分度量，建立一个锚定评分表以此为依据，对员工工作中的实际行为进行测评给分的考评办法。

行为锚定等级评价法实质上是建立在关键事件法的基础上的，使用这种方法，可以对源于关键事件中有效和非有效的工作行为进行更客观的描述。熟悉一种特定工作的人能够识别这种工作的主要内容，然后对每项内容的特定行为进行排列和证实。它为每一职务的各考评维度都设计出一个评价量表，并有一些典型的行为描述性说明词与量表上的一定刻度（评分标准）相对应和联系，（即所谓锚定）供操作中为被考评人员实际表现评分时作参考依据。由于这些典型说明词数量毕竟有限（一般不大会多于 10 条），不可能涵盖千变万化的员工的实际表现，被考评人员的实际表现很难恰好与说明词所描述的完全吻合。但有了量表上的这些典型绩效的、有具体行为描述的锚定说明词，不但使被考评人员能较深刻而信服地了解自身的现状，还可以找到具体的改进目标。

在设计行为锚定等级评价法之前，必须搜集大量的代表工作中的优秀和无效绩效的关键事件，然后再将其划分为不同的绩效维度。那些被专家们认为能够清楚地代表某一特定时期绩效水平的关键事件，将会被作为指导评价者的行为事锚定来确定在每一绩效维度中的哪些关键事件是与员工的情况最为相符的。这种评价就成为员工在这一绩效维度上的得分。

2. 行为锚定等级评价法的目的

行为锚定等级评价法的目的在于：通过一个类似于表 4-3 的等级评价表，将关于特别优良或特别劣等绩效的叙述加以等级性量化，从而将描述性关键事件评估法和量化等级评价法的优点结合起来。因此，其倡导者宣称，它比所有其他种类的工作绩效评估工具都具有更好和更公平的评估效果。

行为锚定等级考核表（客户服务）　　　　　　　　　表 4-3

7	把握长远盈利观点，与客户达成伙伴关系
6	关注客户潜在需求，起到专业参谋作用
5	为客户而行动，提供超常服务
4	个人承担责任，能够亲自负责
3	与客户保持紧密而清晰的沟通
2	能够跟进客户回应，有问必答
1	被动地跟进客户回应，拖延和含糊回答

3. 建立行为锚定等级评价法的步骤

建立行为锚定等级评价法通常要求按照以下 5 个步骤来进行：

（1）获取关键事件。首先要求对工作较为了解的人（通常是工作承担者及其主管人员）对一些代表优良绩效和劣等绩效的关键事件进行描述。

（2）建立绩效评价等级。然后由这些人将关键事件合并成为数不多的几个绩效要素（如 5 个或 10 个），并对绩效要素的内容加以界定。

（3）对关键事件重新加以分配。这时是由另外一组同样对工作比较了解的人来对原始的关键事件进行重新排列。将所有这些关键事件分别放入最合适的绩效要素中去。通常情况是，如果就同一关键事件而言，第二组中某一比例以上（通常是 50%～80%）的人将其放入的绩效要素与第一组人将其放入的绩效要素是相同的，那么，这一关键事件的最后位置就可以确定了。

（4）对关键事件进行评定。第二组人会被要求对关键事件中所描述的行为进行评定（一般采用 7 点或 9 点等级尺度评定法），以判断它们能否有效地代表某一工作绩效要素所要求的绩效水平。

（5）建立最终的工作绩效评价体系。对于每一个工作绩效要素来说，都将会有一组关键事件（通常每组中有 6～7 个关键事件）来作为"行为锚"。

应当注意的是，行为锚定等级评价法实际上是由一些特定关键事件加以说明的行为来对工作绩效加以定位的。这种描述有助于明确界定"非常好"这种工作绩效到底是什么样子。类似地，在评价尺度的其他等级上，也都如此。

4. 行为锚定等级评价法的优点

行为锚定等级评价法比使用其他的工作绩效评价法要花费更多的时间。但是许多人认为，行为锚定等级评价法亦有以下一些十分重要的优点。

（1）工作绩效的计量更为准确。由于是由那些对工作及其要求最为熟悉的人来编制行为锚定等级体系，因此其应当能够比其他评价法更准确地对工作绩效进行评价。

（2）工作绩效评价标准更为明确。等级尺度上所附带的关键事件有利于评价者更清楚地理解"非常好"和"一般"等各种绩效等级上到底有什么差别。

（3）具有良好的反馈功能。关键事件可以使考评人员更为有效地向被考评人员提供反馈。

（4）各种工作绩效评价要素之间有着较强的相互独立性。将众多的关键事件归纳为5、6种绩效要素（如"知识和判断力"），使得各绩效要素之间的相对独立性很强。比如，在这种评价方法下，一位评估者很少会有可能仅仅因为某人的"知觉能力"所得到的评价等级高，就将此人的其他所有绩效要素等级都评定为高级。

（5）具有较好的连贯性。相对来说，行为锚定等级评价法具有较好的连贯性和较高的信度。这是因为，在运用不同评价者对同一个人进行评价时，其结果基本上都是类似的。

从行为锚定与图解式评定的比较上看，行为锚定等级评价法和图解式评定量表一样，要求考评人员根据个人特征评定员工。典型的行为锚定等级评价量表包括7个或8个个人特征，被称做"维度"，每一个都被一个7级或9级的量表加以锚定。值得注意的是，行为锚定评价法中所使用的评价量表与图表尺度法中所使用的评价量表在结构上并不相同。行为锚定式评价量表是用反映不同绩效水平的具体工作行为的例子来锚定每个特征。

行为锚定式量表最大的优点在于它指导和监控行为的能力。行为锚定使员工知道被期望表现哪些类型的行为，从而给考评人员提供以行为为基础的反馈机会。在最初被提出时，行为锚定式评价量表被预测将大大优于图解式评价量表。

人力资源管理专家认为，行为锚定将带来更准确的评分，因为它们能向考评人员更好地诠释评定量表上不同评分的含义。实际上，行为锚定式评价量表比图解式评价量表的优势远未被研究证实。绝大部分研究都没能提供证据表明建立和使用行为锚定式评定量表所花费的大量时间和精力从结果上看是值得的。

行为锚定式评价量表的缺陷在于考评人员在尝试从量表中选择一种员工绩效水平的行为时会遇到一定困难，有时一个员工会表现出处在量表两端的行为，因此，评定者不知应为其分配哪种评分。

（三）行为观察量表法

行为观察量表法（Behavior Observation Scale，BOS）提出某一工作的高绩效所需求的一系列行为。同行为锚定式评定量表一样，考评人员会收集关键事件并按照维度分类。两种方法之间的关键区别在于：行为观察量表中的每种行为都是由考评人员加以评定的。

在使用行为观察量表时，考评人员通过指出员工表现各种行为的频率来评定工作绩效。一个 5 分的量表被分为"从不是（1）"到"总是（5）"，通过将员工在每一个行为上的得分相加得到总评分，高分意味着一个人经常出现合乎希望的行为。

像前面提到行为锚定式评价量表一样，行为观察量表在评价与指导员工行为方面也比较有效，因为它具体指出了员工需要做什么才能得到高绩效评分。管理者也可以有效地使用行为观察量表去监控员工行为，并就具体行为给出反馈，这样，员工们便知道什么事情是正确的，哪些行为需要加以矫正。

1. 克服对变革的阻力

（1）向下级详细地介绍变革的内容；

（2）解释为什么变革是必需的；

（3）讨论变革为什么会影响员工；

（4）倾听员工的意见；

（5）要求员工积极配合参与变革的工作；

（6）如果需要，经常召开会议听取员工的反映。

2. 行为观察量表通常按以下几个步骤进行设计

（1）运用关键事件分析法进行职务分析。对一组既了解职务的性质、目的，又能经常观察到这项职务的人员（包括该职务任职者的领导、下级、客户等），通过会谈法了解其所观察到的职务的操作情况。谈话可以单个进行，亦可以集体进行。职务分析专家要求观察者描述职务操作行为中的有效和无效事件，一般至少要求 30 人进行大约 300 个事件的描述。职务分析专家需要运用会谈技术，引导职务观察者对事件进行正确描述。例如，服务态度不好被具体描述为"与顾客争吵"、"把顾客的食物或饮料弄洒了而没有向顾客道歉"、"让顾客等待过久"等。

（2）对关键事件依照行为归类。

（3）把类似的行为项目归类成行为观察量表标准，如表 4-4 所示。通常，在这一步骤中，行为项目被归为 3～10 个行为观察量表标准。

（4）评价内部判断一致性。内部判断一致性是指公司员工管理部门考察不同员工对同一关键事件的评价是否大致一致，具体做法是把事件随机呈现给另一些职务观察者，比较其按上述步骤所确定的 3～8 个行为观察量表标准是否把事件做了相同的归类。

（5）评价内容效果。在把关键事件进行归类集中时，大约会有 10% 的事件没有归入行为项目中。这时，还应再考虑这些事件是否描述了没有列出的行为项目，或是否可以列入已列出的行为项目中。

（6）去掉次数过少和过多的项目。在上述步骤得到的行为观察量表行为项目中，有些虽然能够描述有效或无效的职务操作，但是无论对好的还是差的员工，这些行为都是经常出现或是很少出现。应去掉那些不具有鉴别意义的项目。

（7）确定行为观察量表的信度及各个行为观察量表标准的相对重要程度。

内部培训师行为观察考核表（教学技能） 表 4-4

优秀：5	内训师能清楚、简明、正确地回答学员的问题
4	当试图强调某一点时，内训师能使用案例
中等：3	内训师用清楚、明白的方式授课
2	讲课时内训师表现出许多令人厌烦的习惯
极差：1	内训师在班上给学员们不合理的批评

与传统考评量表相比较，行为观察量表具有以下优点：量表是通过员工亲自参加的职务分析建立的，因此，在使用中评定标准比较明确；行为观察量表中对职务的描述可以用做对新员工或求职者的职务介绍，这种介绍可以帮助新员工或求职者对职务进行客观的了解，从而降低组织的人员变动率和不满意感；行为观察量表有效地定义了职务的标准，为人才选择、预测提供了客观依据；行为观察量表的各个行为标准和总分对每个员工来说，都可以用做绩效反馈的行为目标；行为观察量表的建立过程是科学的和可信的。

行为观察量表也有一些局限。这种方法依赖于考评人员对有效及无效行为的感知及回忆，因此，员工管理部门的偏见就会对评价结果产生一定的影响。另外，由于量表过长，当被考评人员较多时，使用起来非常不方便。

三、效果导向法

效果导向是强调结果，即干出了什么成绩。许多企业是以员工的工作效果而不是特征或行为表现来对员工进行考评的。支持结果考评法的人士认为这种方法更客观，也更容易为员工所接受。如，依据销售量和产量等结果进行考评可以避免主观判断，因而减少了产生偏见的可能性。另外，效果导向法促使员工对其工作结果负责，因而使其在选择完成任务的方法时较为谨慎。

这是一种普遍被接受的绩效评估方式，尤其是对业绩的考评，更是广泛地采用这样的方式。在使用过程中应该确定以下因素，应用才会成功：

（1）被考评人员完整的工作描述。职位说明书必须明确，工作范围与职责也必须清楚，否则，就无法界定工作目标。

（2）目标必须加以详细说明，使上下级都对目标完成的标准达成一致。

（3）日常的工作反馈和辅导必不可少。虽然最终关注的是工作结果，但如果缺少了工作反馈和辅导，肯定会得不到预想的结果。

（一）生产能力衡量法

用以考评工作绩效的效果导向法有很多种。对销售员工的绩效考评是以销售量为基础的（包括销售数量和销售收入）；对生产工人的业绩考评是以生产数量、废品率或次品率为基础的；对经理的业绩考评是以企业利润或增长率为基础的。这里的每一个考评标准都直接与员工的工作结果是否对企业有利相联系。这样，效果考评法可以直接将员工个人目标与企业目标相联系。

生产能力衡量法的主要目标是激励员工向着更高的生产水平前进，它是一种对生产能力进行衡量以及向全体员工提供反馈信息的手段。

生产能力衡量法主要包括 4 个步骤：

（1）企业员工共同确定希望达到什么样的产出、规模及目标。企业的生产能力通常取决于其能够在何种程度上达到这些产出。比如，对于一个修理店来说，"修理质量"可能就是其目标之一。

（2）共同界定能够代表产出的指标有哪些。这些指标是用来衡量企业实现产出的程度的。比如，修理的质量可以用下列两个指标来表示：返修率（在经过修理之后仍然无法立即被使用，从而不得不重新送回来继续进行修理的百分比）及通过质量控制检查的百分比。

（3）共同来确定所有绩效指标的总量以及同这一总量相联系的各种总体绩效水平。

（4）建立一套反馈系统，向员工和工作群体提供关于在每一个指标上所得到的特定绩效水平的信息。最后，总体的生产能力分数可以在对每一指标上的有效得分进行加总计算的基础上获得。

由于此方法属于一种相对较新的绩效管理技术，因此，它只是在很少的一些场合下被采用。不过，到目前为止的研究已经表明，它在提高生产能力方面是很有效的。此项研究揭示出，这种绩效评价系统还是一种有效的反馈机制。当然，开发这套系统是很耗费时间的。而且，效果考评可能被员工所不能控制的某些外部因素所干扰。如，销售代表所负责地区的市场环境特别差或生产工人不能得到充足的原材料，这些因素都将影响员工发挥其全部能力。因此，要求员工对那些因为其所不能控制的外部原因产生的效果承担责任是不公平的。

再者，生产能力衡量法会在无意中引发员工的短期行为而忽视了长期效果。比如，一线经理可能为了减少维修成本而使设备受损。如果考评只是注重于小范围的结果而排斥其他要点的话，系统会存在标准缺陷并在无意中助长了员工"考评什么就做什么"的思想。实际上，任何一个需要与别人合作的岗位都不可能仅仅以生产能力或销售数字作为考评标准。合作能力、适应能力、自主性和对人际关系的关注等因素，都可能对工作的成功产生重要影响。如果这些因素是重要的工作标准，那其就应该被增加到考评中去。总之，在现实生活中，使用结果和产出进行考评的方法都应该在考评中被考虑到。

（二）目标管理考评法

在传统的绩效考评方法中，常常使用员工的个人品质作为考评业绩的标准。另外，考评负责人的作用类似于法官的作用。运用目标管理法，考评过程的关注点便从员工的工作态度转移到工作业绩上，考评负责人的角色也从法官转变成为员工绩效的顾问和促进者。此外，员工也从消极的旁观者转换成了积极的参与者。

1. 目标管理考评法的概念

目标管理考评法（Management by Objective，MBO）是一种管理哲学，它把是否达到了由员工和管理人员共同制定的目标作为考评依据。目标管理就是每一个职位的员工根据企业的整体目标,建立其特定的职位工作目标,并通过自我计划、执行、检查、调整和评估五阶段进行业绩考评的一种方法。

目标管理法结合了绩效考评方法中行为管理和结果管理两个方面的优点,在关注结果的同时,也关注达到结果的过程。

2. 实施 MBO 考评方法的过程

目标管理法是员工与上司协商制定个人目标(比如,生产成本、销售收入、质量标准、利润等),然后以这些目标作为对员工评估的基础。目标管理是一个循环系统,其从设定企业共同目标开始,经过循环最终又回到这一点。这一系统可以充当目标制定系统。其中,企业目标(步骤1)、部门目标(步骤2)和经理、员工个人目标(步骤3)被先后确定。

这个循环最大的特征是由员工来制定的目标,而这些目标是以上司制定的对员工责任的粗略的陈述为基础的。员工制定目标后与上司进行讨论、回顾和修改,并最终使双方都满意(步骤4)。员工在设定目标的同时,还必须制定达到目标的详细步骤。在期间考评时,由于目标数据已经可以取得,因此可以评定员工完成目标的程度(步骤5)。在此期间,当取得新的数据或其他方面数据时,可以修正目标。在一个评估期间结束时(通常是六个月或一年),员工用他所能得到的实际数据对其所完成的工作进行自我评估。然后由上司和员工一起对员工自我评估进行检查(步骤6)。最后一个步骤(步骤7)是回顾员工工作与企业工作之间的联系。

为评价业绩,将成绩与目标相比较应计算差异(百分比),从而显示出实现的目标(等于100%)、超过的目标(大于100%)和未达到的目标(小于100%)。将奖励和差异相连。这种绩效考评的方法,并不局限于年头岁尾,企业可结合自己的业务实际实施定期的绩效考评,使员工的注意力集中在组织新目标上,并引导员工行为。

思考题

1. 绩效考评的概念和内容是什么?
2. 绩效考评的功能和类型有哪些?
3. 简述定量考评与定性考评的优缺点。
4. 影响建筑企业绩效考评的组织因素有哪些?
5. 简述建筑企业进行绩效考评的主要程序。
6. 请设想用效果导向法设计一个对项目经理的考评方案。

第五章

建筑企业职工激励原理与实践

　　现代企业管理理论认为，人力资源的核心内容是建立起一套科学的激励机制，哈佛大学的一位教授在研究后发现，人在无激励机制的情况下，只能发挥个人潜能的 20%～30%，通过适当激励就能发挥出 80%～90%，而发挥程度取决于激励程度。由此可见，一套合理完善的激励机制将有效地提高员工的工作绩效，从而相对降低人力资源管理成本。所以说激励机制运用的好坏在一定程度上是决定企业兴衰的主要因素，如何建立和运用好激励机制也成为各建筑企业面临的一个十分重要的问题。

第一节　建筑企业激励的含义及其作用

一、建筑企业职工激励的含义

1. 激励的含义

　　充分调动管理者和广大员工的工作积极性（即激励问题）是现代组织管理的一项重要工作。激励从字面上看是激发和鼓励的意思，激发是对员工的动机而言的，鼓励则是对员工的行为而言的。所谓激励就是创设满足员工各种需要的条件，激发员工的成就动机，使之产生实现组织目标的特定的积极向上的心理状态，引导其产生积极行为的过程。激励包含四个方面的内容：

　　（1）激励的出发点是满足职工的各种需要。即通过系统地设计适当的外部奖励形式和工作环境，来满足职工的外在性和内在性需要，从而激发其行为。行为学派认为，人的行为是受其动机支配，而动力的来源是由于人的需要。需要、动机、行为结果是一个互相联系的连锁反应过程。

（2）科学的激励需要激励约束并举。事实上，激励不仅包括奖励，而且还包括约束。既要对职工表现出来的符合组织期望的行为进行奖励，还要对其表现出的不符合组织期望的行为进行约束或者惩罚。

（3）激励贯穿于组织职工工作的全过程。激励是一种持续的行为活动，包括对职工个人需要的了解、个性的把握、行为过程的控制和行为结果的评价。

（4）激励的最终目的是在实现组织预期目标的同时，也能让职工实现其个人的目标，即达到组织目标和个人目标的统一。

2. 建筑企业职工激励的含义

建筑企业职工激励是指通过各种有效的激励手段，激发建筑企业职工的需要、动机、欲望，强化和引导与组织目标相契合的个人行为，形成高昂的情绪和持续的积极状态，发挥潜力，最大限度地开发和运用其人力资源去实现组织目标。

建筑企业职工激励过程应该包括：目标、追求目标的积极性和能力投入以及激励手段三方面内容。目标的形成有赖于一定的刺激，人的能力的发挥也有赖于外界的刺激，而激励正是起这种刺激的作用。激励是通过满足人的某种需求期望而实现的。人存在或可能存在某种需求期望是激励的心理基础。如果一个人没有任何需求期望，那么，任何刺激素对他都将不起作用。一定的刺激作用于具有某种需求期望的个人，引起实际反应，从而达到提高努力强度的作用。不同的人或同一个人的不同时期要应用不同的刺激素。如果一定的刺激素不断重复使用，激励效力就会降低，难以使人保持持续的积极状态。因此，在建筑企业人力资源管理过程中，要加强激励的研究，以便针对不同的需求期望，灵活地运用不同的刺激素。

从心理学的角度来分析，建筑企业职工激励过程实质上要处理好三类变量的关系：一是刺激变量，即对人体的反应发生影响的刺激条件，包括可变与可控的自然与社会的环境刺激。从管理的角度说，主要指管理者设置的目标、各种管理手段和措施。二是主体内在变量，即对人的反应有影响的内在心理特征，如需要、动机、兴趣、性格等。三是主体反应变量，即刺激变量和主体内在变量在主体行为上的变化。对人的行为的激励，实质上就是用刺激变量使主体内在变量（需要、动机等）产生持续不断的兴奋，从而引起主体积极的行为反应。当目标达到之后，又反馈强化了刺激变量。这样周而往复，不断延续。

二、建筑企业职工激励的作用

1. 激励是调动员工积极性的重要手段

激励可以强化一个人的动机，从而强化其行为，保持和不断提高工作效率。通过激励机制的运作，一方面使员工能充分地发挥其技术和才能，变消极为积极，从而保持工作的有效性和高效率。另一方面又可以进一步激发员工的创造性和革新精神，从而大大提高工作绩效。特别是随着科学技术的不断进步和生产过程日趋复杂，对员工科学技术素质要求越来越高，因而进一步激发员工的创造性和革新精神就显得更加重要了。组织通过实施有效的激励机制，使得工作积极性、创造性高以及革新精神好的员工因工作绩效高、工作表现突出而获得实惠、得到较高的回报甚至晋升，这同时也是对表现差的员工的一种鞭策，使他们不得不提高和发挥自己的工作积极性、创造性和革新精神。因此，通过激励工作来调动和培育员工的积极性、创造性和革新精神，挖掘人们的潜在能力，去卓越地完成工作任务，从而提高组织的运转效率，进而实现组织目标。

2. 激励是提高员工素质的有力杠杆

提高员工素质的途径主要有两个方面：一是教育培训，二是激励。通过奖励可以使人们积极向上，有进取心，努力学习，不断提高。任何值得奖励的行为，都应该是人们素质优异的表现，也是人们素质提高的证明，奖励这种行为相应地是鼓励员工进一步自觉地提高各方面的素质。反之，任何受到惩罚的行为都是人员素质低的表现，或是素质下降的信号，惩罚这种行为，相应地是警告有关人员纠正自己的错误行为，提高素质。

3. 激励是形成良好企业文化的有效途径

良好的企业文化是企业生存和发展的基础，而良好企业文化的培育，离不开正反两方面的强化。例如，人们认为"服务制胜"是时代的要求，树立良好的服务意识，提高服务质量，成为许多企业文化建设的目标。显然奖励优异的服务行为，必然同时强化了良好的服务意识；批评和惩罚恶劣的服务行为，则是对服务意识的另一种强化。交替运用奖惩手段，就可以有力地促进追求良好服务这种群体价值观的形成。

4. 激励有利于吸引员工和留住员工

对企业的生存和发展来说，员工起着非常重要的作用，尤其是高素质、高效率的员工，更是企业发展中的中坚力量。通过激励可以把企业需要的高素质人才吸引过来，提高组织的凝聚力。如果一个企业报酬高、福利好、发展空间大、处事民主公正，自然有利于人才的不断流入，而且企业内的员工的流出比例也不会太高，而这些恰恰是员工激励的基本目标和成效。国际上有不少大企业，为促使人们进入本企业并能继续留在本企业工作，都提供丰厚的退休金、集体人寿保险以及优惠的医疗保健待遇，提供员工深造的条件，对业绩优异的员工给予重奖等。

总之，在企业内的各项资源中，人力资源是第一重要的。企业内人力资源的利用程度，优秀员工被吸引和留住的状况，员工对于本职工作的完成情况，员工的积极性、创造性和革新精神被调动和被激发的程度等，在某种程度上决定了企业运转效率的高低水平、企业目标的实现程度。而员工激励恰恰是企业合理利用人力资源的有效手段。也就是说，企业要卓有成效，就必须抓住促使人们决心加入本企业并在工作中取得突出成绩的激励问题。因此有远见卓识的领导者或管理者，都将调动员工的积极性和创造性放在工作的核心地位，特别重视员工的激励工作。

第二节　建筑企业激励的基本理论

目前，已成体系和被公认的激励理论可分为着重研究激发动机的内容型激励理论和着重研究从动机到采取具体行动的心理过程的过程型激励理论。

一、内容型激励理论

激励问题的核心问题之一就是要搞清哪些激励因素能够持续激发人的动机。了解激励的影响因素以及这些影响因素对人的行为发生作用的过程，有助于在企业管理中采取最恰当、最有效的激励措施，激发员工在工作中的积极性和创造性，不断提高生产效率。这对于促进企业目标的实现、使企业在激烈的竞争中求得生存和发展有着极为重要的意义。内容型激励理论主要集中于分析探讨影响个体积极性的多种因素，其基本的思路是找到这些因素以便有的放矢地采取措施去调动人们的工作积极性，管理者的任务就是要根据这些因素创设一种合适的工作环境。内容型激励理论主要包括四种理论：需要层次理论、ERG 理论、成就需要理论和双因素理论。

1. 需要层次理论

美国心理学家马斯洛（A. H. Maslow）在 1943 年提出了"需要层次理论"。该理论认为，人的需要可以分为五个层次，即生理需要、安全需要、社交需要、尊重需要和自我实现需要。

（1）生理需要：这是人类最基本的需要，包括生理机能维持的各种需要，如饥、渴等。

（2）安全需要：人们希望有一个和平、安定、良好的生活环境，安全需要的含义是广泛的，包括世界和平、社会安定和个人安全。

（3）社交需要：包括感情、归属、被接纳、友谊等需要。

（4）尊重需要：包括内在的尊重如自尊心、自主权、成就感等需要与外在的尊重如地位、认同、受重视等需要。

（5）自我实现需要：包括实现个人理想、抱负，发展和发挥个人的能力与创造性。

对于上述五种需要，马斯洛认为他们之间的关系有以下几点：

（1）这五种需要层次越来越高级，当下一级需要在相当程度上得到满足时，高一级的需要便成为人们追求的目标。

（2）一个层次的需要相对满足就会向高一层次发展。这五种需要不可能完全满足，越到高层满足得越少。

（3）同一时期内可能存在几种需要，但每一时期内总有一种需要占支配地位。任何一种需要并不会因为高层次需要的发展而消失。各个层次的需要相互依赖与重叠，高层次的需要发展后，低层次的需要仍然存在，只是对行为影响的比重减轻了。

（4）在所有的需要中，只有未满足的需要才有激励作用，需要满足后就不再是激励力量。

依据该理论，若要激励一个人的动机，就要知道他正在追求哪一层次的需要的满足，设法为这一需要的满足提供条件。如果员工在原单位人际关系不好，得不到上司的重用，在这里帮助他协调好人际关系，给予重视、重用，就会有很好的激励作用。

需要层次理论对人的需要的类型和层次做出了较好的说明，为管理实践提供了理论上的指导依据。但是，该理论也有其不足之处：

（1）它没有得到实证研究的证实，也不能解释现实生活中的许多现象，如绝食、舍己救人等。

（2）它带有一定的机械主义的色彩，事实表明，人们在需要的层次方面表现出更为灵活的情形，而不是像马斯洛所说的那样表现出明确的层次结构。

（3）它只注意一个人各种需要之间的纵向联系，忽视了一个人在同一时间内往往存在多种需要，而这些需要又会互相矛盾，导致动机斗争。

2. ERG 理论

ERG 理论是美国耶鲁大学教授克雷顿·爱尔德弗（Clayton Alderfer）在大量实验研究的基础上，重组了马斯洛的需要层次理论，使之和实证研究更加一致。他把马斯洛需要层次理论中五个层次的需要简化为三个层次，即生存（Existence）、相互关系（Relatedness）和成长（Growth）。由于这三个英语单词的字头分别是 E、R、G，所以称之为 ERG 理论。爱尔德弗认为，在管理实践中，将员工的需要分为以下三类较为合理和有效。

（1）生存需要。它包括全部的生理需要和物质需要。组织中的报酬，对工作环境和条件的基本要求等，也包括在生存需要中。这一类需要大体上和马斯洛需要层次中的生理需要和安全需要相对应。

（2）相互关系需要。它是指人与人之间的相互关系、联系（或称之为社会关系）的需要。这一类需要类似马斯洛需要层次中部分安全需要、全部社交需要，以及部分尊重需要。

（3）成长需要。它是指一种要求得到提高和发展的内在欲望，表现在人不仅要求充分发挥个人潜能，有所作为和成就，而且还有开发新能力的需要。这一类需要可与马斯洛需要层次中部分尊重需要及全部自我实现需要相对应。

但爱尔德弗的理论并不是将马斯洛的需要层次简单化。ERG 理论的特点在于：各种需要可以同时具有激励作用；如果较高层次的需要不能得到满足，就会出现倒退现象，对满足低层次需要的欲望就会加强；ERG 理论还认为，某种需要，尤其是关系需要和成长需要得到满足之后，其强烈程度不仅不会减弱，反而更加强烈。

ERG 理论与我们关于个人差异的常识更一致。诸如教育、家庭背景和文化环境这样的变量可以改变个体拥有的一组需要的重要性或驱动力量。有证据表明，不同文化中的人对需要种类的排列顺序是不一样的。例如，西班牙人和日本人把社会需要放在生理需要前面，这与 ERG 理论是一致的。大量的研究表明，ERG

理论比需要层次理论更符合实际，是关于需要层次的一种更为有效的观点。

3. 成就需要理论

20 世纪 50 年代初，美国心理学家戴维·麦克利兰（David McClelland）提出了成就需要理论。他认为，人在生存需要得到基本满足的前提下，最主要的需要有三种，即权力需要、归属（合群）需要和成就需要。

（1）权力需要。它是指影响和控制别人的一种欲望或驱力，其本质是渴望控制其环境中的各种资源。具有较高权利需要的人对影响和控制别人表现出很大的兴趣。这种人追求领导地位，头脑冷静，善于提出问题和要求，喜欢教训别人，乐于演讲。

（2）归属（合群）需要。归属（合群）需要是一种希望与人为伴、归属于某些群体的需要，也指人们寻求他人的接纳和友谊的需要。具有归属（合群）需要的人通常从友好的社交中得到欢乐和满足，他们喜欢与别人保持一种融洽的关系，随时准备安慰和帮助危难中的伙伴。

（3）成就需要。成就需要是指人渴望卓有成效地完成任务或达到目标，是一个人追求卓越、争取成功的内驱力。具有高度成就需要的人，对工作的成功有强烈的要求。他们热衷于富有挑战性的工作，树立较高的工作目标。他们很少休息，喜欢长时间的工作，喜欢表现自己。

麦克利兰认为，一个人成就需要的高低，直接影响着他的进步和发展。一个组织或国家拥有成就需要的人的多少，直接决定着其繁荣和兴旺。

麦克利兰认为，成就需要强烈的人往往具有高度的内在工作动机，事业心特别强，把个人成就看得比金钱更重要，从成就中得到的鼓励超过物质鼓励的作用。只要能为他们提供合适的工作环境，使他们充分发挥自己的能力，他们就会感到莫大的幸福。因此，这种人对企业和国家具有重要作用。一个企业拥有这样的人越多，其发展就越快，获利也越多。一个国家拥有这样的人越多，就会越兴旺发达。

4. 双因素理论

双因素理论又称保健—激励理论，是美国心理学家赫兹伯格（F. Herzberg）与匹兹堡心理研究所的同事们合作，于 1959 年通过对匹兹堡地区 200 名会计师和工程师工作满意情况进行试验调查的基础上提出来的。

研究表明，在工作中有两类因素：一类可以导致员工产生工作满意感，另一类可以使员工产生不满意感。前一类因素称为激励因素，后一类称为保健因素。激励因素是指和工作内容紧紧联系在一起的因素。这类因素的改善，往往能给员工以很大程度的鼓励，产生工作的满意感，有助于充分、有效、持久地调动员工的积极性。保健因素是指和工作环境或条件相关的因素，这些因素处理不当，或者说这类需要得不到满足，会导致员工的不满，甚至严重挫伤其积极性；反之，满足这些需要则只能防止员工产生不满情绪，而无法令员工更满意。有了激励因素，就会产生满意；而没有激励因素，则没有满意，但也没有不满意。有了保健因素，不会产生不满意，但没有满意；而没有保健因素，则会产生不满。这就是双因素理论。这两类不同因素的具体内容，见表 5-1。

激励和保健因素

表 5-1

保健因素（外在因素）	激励因素（内在因素）
公司（企业）的政策与行政管理	工作上的成就感
技术监督系统	工作中得到认可和赞赏
与上级主管之间的人事关系	工作本身的挑战意味和兴趣
与同级之间的人事关系	工作职务上的责任感
与下级之间的人事关系	工作的发展前途
工作环境或条件	个人成长、晋升的机会
薪金	
个人的生活	
职务、地位	
工作的安全感	

保健—激励因素告诉我们，满足各种需要所引起的激励强度和效果是不一样的，工作之外的生活条件满足是必要的，未满足会导致"不满"，但即使得到满足，其激励作用也是很有限的；管理者实施激励的主要任务不是对付"不满意"，而是千方百计使人们感到"满意"，这就是通过改善工作内在因素，如使工作丰富化、富有挑战性，使员工有晋升、成长和发展的条件与机会等。

二、过程型激励理论

内容型激励理论使人们了解了激发员工们行动的、与工作相关的特殊因素。不过这类理论没有清楚地解释人们为什么在完成工作目标时选择某种特定的行为方式，而过程型激励理论恰好就是阐述这一过程的。过程型激励理论试图解释和描述行为的引起、发展、持续以及终止的全过程，探讨需求怎样通过相互作用和相互影响产生某种行为。较有代表性的过程型激励理论是：期望理论、强化理论、公平理论和目标设置理论。

1. 期望理论

期望理论，是美国心理学家弗洛姆（V. H. Vroom）在 1964 年出版的《工作与激励》一书中提出来的一种解释行为激发强度的理论。这一理论可以用下列公式表示：

激发力量＝效价×期望值

式中　激发力量——是指调动一个人积极性，激发人的内部潜力的程度；

　　　　效价——是指个人对一定目标重要性的评价；

　　　　期望值——是指根据一个人的经验判断，一定的行为能够导致某种结果和满足需要的概率。

该公式表明，效价越大，期望值越高，激发的动机就越强烈，焕发的内部力量也就越大。如果效价很低或为零，这表明实现目标对个人毫无意义，则无论实现目标的概率有多高，个人也不会产生追求目标的动机，也没有什么激发力量。

如果期望值很低或为零，这表明个人认为不存在实现目标的可能性，则无论实现目标有多么重大的意义，个人也同样不会产生追求目标的动机，激发力量也不大。所以，既有必要、又有可能的事情人们才愿意去做。

效价的大小并没有客观标准，主要取决于个人对它的评价。由于个人临时需要产生的目标效价是短暂的，浅层的，而对目标效价具有持久影响力的是个人的价值观，价值观不同的人，对事物的评价会有根本的不同。期望值的高低取决于个人对自己的能力和对外在因素造成的可行性大小的评价，如条件是否具备、时机是否成熟等。

为了使激发力量达到最佳值，弗洛姆提出了人的期望模式，简示如图 5-1。

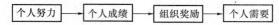

图 5-1　人的期望模式简图

弗洛姆认为，根据人的期望模式，为了有效地激发员工的动机，需要正确处理好以下三种关系：

（1）努力与成绩的关系。人总希望通过努力去达到预想的结果。如果他认为通过努力，自己有能力去达到目标，即个体主观上认为达到目标的期望概率很高，就会有信心，有决心，就会激发出强大的力量，但如果他认为目标高不可攀，可望而不可即，或者目标太低，唾手可得，就鼓不起干劲，失去内部的动力。可见努力与成绩的关系取决于个体对目标的期望概率。期望概率是个体对目标的一种主观估价，它既要受到认知、态度、信仰等个性倾向的影响，还要受到个人的社会地位、别人对他的期望等社会因素的影响，因此说，个体对某目标的期望概率是一个由主观条件和客观条件相互作用而决定的函数。

（2）成绩与奖励的关系。人总是期望在达到预期的成绩后能够得到适当的、合理的奖励（包括物质的和精神方面的）。如果只要求员工工作做贡献而没有行之有效的奖励进行激励，时间一长，人们被激发起来的内部力量会逐渐消失。

（3）奖励与满足个人需要的关系。人总希望奖励能够满足个人的需要，如生理需要、尊重需要、自我实现需要等。由于人与人之间在年龄、性别、资历、社会地位、经济条件等方面的不同，反映在需要上也有明显的差异。因此对同一种奖励，不同的人所体验到的效价是不同的。它所具有的吸引力也是不同的。为了提高奖励的效价，使它对员工有强大的吸引力，弗洛姆认为要根据人们的需要，采取多种形式的奖励，才能够最大限度地挖掘人的潜力，以提高生产效率。

2. 强化理论

强化理论是美国哈佛大学教授斯金纳（B. F. Skinner）提出的。该理论认为：人的行为只是对外部环境刺激所做反应，是受外部环境刺激所调节和控制的，改变刺激就能改变行为。强化对于人的行为来说，就是通过一种有效的刺激，起到对行为的加强作用。只要控制行为后果（奖惩），就可以达到控制和预测人的行为的目的。所以通过各种强化手段，就能有效地激发人们的积极性。换句话说，通过某种刺激物，使人们的行为重新出现或消退、终止，是调动人的积极性的有效方法。

强化的基本方式有三种：

（1）正强化。这是指用某种有吸引力的结果，使得员工好的行为重新出现。或者说，对人的某种行为给予肯定和奖赏，以使其重复这种行为。强化物包括组织中的各种奖酬，如认可、奖赏、增加工资、提升以及创造令人满意的工作环境等。

（2）负强化或回避。这是指预先告诉某种不符合要求的行为或不良绩效可能引起的不良后果，从而让员工通过按组织所要求的方式行事或避免不符合要求的行为来回避这些令人不愉快的后果。或者说，对人的某种行为给予否定或惩罚，使之减弱与消退，以防止类似的行为再度发生。在管理中，对不符合组织和社会期望的行为进行批评与惩罚，促使不良行为受到削弱或抑制，也间接地加强良好行为的形成和巩固。负强化的措施有批评和惩罚两种。

（3）消退。这是指对员工的某些不良行为不予理睬，采取视而不见的态度，让行为者感到自己的行为得不到承认，慢慢终止该行为。

3. 公平理论

如前所述，公平理论的基本思想是：员工要求对个人公正评价、公平对待。当一个人受到不公平待遇时，其他人感到不舒服，并会产生打抱不平的动机。公平是指处理事情合情合理，不偏袒哪一方。在组织内个人感到组织的报酬是根据个人成绩、绩效而合理分配的。公平理论着重研究工资报酬分配的合理性、公平性对员工积极性的影响，即研究报酬的绝对数，更重要的是研究报酬的相对比例的公平与否影响个人受激励的程度。

员工在一个组织中对自己是否受到公平的待遇往往选择以下几个"参照物"：他人、制度、自我。"他人"包括同一组织中同一部门、不同部门、同一等级、不同组织层次的组织成员，也包括不属于同一组织的其他人，如邻居、朋友、同行等。"制度"是指组织中的报酬政策、程序及其实施。"自我"是指员工对自己的努力和所得到的报酬的比率。在工作过程中，员工通过口头交谈、经验、报刊、职业中介物等渠道获得有关工资标准、报酬等方面的信息，并在此基础上常常自觉或不自觉地把自己在工作中所付出的代价与取得的报酬同其他人进行比较，比较的结果影响其以后的行为。所谓代价包括工作时间、资历、教育、经验、努力程度和负责精神等，报酬包括工资、奖金、提升、职位、组织对其承认和尊重程度、人际关系等。

权衡比较的结果出现三种情况见表 5-2。

个人对公平评价的三种情况 表 5-2

运用的比较公式	员工的评价
$\dfrac{报酬（自己）}{付出的代价} < \dfrac{报酬（他人）}{付出的代价}$	不公平（报酬过低）
$\dfrac{报酬（自己）}{付出的代价} = \dfrac{报酬（他人）}{付出的代价}$	公平
$\dfrac{报酬（自己）}{付出的代价} > \dfrac{报酬（他人）}{付出的代价}$	不公平（报酬过高）

当员工感到不公平时，他们不仅仅只局限于金钱报酬的多少，而且会透过金钱评价领导和同事对自己的态度，甚至扩大到自己与群体或他人的关系。这种不公平、不合理的感觉（特别是低于他人的情况），会严重挫伤个人的自尊心，并且导致委屈、愤怒、焦虑、郁闷等强烈的情绪反映。在这种情况下，当事人可能会采取以下几种做法：

（1）通过自我解释，达到自我安慰。如通过曲解自己的收支或曲解别人的收支，主观上造成一种公平的现象，消除不公平感。

（2）采取一定的行为，努力改变别人的收支状况。

（3）采取一定的行为，努力改变自己的收支状况，如通过消极怠工，减少付出的手段或要求增加收入的手段等。

（4）发牢骚，泄怨气，制造人际矛盾。

（5）辞职。

所有这些行为都可能会导致降低生产效率、提高缺勤率以及员工的流失等。管理者必须做到合理分配，同工同酬，尽量减少由个人判断失误或偏听偏信、厚此薄彼所带来员工的不公平感。同时要建立健全科学合理的分配制度，奖酬制度公开化，员工参与奖酬决策以及采用职务评价法等。此外，对一些属于思想认识问题的员工，要进行说服教育，使他们能正确对待自己和正确对待他人，以纠正一些不正确的想法。

4. 目标设置理论

目标设置理论最早是由美国马里兰大学心理学教授洛克（Edwin Locke）于1968年提出来的。它认为人的任何行为都是受某种目标的驱使，通过给员工合适地设定目标，可以激励员工。

目标设置理论如图5-2所示。

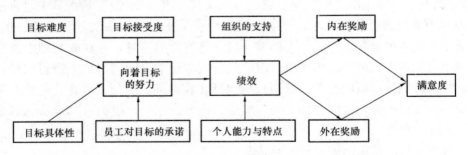

图5-2　目标设置理论示意图

从图5-2可以看出，目标难度、目标的具体性、员工对目标的接受度和员工对目标的承诺这四个因素共同决定了员工向着目标的努力程度。而员工向着目标的努力、加上组织的支持及其个人能力与特点则共同影响员工的绩效。组织根据绩效给员工相应的内在和外在奖励，从而最终决定了员工的满意度。

目标设置理论的观点是：①有目标比没有目标好；②具体、明确、可操作、分阶段的目标比空泛的、号召性的目标好；③有一定难度的目标比随手可得的目标好；④能被人接受的目标比不能被人接受的目标好。

第三节　建筑企业激励的基本原则

一、目标结合原则

在激励机制中，设置目标是一关键的环节，激励一定要体现出组织目标的要求，否则将会偏离实现组织目标的方向。同时，目标设置还必须能满足员工个人的需要，否则，无法提高员工的目标效价，也就达不到满意的激励强度。只有将组织目标与员工个人目标结合好，使组织目标包含着较多的个人目标，个人目标融入到组织目标之中，使个人目标的实现离不开为实现组织目标所做的努力，这样才能够收到良好的效果。

二、物质激励与精神激励相结合的原则

人们都普遍地存在着物质需要和精神需要，因此激励的方式也应该是物质激励与精神激励相结合。物质需要是人类最基本的需要，是最原始的、最低层次的需要，其激励的作用是表面的，其深度有限，但当人们尚处于生产力不很发达、物质并不很丰富的时候，物质激励是有一定作用的，而当物质的社会水平相对丰富起来的时候，物质的激励作用会随之下降。因此随着生产力水平的提高，科学的发展以及人们素质的提高，应该把重心转移到满足高层次需要方面即精神激励上去。由此也可以说，物质激励是基础，精神激励是根本。在两者结合的基础上，逐步过渡到以精神激励为主。在这个问题上应该避免走极端，一是迷信物质激励的拜金主义，二是迷信精神激励而导致产生唯意志论或所谓的精神万能论。这两者都是片面的、不正确的、有害的。我们提倡的是物质激励与精神激励相结合。

三、引导性原则

社会实践意义上的激励，一般指的是外激励，即采取措施，强化员工的动机，调动人的积极性。外激励措施能不能取得预期的效果，不仅取决于激励措施的本身，而且取决于被激励者对激励措施的认识和接受程度。在被激励者看来，激励不是强加的，而是自觉接受的；自我感受不是压抑、痛苦、而是兴奋、愉快的。这就是说，外激励措施只有转化为被激励者的自觉意愿，才能取得激励效果。因此，引导性原则是激励过程的内在要求。此外，外激励的主要目的是要把个体成员的积极性集中到组织目标上来，实现这一要求同样决定于激励措施，对不同价值观念的人实现的激励效果也不一样。如在利益关系中如何处理个人、集体、国家利益关系，就是一个和价值观念密切相关的问题。因此，必须加强教育，积极引导，使被激励者确立正确的价值观，才能取得预期的激励效果。

四、公平合理性原则

激励的公平合理性原则包括两层含义，一是激励的措施要适度。要根据所实现目标本身的价值大小确定适当的激励量，过大过小都会影响激励的效果。二是奖惩要公平。激励往往通过激励和惩罚来实现。奖就是对符合社会价值标准和组织目标的进步、积极的行为给予奖励；惩就是对与此相反的行为即消极、落后甚至越轨行为给予惩罚。奖惩公平就是要坚持该奖则奖、该重奖则重奖，该罚则罚、该重罚则重罚。奖罚要严明，并且要适度。奖惩严明就是铁面无私，不论亲疏，不分远近，一视同仁。正如韩非子所说："诚有功，则虽疏贱必赏；诚有过，则虽近爱必诛。"奖惩适度就是从实际出发，奖与功相匹配，罚与过相对应，既不能小功重奖，也不能大过轻罚，正如徐翰在《中论·赏罚》中所说："赏轻则民不劝，罚轻则民亡惧，赏重则民侥幸，罚重则民不聊生。"

激励要求公平合理，公平合理才有说服力、号召力，被激励者才能心悦诚服，在稳定的情绪状态下强化动机，提高行为力度，方可达到激励的目的。

五、透明公开原则

激励的透明公开包括三层意思，一是激励的目的是非常明确的，透明度高，需要做什么、怎样做、做到什么标准都非常清楚；二是公开，特别是分配奖金等大量员工密切关注的问题更为重要，一定要公开；三是直观，实施物质奖励和精神奖励时都需要直观地表达它们的指标、授予奖励和惩罚的方式。直观性与激励影响的心理效应成正比。

六、时效性原则

要把握住激励的时机，激励一定要及时。人们做出一番努力取得成绩后，对于自身价值有一种期望得到社会承认的心理，尤其是在做出特殊贡献之后，最大的愿望莫过于得到及时的肯定。抓住这一时机进行激励，把其积极性推向一个高潮，其效果是显著的，会使其创造力连续有效地发挥出来。如果激励不及时，人们做了好事，做出了特别的贡献，迟迟不给予肯定，等到人们差不多把这件事淡忘了才提出来，其作用会大大减弱。

七、按需激励原则

激励的立足点是满足员工的需要，但员工的需要存在着个体差异性和动态性，因人而异，因时而异，并且只有满足员工最迫切需要的措施，其效价才高，其激励强度才大。因此，管理者在进行激励时，切不可犯经验主义，搞几十年一贯制，千篇一律。管理者应该知道，在激励上不存在一劳永逸的解决办法，更没有放之四海而皆准的法宝。管理者必须深入地进行调查研究，不断了解员工需要层次和需要结构的变化趋势，有针对性地采取激励措施，才能收到实效。

八、正激励与负激励相结合的原则

正激励是从正方向予以鼓励、负激励是从反方向予以刺激，它们是激励中不可缺少的两个方面。俗话说："小功不奖则大功不立，小过不戒则大过必生"，讲的就是这个道理。在实际工作中，只有做到奖功罚过、奖优罚劣、奖勤罚懒，才能使先进受到奖励、后进受到鞭策，真正调动起人们的工作热情，形成人人争先的竞争局面。如果良莠不分、是非不明，势必造成"干多干少一个样、干与不干一个样"的不良局面，使激励无的放矢，得不到好的效果。所以，只有坚持正激励与负激励相结合的方针，才会形成一种激励合力，真正发挥出激励的作用。在实际工作中，企业可以通过树立正面的榜样和反面的典型人物，扶正祛邪，形成一种好的风气，产生无形的压力，使整个群体和组织的行为更积极、更富有生气。但由于负激励具有一定消极作用，容易产生挫折心理和挫折行为，应该慎重使用。因此管理者在激励工作中应该以正激励为主，负激励为辅。为了贯彻这一原则，管理者应该将严格管理与心理疏导、思想工作相结合，使员工外有压力，内有动力，焕发出巨大的劳动积极性。

第四节　建筑企业激励的方法

一、当前我国大型国有建筑企业激励中存在的问题

虽然从 1978 年以来，我国在企业高级管理者的报酬—绩效契约上先后进行了一系列的改革，从传统的计划经济体制下的"吃大锅饭"向市场经济体制下的分配制度转轨，但是，由于政策环境、经济环境、社会文化和企业内部条件等诸多因素的影响，对企业高级管理者的激励约束机制问题始终没有得到根本解决，所以使得"59 岁现象"等问题在我国国有企业中蔓延。目前我国大型国有建筑企业普遍存在着负债率过高、资本金不足、社会负担太重、市场竞争能力差、大面积亏损等问题。国有企业的改革是一场广泛而深刻的变革，国有大型建筑企业只有加大改革力度，收缩国有经济的含量，发展多种所有制经济成分，克服国有建筑企业目前存在的资本枯竭、长期亏损、人浮于事、经营机制缺乏弹性、企业包袱沉重等问题，才能找到持续发展的道路。而其中激励机制的合理有效规划则是关键问题之一，它不仅涉及每位员工的切身利益，而且对于保证改制后企业的高效运行起着至关重要的作用。

目前，中国改制后的国有建筑企业仍然面临着激励机制的完善乃至重建工作。

（一）激励机制缺乏竞争性令优秀人才却步

一流的人才应有一流的回报，使他们的劳动与报酬相平衡。包括国有大型建筑企业在内的广大国有企业，由于缺乏有效的激励机制致使这些企业缺乏高素质的管理者已是不争的事实。对企业最高管理者的激励必须具有市场竞争力。不仅要和民营企业比，也要和外资企业比，从市场的角度来考虑高层次人才的激励定

位问题，确保本企业的激励机制对外具备竞争力。

（二）原有薪酬制度的条条框框过分依据人的行政级别

传统国有建筑企业薪酬制度的设计思想，主要是以"人的行政级别"为中心，即其收入和其他待遇主要与该人的行政级别相关。一旦没有达到某个行政级别，工资就没有上升的可能。新中国成立以来，我国先后于 1956 年、1985 年和 1993 年进行了三次大的工资制度改革，但都没有实质上离开这个中心。对于企业员工而言，一套合理的薪酬体系除了对外要有竞争力以外，对内也要体现公平性。一个企业的员工会将其收入情况与同行或行业外的人员进行比较，但企业内部的比较往往更加重要，也就是员工更希望在同一个企业内部他们的工作价值能更好地与他们的收入状况联系起来。而按照"人的行政级别"为中心的指导思想制定的薪酬制度，实质上忽略了不同岗位承担不同的工作职责而产生的差异性，也就实际上抹煞了不同岗位实际存在的岗位价值差异，挫伤了那些从事高技能、高知识、高能力、高危险工作岗位人的积极性。

（三）分配上的平均主义

对企业的增量分配中没有有效拉开干多干少、干好干坏的差距，分配上依然是平均主义，与员工个人的工作实绩没有紧密挂钩，没有起到应有的激励作用。在许多国有企业中，奖励已经成为员工激励中很重要的一部分，奖励的规范与否，往往决定着激励机制是否具有激励价值。但如果奖励不以公平、有效的绩效考核为前提，不与员工的表现、责任和绩效相联系，员工就会把奖励当作是基本工资收入的附加，奖励就失去了原有的意义和作用，成为表面文章。

（四）福利政策的制定缺乏灵活性和针对性

福利也是员工激励机制的一部分。对福利进行积极有效的管理，在降低其企业人工成本、激励员工方面可以起到很好的作用。但一些国有建筑企业制定福利政策时，往往是"大一统"的形式，缺乏针对性和灵活性。

二、建筑企业激励的方法

（一）目标激励

20 世纪 60 年代末，Edwin Locke 指出，指向一个目标的工作意向是工作激励的主要源泉，也就是说，目标告诉了员工需要做什么以及需要做出多大努力。人们追求目标是为了满足自己的愿望或需要。目标是激励的要素之一，合理地设置目标是一种有效的激励方法。目标激励包含两个方面的意思，一是企业自身要有远大的发展空间，要为企业构建和设计出科学可行的目标和蓝图，并以其导向作用将大家凝聚在一起，用目标激励全体员工奋发向上，为实现目标而奋斗。二是对员工个人来说，企业应尽可能给员工提供充分的发展空间，鼓励员工向更高层次发展。给员工一个看得见的希望，使其一进入企业就知道该向哪个方向发展，他的前途完全取决于他个人的努力，使其的劳动成果得到肯定和赞扬。通过共同的目标把员工个人的成长与企业的发展统一起来，让员工与企业一起成长，使员工的个人能力和素质得到充分的施展，这样员工与企业的认同感就越高，凝聚力也就越强。

（二）参与激励

参与激励是指企业通过创造和提供一切机会，让员工参与管理，从而提高员工的工作积极性，进一步发挥员工的潜能，激励员工对企业成功做出更多努力的一种激励方式。鼓励员工积极参与企业管理，一方面可以提高企业的决策和管理水平，最大限度地避免企业决策失误。另一方面让员工及时了解组织运行状况，鼓励他们积极参与管理，以满足其自我价值实现，增加员工责任感，提高员工士气，形成思想活跃、气氛民主的氛围。可行的方式有：

（1）建立合理化建议奖励制度。设立员工意见箱，及时收集员工意见并认真处理，对于好的意见建议给予重奖。完善的职工建议制度可确保上下沟通渠道的畅通。当员工的建议得到重视时，能获得极大的满足感，进而提高员工的积极性和工作满意度。可以说，一个企业的成败与职工能否提出建设性意见有很大关系。

（2）坚持企业内部经常性的交流。一是领导定期和员工共聚一堂，总结过去的经验，规划未来的发展。使企业领导能真实地把握员工的心理动向，从而寻找管理上的差距，强化对员工的管理。二是创办内部报纸杂志，为员工提供一个研讨工作、发表意见、交流心声的园地。

（3）重视对员工的培训，为员工创造学习机会，对成绩优良者给予一定的奖励，以提高企业员工整体素质。

（三）工作激励

工作激励指工作本身对人的激励，即工作本身能够给人带来的乐趣和满足。日本著名企业家稻山嘉宽在回答"工作的报酬是什么"时指出"工作的报酬就是工作本身"，可见工作激励在激发员工的积极性方面发挥着重要的作用。为员工创造一份满意的工作需要注意以下几点：

（1）为员工提供一个良好的工作环境。这一点对建筑企业有很强的现实意义。传统的施工企业一向给人以"脏、乱、差"的感觉，要改变这一形象需要我们花大力气开展文明施工。企业必须为员工提供良好的工作场所、必要的工具、完整的工作信息以及企业各相关部门的协调等。很多企业只关心员工的工作本身而忽略了为工作提供良好的支持。员工所处的工作环境是员工工作时随时可以感受到的。若环境对员工的工作产生负面影响，员工会有持续的不满。当员工总可以感觉到环境的不适时，企业无论怎么激励都不会有良好的效果。而良好的工作环境不仅能提高员工的工作效率，还能树立企业自身形象，激发员工的自豪感。

（2）员工的技能特点、性格特点要与岗位的任职条件相匹配。企业往往认为员工的素质越高，工作越出色。我们可以假想一下，让一个高素质人才去干一份平淡、简单的工作，结果会是怎样。长时间工作后，这位人才一定会弃企业而去。现代企业的岗位需要的是最适合的人来干。员工素质过高，对工作提不起兴趣；素质过低，无法完成工作，也不会对工作有兴趣。只有与员工的个人能力相匹配的工作，才会激起员工的工作兴趣，员工才会有积极性。

（3）工作的内容要丰富、具有一定挑战性。调查表明，当员工按部就班地工作一段时间以后，积极性会有很大的下滑趋势。对工作内容的设计，可以缓解这一问题。例如，流水线上的工人，每天从事一样的工作，较长时间后，积极性就会下降。如果适当调整其工作内容，扩大其工作内容，采用工作轮换，就会再次提起工人对工作的兴趣。对于管理人员和技术人员，工作内容较为丰富，企业鼓励其在工作上的创新，增强工作的挑战性，就可以有效地激励他们。

（四）培训激励

培训能够成为一种有效的激励因素，这是因为：第一，从员工角度看，学习提高是人的本性，每个人都希望能有机会参与培训，培训可以使员工获得发展，可以满足员工自我实现的需要；第二，现代培训的理念是：工作已经成为一个继续学习的过程，是个人为提高自己的工作市场价值而进行的投资。因此，员工不仅重视工作的完成，而且也必然越来越重视从工作中可以学习到哪些新知识、新技巧，是否可以使自己逐步增值。所以说，培训是一种激励因素。

建筑企业可以通过建立形式多样、灵活的培训制度，对员工进行激励。对建筑企业来说，分散化、流动性使得企业不易把人员集中在一起进行有针对性的培训，环境的相对闭塞使得员工接触信息和新知识速度明显缓慢，同时异地施工的空间距离也使得培训成本大大增加。针对建筑企业培训难的状况，为节约培训成本，使培训的投入产出比更大，一方面企业应加大人力资本的投入，设专项教育资金，保证专款专用；另一方面在培训方式上面结合建筑企业特点采取"走出去，请进来"的灵活送培形式。与相关高校建立良好的关系，请知名专家学者讲课，并充分利用冬季、雨季、晚上、工闲时间学习。对技工实行"师父带徒"制度、举办技术比武、评比优秀技工等多种形式；对关键人才定期送出去培训，及时更新知识，学习先进经验。通过全员培训提高员工整体素质，并对员工建立培训档案，实施动态管理。结合建筑施工的特点制定员工继续教育制度，对通过自学考试或高一层次学历考试的员工给予一定金额的奖励。

（五）感情激励

人是有感情的，感情因素对人的工作积极性有重大影响。感情激励就是加强与员工的感情沟通、尊重员工、关心员工、与员工之间建立平等和亲切的感情。这一点对建筑企业员工尤为重要。因为建筑企业员工长期的流动性使得大部分员工一年与家人团聚的时间很少，对情感的认同感，对企业的归属感表现得更为强烈，企业要注重营造"家庭"氛围；使每个员工树立企业即"家"的基本理念。企业领导要特别重视感情投资，熟悉员工的情况，抽时间亲自参加员工家里的喜事等。企业组织的活动可邀请员工家属参加，这样可使整个企业洋溢着家庭的和谐气氛，让员工体会到领导的关心，企业的温暖，从而激发出主人翁责任感。

（六）物质利益激励

企业可以运用的物质利益激励手段包括薪酬、奖励和各种公共福利等。物质利益激励是最基本的激励手段，因而企业都十分重视这一激励手段的运用。美国管理学家孔茨指出，经济学家和企业主管人员倾向于把金钱看作是比其他激励因素更为重要的因素。

1. 薪酬激励

建筑企业可以根据行业的特点，对不同岗位的职工采用不同的工资制：

（1）企业高层管理人员实行年薪加部分股权激励的薪酬制度。这些人员应在任职期间交纳一定金额的风险抵押金（金额数目要具有一定的风险性），每月只发给一定金额的基本工资，年终应根据在股东大会上确定的考核指标，如完成产值、利润、承揽任务、企业形象建设等来兑现年终的薪酬，包括风险收入、年功收入并对年度企业生产、经营做出突出贡献的高层领导人员给予特别年薪奖励；对于上市的建筑企业还可结合具体的情况实施期股、期权激励，这种分配制度在国外许多企业中被验证是行之有效的一种激励手段，实施这种薪酬制度改变以往在分配上经理人只重短期利益的行为，关心公司的长期价值，解决股东和经理人信息不对称问题，使经理人与股东的利益追求尽可能一致。

（2）项目经理实行项目工薪制。项目工薪制是以全面履行建设单位和承包施工单位法人之间签订施工承包合同所约定内容为目标，以加强项目全面管理为手段，以提高经济效益为核心，外树企业良好形象，依据承包最终管理成果确定工薪的一种分配制度。把工程项目中部分或全部管理人员个人收入与项目管理全过程活动挂钩。由基本工薪（保证职工生活一定标准的基本生活费）加效益工薪（项目终结考核、一次性奖励额）组成。项目经理在项目初期交纳一定金额的风险抵押金，在项目完工后按完成的成本、利润、安全、质量、工期、精神文明等各项指标进行考核，此外，另兑现额外特别奖励或罚款。

（3）一般管理员工实行以岗位技能工资为主。须强调岗位因素的权重，向苦、脏、累、新、险岗位倾斜，奖金发放随月或季度按完成施工产值一定比例计发；同时对于上市的建筑企业，员工年终可根据企业经济效益进行股利分红。

（4）生产型从业人员实行计时、计件工资制。这些人员无需接受高等教育，经过简单培训后即可上岗，他们对企业最终经营绩效的影响比较小。基于他们的劳动过程便于监督、劳动成果便于计量、参与决策少，但流动性较大等特点，企业对他们应采用短期的以计时、计件制为主的工资形式。

2. 奖励

对员工的奖励应与其业绩挂钩。奖励对象包括：

（1）在全面完成生产（工作）任务，提高工作质量，改善企业经营管理，节约企业资财等方面做出成绩者。

（2）全面完成"项目管理目标责任书"中所规定的目标，使工程项目达到业主满意、政府表彰，为企业创造信誉和效益的。

（3）在生产、科研、改善劳动条件等方面有发明创造，改进技术或提出合理化建议，并取得重大成果和成绩者。

（4）保护公共财产，防止或挽救事故的发生有功，使国家和人民利益免受损失的。

（5）一贯忠于职守，认真维护国家政策、法令，遵纪守法，廉洁奉公，勇于同坏人坏事做斗争，事迹突出的。

奖励根据具体情况分为记功、记大功、晋级、通令嘉奖、授予先进工作者。同时，可根据情况发给一次性奖金。

3. 福利激励

企业必须考虑到保健因子对于留住人才的重要作用，因此在针对全体职工设计福利计划时不能忽略其保健因子的作用。通常企业可以为其员工设立如下的福利计划。

（1）常规津贴。即按照国家和地方相关规定或按照行业惯例来发放津贴；

（2）公助学习与考察。随着社会的发展，知识的更新速度越来越快，获得知识也成为人的主要需求之一。因此，企业可以根据这一需求来进行福利计划，可以采取公助学习与考察的方式对员工进行激励；

（3）购房津贴。这一措施对于年轻员工来说尤为重要。购房津贴是企业对员工关爱的最直接体现，企业要想留住青年优秀人才，给予其一定的购房津贴是行之有效的好办法之一；

（4）保险计划。建筑行业是一个高危的行业，因此令人满意的保险计划是免去人们后顾之忧使其专心工作的好办法。例如，国家规定的员工福利包括养老保险、失业保险、大病医疗保险、工伤保险、生育保险（统称为社会保险）、住房公积金等。还有非强制性的商业医疗保险，即通过参保，在发生规定范围内的疾病时，由商业保险公司给予赔偿的保险。上述类型的保险有助于消除员工工作中的不安全因素，使其能够安心工作。

（七）职业生涯设计激励

职业生涯设计，是指组织或者个人把个人发展与组织发展相结合，在对决定个人职业生涯的个人因素、组织因素和社会因素等进行分析之后，制定个人一生中在事业发展上的战略设想与计划安排。

有关调查显示，求职者尤其是高学历的求职者，选择工作时最看中的就是发展前途。没有员工会满意没有前途的工作。企业要把员工的工作前途告诉员工，就要制定职业生涯规划，让员工明白自己在企业中的发展机会。以往国内的企业很不重视这点，很多员工不知道自己将来的位置，发展存在很大盲目性。如果企业能够重视员工职业生涯规划的制定，充分了解员工的个人需要和职业发展意愿，结合企业实际，为员工提供适合其要求的升迁道路，使员工的个人发展与企业的可持续发展得到最佳结合，员工才有动力为企业贡献自己的力量。员工职业生涯规划设计，是一种长期激励措施，是一种必不可少的激励手段。

建筑企业可以采取多种岗位设计为员工提供发展的平台，建立起适应企业发展的，具有不同专业领域、不同专业层次、不同知识结构、不同经验结构的完整的人才团队。人才架构可以从纵向、横向两个层次搭建，在纵向管理方面建立集团决策层管理专家、各自公司管理专家、职能部门管理专家三个层次；在横向职能方面根据企业的从业领域，引进相关领域的技术专家，如工程施工、装饰装潢、房地产开发、路桥建设、海外施工、投资咨询、工业园开发建设、企业形象设计宣传等方面的专家，并且让这部分专家合理地分布在三个纵向管理层次中。从而形成企业完整合理的人才结构，提高企业人才资源密度，促进企业健康快速发展。如为员工构建三条职业生涯发展路径（如图5-3所示）：一是管理职业通道，即行政管理人才，走职位提升路线；二是业务职业通道，即项目管理人才，走项目经理路线；三是技术职业通道，即技术人才，走工程技术专家路线。每一个员工根据自己的天赋和爱好，选择某一条最佳路径，而无论是哪一条路线，薪资报酬与个人贡献都是对等的。也就是说，各种阶梯层级结构都是平等的，每一个技术等级对应着等同的管理等级，各条通道同一个档次的薪酬待遇都是一样的。各具天赋才能的企业员工在多渠道发展上升空间的环境下，避免了"挤独木桥"的情况，更多的发展机遇激励各岗位人员的积极性，企业员工呈现多元化发展和相互专业化合作的良好局面。

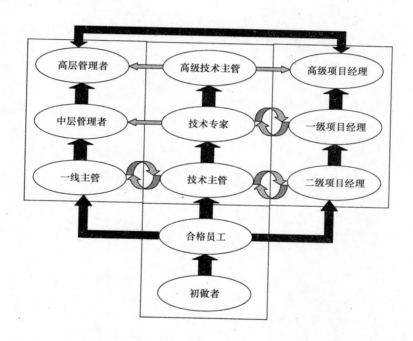

图 5-3　管理（职务）序列和专家（职务）序列同时并存的职业生涯设计

（八）常规待岗激励

虽然"竞争上岗、签订目标责任书"的绩效考核制度在建筑企业中广泛地实行，但在竞争上岗中能真正做到"末位下岗、待岗"的并不多。保持一定比例的竞岗失利下岗者作为"常规待岗"人员，在一定时期内向其提供最低工资保障，并提供相应的培训、进修等学习机会，以备再次上岗，对于待岗期满仍不能满足要求的职工，便与之解除工作合同，对于企业整体都具有强大的激励作用。实践调研中发现，对于建筑企业来说，"常规待岗"比例维持在3％左右比较合适。这种做法，既维持了企业的温情，又对在岗与待岗职工都产生了极大的鞭策和激励，对企业和职工保持学习精神、追求长远发展都具有一定的意义和价值。

思考题

1. 双因素理论的概念和内容是什么？试讨论一下在建筑企业职工激励中如何运用。

2. 建筑企业职工激励的作用有哪些？

3. 结合实际工作谈一谈强化理论的运用。

4. 建筑企业职工激励的基本原则有哪些？

5. 简述建筑企业职工激励的方法。

第六章

建筑企业奖惩制度的设计

在建筑企业的实际工作中，绩效考评和激励机制的建立最终要落实到奖惩制度的建立上，只有真正做到奖功罚过、奖优罚劣、奖勤罚懒，才能使先进受到奖励、后进受到鞭策，真正调动起人们的工作热情，形成人人争先的竞争局面。当员工的绩效达不到要求时，通常也可以采取批评、警告、降职乃至辞退等方式进行惩罚，但不可否认的是，降薪、罚款等经济手段还是现实社会中最为有效的手段。当然，从管理人性化角度出发，应尽量避免使用惩罚手段，应以正强化为主，因此本章重点将放在企业奖酬制度的设计上，这也是企业的整个奖惩制度中最为核心的内容。

第一节　企业奖酬的基础概念

一、企业奖酬的定义

建筑企业的奖酬，是指企业对建筑行业的员工为本企业所付出的劳动和贡献而给予一定的薪酬和奖励过程。其实质就是激励性薪酬，与员工的个人业绩和企业的整体效益直接挂钩，是企业对员工通过努力所取得的成绩予以认可并给予经济上的报酬和物质与精神上的奖励。

二、企业奖酬的目的

建筑企业的奖酬，是企业人力资源管理的核心要素，是企业在保障员工基本生活的同时，为激励员工提高工作积极性和劳动生产率，最终实现企业战略发展和战略目标，所采取行之有效的薪酬和奖励策略。

三、企业奖酬的作用

建筑企业的奖酬，具有企业人力资源管理中的吸纳人才和留住人才、激励和凝聚员工、改善组织绩效和稳定劳动关系的功能，企业奖酬与企业发展是相辅相成的，其主要作用为：

（1）激励作用。企业管理深处是激励。企业只有制定公平、合理的奖酬制度并实施于企业的各项管理之中，才能充分调动员工的积极性，开发员工的工作潜力，使员工将个人的职业与企业发展共命运。因此，企业应支付相当于或高于建筑行业劳动力市场的薪酬及奖励水平，切实保障员工的合法物质利益，才能够吸引、保留企业所需要的人力资源，激励员工不断提高和改进工作绩效，增强员工对企业的满意度和忠诚感，更愿意效力于本企业，为本企业服务。

（2）配置作用。建立奖酬管理机制，使员工的个人行为与组织目标保持一致，项目班组建设与企业战略发展相融合，通过不断调整企业内部的薪酬和奖励结构，调节管理与生产、组织与施工、工程与监理等各层面的人员匹配和技术互补，使企业的人力资源在不同的部门和项目之间合理流动，有效配置。

（3）效益作用。奖酬对建筑企业来说是劳动力的价格，而员工的劳动和付出是企业经济效益的源泉。企业科学地运用奖酬，依据组织建筑施工项目的规模和效益，适度调整内部的奖酬水平，与员工的工作投入而给企业带来的预期成本收益直接挂钩，以价值定薪金、以岗位取报酬、以贡献获奖励。

四、企业奖酬的原则

建筑行业的企业在经营和管理过程中，要充分发挥奖酬的经济杠杆作用，遵循和体现奖酬制度公平、准确、合理的原则：

（1）公平：奖酬制度对内具有公平性。岗位、职责相近的员工，所获得的奖酬应相同，与员工的实际业绩相一致。

具体讲，奖酬等级的确定应以岗位评价为标准，以绩效考核为基础。即，对企业所设的岗位、工种、技术等级的难易程度、责任大小等进行岗位价值分析，对承担该工作岗位职责和任务的员工所必备的管理水平、业务能力、技术技能、实践操作等进行岗位价值判断，同时还应全面考核现有岗位员工的工作业绩，评价的最终结果将作为确定和改进内部奖酬制度的依据。

（2）准确：制定奖酬标准要准确。对企业外部具有竞争性，对企业员工具有公正性，严格执行国家及本市最低工资保障制度和企业员工权益保护的相关政策、法律和法规。

具体讲，通过建筑行业奖酬调查，了解其他企业的奖酬水平，掌握建筑市场的发展动态，保持对外较高于劳动力市场的一般水平，即，本企业的奖酬水平与同地区、同行业类似企业的奖酬水平相近或略高，不低于本地区业内的人均收入水平。

（3）合理：制定奖酬制度要合理。应保持科学合理的趋度，既不能多支付，增加企业成本和经济负担，也不能少支付，应满足员工的基本物质生活需要，使企业拥有和保持一支相对稳定的职工队伍。

具体讲，充分体现岗位评价的应用价值，依据岗位的性质、责任的大小、任务的轻重以及难易程度等因素确定岗位级别，岗位级别越高，责任越大，岗位级别较低，相对任务较轻。每个岗位有不同的级别，每个岗位的员工具有不同的才能，不同的岗位、不同的级别承担的责任和权利不同，所获得的薪酬和奖励不同，包括物质奖励和精神荣誉。企业只有充分发挥科学合理的奖酬制度，才能做到人尽其才，各尽所能，取得佳绩。

第二节　企业奖酬的设定因素

建筑企业的奖酬水平，也可以讲是企业员工某一时期的薪资水平，在某种程度上直接反映企业的经济效益和管理效率。影响企业整体薪酬水平的因素有企业的奖酬策略、企业工会的力量、企业产品的需求弹性、劳动力市场供给状况、地区和行业的工资水平、企业的经济支付能力、物价水平等；而影响员工个人薪酬水平的因素有员工的劳动绩效、技术和技能水平、工作环境和条件等。由此可见，影响企业设定奖酬因素是多方面的，可以归纳为企业外部因素和内部因素两大方面。

一、企业外部影响因素

建筑企业的薪酬及奖励制度受市场经济条件和劳动力市场状况的影响，在建筑业经济增长快速发展时期，企业对劳动力的需求较大，而劳动力供给不足时，企业就会增加或提高员工的薪酬；反之，在建筑业经济萧条时期，企业对劳动力的需求较小，而劳动力供给过剩时，企业就会减少或降低员工的薪酬。目前我国建筑行业的劳动力总量供过于求，而企业急需的高级管理人才和专业技术骨干又十分紧缺和匮乏。具体影响因素有：

1. 社会经济发展水平和劳动力趋向流动

目前，在我国仍然存在着经济发展不平衡的现象，突出表现在国家地区间和行业职业间的差别。亚当·斯密曾经指出，工资水平提高最快的地区不是经济最发达的地区，而是经济增长速度最快的地区。而一个地区发展速度的快慢又主要取决于资本投资的多少，某个地区在一定时期内的资本投资越多，劳动力需求就会越大，就业机会也就越多，从而会吸引更多的劳动力流入。当今，建筑业的发展已经成为城市建设和国家经济增长的支柱产业，建筑业的发展取决于本地区的经济发展速度，经济发展速度快的地区，建筑行业和企业不仅能够吸引大量外来劳动力流入，特别是大批农民进城务工，从事建筑业的体力劳动，而且也促使企业逐步发展壮大并且拥有一定数量和规模的工程技术队伍。

2. 劳动力市场的变化和行业奖酬的竞争

随着建筑行业人力资源市场的建立与完善，不同素质的劳动力在不同的地区和企业之间流动，由此会带来高级人才的竞争，员工收入差距也会在地区和企业间逐步拉大。建筑业的劳动力市场明显存在着行业等级差别，不仅表现在薪酬收入方面，也表现在其职业的稳定性方面，建筑行业的就业机会相对而言，劳务人员和操作工比较容易找到，因为建筑企业需要来自不同区域的劳动力和施工组织队伍，可以利用劳动力市场来改善就业状况和提高劳动收入，劳动力市场竞争的结果是：若地区和企业的劳动生产率低，企业员工的奖酬水平低；反之，其奖酬水平也会高于劳动力市场的平均收入水平。

3. 政府政策干预和物价指数变动

国家和政府对建筑企业经济调控，不仅通过财政政策、价格政策以及产业政策对企业的薪酬水平产生影响，而且通过劳动立法、企业职工最低工资法、职工合法权益和社会保险制度等法律、法规，对企业的薪酬水平起到影响和制约作用，同时也对企业的员工起到维护权益的作用。地区物价指数的变动对企业的薪酬政策也会产生影响，在生活消费品物价普遍上涨时，企业为保障员工的基本生活水平不降低，适度给员工提高工资或增加福利，以确保企业的生产顺利进行，最终实现预期的目标。

二、企业内部影响因素

建筑企业的奖酬水平不仅受企业外部因素的影响，同样受到企业内部因素的影响，主要因素有以下几个方面：

1. 企业文化建设

建筑企业的文化建设必将会对企业内部的各项生产、经营和管理产生影响，企业的管理体制和文化氛围，也会对企业内部的奖酬策略起着决定作用。在过去的计划经济体制下，我国建筑企业大多数都是国有企业，工资相对固定，薪酬标准低，奖励差距小，存在"旱涝保丰收"和"干多干少一个样，干好干坏一个样，干与不干一个样"等现象。在建立市场经济体制后，我国的建筑行业以市场经济作为经济运行方式，进行重组和改制，将企业管理纳入市场化管理的轨道。企业要做强、做大，不仅要从管理机制进行改革，还要从企业文化和奖酬制度上进行变革，从薪酬分配机制上引导和激励员工的行为，将原有的"大锅饭"平均主义，改革为重贡献、重能力、重激励，加大浮动薪酬的比重，拉开奖励的差距，倡导团结奋进、努力拼搏、民主和谐的企业文化氛围，充分体现企业设定的奖酬制度具有科学性和竞争力，能够支持企业战略和企业价值观。

2. 企业经济效益

建筑企业的规模和经济效益最终决定着企业为员工支付劳动报酬的能力，企业的经济承受能力同样对设定奖酬政策产生一定的影响力。建筑企业是劳动密集型企业，企业的经济和经营状况好、员工为企业创造了财富，企业就会提高员工的奖酬水平，特别要奖励工程技术含金量高的专业技术人员；如果企业的经济效益不好，生产陷入亏损局面，企业就会竭尽全力扭亏为赢，减少人工成本费用的支出，节能降耗压缩开支，难以增加员工的收入。所以，企业奖酬制度的设定对企业在建筑行业的竞争中求得生存和发展起着非常关键的作用。

3. 员工对企业贡献

在现代奖酬管理制度中，按照员工所从事的岗位价值、技术能力、劳动业绩和对企业的贡献等因素来决定员工的收入水平，已经被越来越多的建筑企业所认同。岗位价值决定了从事本岗位工作的员工其劳动成果的价值量；员工技术能力（包括基础能力、业务能力和素质能力）决定在某岗位上取得的成绩；企业依据员工的贡献而支付的薪酬和奖励是体现奖勤罚懒，奖优罚劣，按劳取酬的基本分配原则。

企业根据生产经济效益，将员工的工龄与资历、工作与能力、业绩与贡献等因素加以组合，形成合理的薪酬结构，最大限度地调动和激励员工的工作积极性，也是企业设定奖酬的基本因素。

第三节　企业奖酬的主要构成

制定科学、合理的奖酬管理体系是企业人力资源管理的重点和难点。从历史的实践中证明，企业的薪酬制度仅靠单一的工资收入分配，已经远远不能适应企业经济的发展，并日趋显得缺乏活力和动力。现代企业需要多元化的奖酬结构，倡导企业文化精神，保持一定规模和高质量员工队伍的培养与稳定。

建筑企业的奖酬是组织通过货币报酬与实物报酬回报于员工为实现企业目标所付出的劳动。货币报酬也称为经济报酬，是指员工获得的工资、奖金、津贴、提成工资、利润分红等；实物报酬也称为非经济报酬，是指员工获得的物质奖励、晋升、表扬等。

企业人力资源管理应力图促进员工的成就感，调动员工的工作热情，最大限度地开发员工的潜能，通过各种物质奖励和精神激励措施激发员工的积极性，为员工创造和谐的工作氛围，良好的工作环境，提供事业成功的机遇和职业发展的通道。

具体来讲，建筑企业的奖酬是由薪酬和奖励组成。薪酬则是由工资、补贴、津贴等组成；奖励是企业对员工突出的工作表现给予荣誉或经济上的鼓励，是一种激励性的行为，包括奖金、企业股权（长期奖励）、实物和精神鼓励等。另外，在企业的薪酬管理中还包括员工的福利和保险管理等。

一、薪酬的组成部分

薪酬是由基础工资、岗位工资、绩效工资、工龄补贴、津贴等组成。

（1）基础工资。是企业员工劳动收入的主体部分，也是企业保障员工基本生活的一部分。

（2）岗位工资。企业按照岗位的重要性和岗位评价的相对价值，对同一个岗位级别（或相同技术工种）的员工给予相同的岗位工资；对同一个职务级别、担任相同职务或责任相近的员工给予相同的职务等级工资。岗位工资应随员工的岗位变动、职务升降、业绩好坏、贡献大小进行相应的调整，充分体现以岗定薪，岗变薪变的原则。

（3）绩效工资。又称为奖励工资或激励工资，是企业对员工完成工作计划，实现任务目标而给予的奖励。绩效工资充分体现员工为企业所创造的经济价值，通过量化的绩效考核，将员工个人的业绩融入企业的整体目标，起到奖勤罚懒和强化激励的作用。

（4）工龄补贴。也称年功工资，是企业按照员工在本企业服务的年限进行累计，充分考虑员工的年龄、资历和工作经历等因素，是企业对员工劳动贡献的积累所给予的补偿。员工因在本企业工作年限的增加和积累，就会得到企业给予一定额度的工龄补贴，其目的在于稳定员工队伍。

（5）津贴。是指政府津贴、建筑行业政策性补贴、技术性岗位津贴，以及脏、苦、累、险等特殊岗位或特殊工种的津贴。

二、福利

员工福利是社会和企业保障的一部分，我国《宪法》中明确规定"扩大集体福利，以保障公民享受这种权利"。福利是企业为满足劳动者的物质生活需要和精神生活需要，在支付员工工资和奖励以外的一种经济性和非经济性的福利报酬，也可以称之为是员工工资报酬的补充或延续。有效的福利能够吸引人才，增强企业的凝聚力和竞争力，在建筑业的市场竞争中取得优势。

三、社会保险

社会保险是为了保障员工的合法权益，由政府统一规范制定和统筹管理的保障措施，是我国企业薪酬管理体系中不可缺少的重要组成部分。主要包括养老保险、医疗保险、失业保险、工伤保险、生育保险，以及企业补充保险，包括补充养老保险、补充医疗保险等；商业保险，包括安全与健康保险、人寿保险、意外死亡保险、伤残保险、家庭财产保险等。

第四节　企业薪酬的结构设计

建筑企业在组织劳动生产过程中，按照分工协作的原则，合理配备劳动力，科学、合理的奖酬管理体系，能够支持企业人力资源的有效配置，实现企业的战略目标。在企业薪酬结构设计中，应包括薪酬调查、岗位评价、薪酬等级、薪酬结构、薪酬制度调整等基本步骤，如图 6-1 所示，说明企业薪酬制度的建立过程。

图 6-1 企业薪酬的结构设计过程

一、薪酬调查

为保证建筑企业薪酬制度的公平与合理，大多数企业在设计薪酬制度之前都要进行薪酬市场调查，目的是要了解市场的薪酬水平和动态、建筑业劳动力市场的价格和同行业其他企业的薪酬标准，这些相关的数据和信息都将为本企业制定和调整内部薪酬制度提供参考，并能够对照分析和检查出本企业的岗位薪酬是否科学合理，以保持企业薪酬政策对外具有竞争力，对内具有公平性。

1. 薪酬调查的范围

应本着与本企业相同或相近并且具有可比性的原则，确定调查的范围、调查的企业、调查的岗位和调查的数据。一般可供企业选择薪酬调查的对象为：

(1) 同行业同类型的企业；

(2) 其他行业相似的企业；

(3) 与本企业形成市场和行业竞争，并具有一定竞争实力的企业；

(4) 具有相同的技术队伍和人员力量，形成人力资源的竞争对手。

2. 薪酬调查的方式

(1) 市场公开的信息，通过新闻、媒体、网络或行业公开的信息；

(2) 企业之间的调查，通过兄弟单位或合作伙伴获取内部信息；

(3) 委托调查，这是国外一些企业经常使用的方法，有偿委托或指派咨询服务公司定期或不定期为企业提供所要得到的最新相关信息。

二、岗位评价

岗位评价是企业人力资源管理的一项基础性工作，是对企业内部所设置的每个岗位的性质、任务、职责、权利、工作环境和工作条件等对照岗位工作说明书进行全面分析和评估，最终确定每一岗位（职位）对企业的价值程度，然后将其结果进行排序、划分等级的工作过程。

岗位等级越高，岗位（职位）越少、任务和责任越大，相对重要性也高，其价值和对企业的贡献也大，最终以岗位相对价值的大小来确定其岗位的薪酬水平。岗位评价的方法很多，企业通常使用的有：岗位排序法、岗位分类法、因素比较法等。

1. 岗位排序法

岗位排序法也称工作排序法，是一种既简单、省时又便于操作的评价方法，适用于规模比较小的企业，工作岗位不多，使用这种方法快捷、有效，但主观因素多。

其方法和步骤为：确定 10～15 个关键性岗位作为基准岗位，按照岗位性质、职责、任务与难易程度等进行岗位分析和比较后，逐一从低往高依次进行排序，其他辅助性岗位参照基准岗位的价值，确定岗位的相对价值，综合排序后显示出各个岗位之间的差距，构成岗位等级结构和指数。

2. 岗位分类法

岗位分类法是把工作岗位划分为若干个类别，强调的是岗位类别的差异，把岗位性质相同或相近的划分为同一个类别，再对各岗位类别的等级或级别进行明确的定义，即，企业必备的岗位说明书和工作分析说明书。

其方法和步骤为：首先确定岗位类别的数目，同时明确各岗位的性质和职能，然后将被评价的岗位与其设定的标准进行比较；最后依据岗位类别标准进行岗位确认，将其定位在合适的岗位类别中合适的薪酬等级上。岗位分类法比较简单，适用于一定规模企业中的工程技术和管理人员。

3. 因素比较法

因素比较法是对岗位或职务进行综合评价时所采用的一种方法，是比较精确、但是又较为复杂的岗位评价方法之一，适用于较大规模的企业。

其方法和步骤为：首先筛选出具有代表性的关键岗位 15～20 个，然后依据其岗位所规范的工作说明书和任职资格要求等要素进行分析。与薪酬要素有关的评价内容有：岗位或担任某职务所必备知识、技能、心理素质、体能要求和工作环境等。同时由岗位评价小组，根据薪酬要素反复进行比较，最后将关键岗位进行排序，并为每个岗位或职务按照其因素进行分配薪值，确定各岗位或职务的相对价值和相对应的薪酬等级标准。

三、薪酬等级

在全面进行岗位评价之后，就要确定各岗位等级，即，明确各岗位的薪酬等级。由此可见，岗位评价的结果是企业为了保证科学、合理地划分岗位等级和薪酬等级。

1. 薪酬等级的原则

建筑企业在划分岗位薪酬等级时，注意把握的三点原则：

第一，企业能够支付对外具有竞争力、对内具有公平性的薪酬水平，才能够吸引和保留高质量的技术人才和高素质的管理人才，特别是建筑业短缺的高级工程技术人员。现如今，建筑业同样面临的是快速发展的知识经济时代，随着社会的进步和发展，建筑业正在从劳动密集型企业转向知识、智能密集型企业，高新技术将推动建筑业经济的增长。

第二，企业应具有一定的经济实力，即，充足的物质资源和资本资源，这些是企业经济发展必要的物质条件。在我国大中型建筑企业中，亏损的企业不在少数，一个企业经营的好坏，关键取决于企业家是否具有现代企业的管理思想、管理理念和管理水平，一个企业的薪酬政策不仅仅关系到员工的生活水平，还直接影响到企业能否充分调动员工的工作积极性，同时也是支持企业持续发展的动力。

第三，企业应把握行业特点，即，建筑企业受工作条件和工作环境好坏的影响较大，如高空作业的危险性、设施设备的完好率、安全生产的责任事故等因素，由于岗位性质的不同，造成薪酬等级的差别较大，企业可以适当增加或提高岗位补偿性的津贴：工作条件好的岗位，即使支付较低的薪酬，工人也愿意干；而条件差的岗位，则必须支付较高的薪酬，才能吸引工人。

2. 划分薪酬等级的方法

建筑企业在划分岗位薪酬等级时，通常采取的方法和步骤：

（1）确定薪酬等级的数量。首先，企业要设置多少个薪酬等级，取决于企业的实际需要和岗位的数目以及岗位之间价值的差异，同一个等级可以包括岗位相近或价值相同的若干个岗位、职位或工种，一般设置几个到十几个等级。

（2）确定薪酬等级的范围。其次，划分薪酬等级的范围要以岗位评价和员工的绩效考评结果为依据。由于企业在现实中，存在着同一岗位级别上的员工因能力不同而水平上有着不同程度的差异，在确定岗位薪酬等级之后，可将同一薪酬级别再划分若干个档次，即，根据员工的实际水平和工作业绩进入同等级而不同档次的薪酬标准。

（3）确定薪酬等级的级差。在划分了薪酬等级的范围之后，最后，还要确定不同等级之间薪酬差距的幅度，即，最高的薪酬等级和最低的薪酬等级之间的比例关系，也就是说，薪酬拉开差距的大小，若差距太大可能会造成员工的不平衡，也会造成成本过高，超出企业的支付能力；若差距太小，不能充分体现激励和奖惩机制，会挫伤员工的积极性。

（4）编制薪酬等级表。薪酬等级表是直观反映薪酬等级、级差及其标准的一览表，表示出不同的岗位，价值不同、等级不同和薪酬不同，薪酬等级表主要包括：岗位等级、岗位类别和薪酬标准。表 6-1 所示为岗位薪酬等级表。

岗位薪酬等级表　　　　　　　　　　　　　　　　　表 6-1

岗位薪酬等级	岗位（职务）名称	薪酬标准（元）								
一	董事长	5000	6000	7000	8000	9000				
二	总经理	4000	5000	6000	7000	8000				
三	副总经理、总工程师、总会计师	3000	3500	4000	4500	5000	5500			
四	部门经理、高级工程师、高级会计师、高级经济师、分公司总经理	2500	3000	3500	4000	4500	5000	5500		
五	部门副经理、分公司副总经理	2000	2500	3000	3500	4000	4500	5000	5500	
六	项目经理、业务主管、工程师、建造师、结构师、预算师、会计师、经济师	1500	2000	2500	3000	3500	4000	4500	5000	5500
七	助理工程师、高级业务员	1200	1400	1600	1800	2000	2200	2400	2600	2800
八	工程员、预算员、业务员	1000	1200	1400	1600	1800	2000	2200	2400	2600

一般情况，企业岗位等级呈现金字塔形，岗位级别越高，岗位职数越少，员工晋升的机会就少，为此，许多企业一方面将薪酬等级之间的薪酬标准重叠；另一方面，采取鼓励员工双重职业的发展通道，即，为企业的管理人员和专业技术人员分别设计一个平行的职业发展渠道，管理人员特别是部门经理和中、高级管理人员可以通过管理型的晋升阶梯，专业技术人员特别是工程技术人员则通过建筑施工工程技术的研究型和开发型的晋升阶梯，从而使高水平的专业技术人员，不进入管理层也可以得到技术职务或专业职称的晋升，并享受相应的薪酬等级报酬。

综上所述，通过表 6-1 所显示岗位薪酬等级表，以加强对岗位薪酬等级的理解和认识。

四、薪酬结构

通过岗位评价和薪酬等级设计，可以分析并得出各岗位对企业的相对价值和重要程度，根据岗位的不同性质、相对价值和重要程度来确定各岗位的薪酬结构和工资比重。在现实中，同一个企业内都存在从事管理、技术等不同岗位以及技术技能操作或劳务型操作等各种工种的员工，所以，其岗位薪酬项目的构成和比重也就有所不同。在建筑企业中精干的管理队伍、资深的专业技术力量和强悍的施工组织队伍将构成企业的主要人力资源和人力资本。

在设计薪酬结构时，企业要依据国家的法律和政策，结合本企业的实际情况，科学、合理地设计出适用于本企业的薪酬结构，能够充分发挥薪酬的管理作用和经济效应，正确处理好企业与员工、员工与员工之间的利益分配关系，完善企业内部奖酬制度的公开和公正，最大限度地实现企业分配的公平与效率。

不仅如此，企业还应注意控制人工成本的开支，若薪酬过高，将会加大经济成本的预算，如果企业的薪酬水平低于同行业或同地区建筑业劳动力市场的平均收入水平，或因员工感受到企业的薪酬不公平、分配不合理，而导致大部分员工的薪酬过低，如果出现这样的情况，对企业而言，薪酬制度滞后，不具有企业竞争的实力和吸引人才的优势，无法吸纳企业急需的人才，已有的高级技术人员就会被同行业或与建筑业相邻近的房地产业的开发企业挖走，形成人力资源的短缺，导致企业经济滑坡；对员工而言，不仅会挫伤员工的积极性，出现消极和抵触情绪，造成工作业绩下降，优秀人才跳槽，大量流失，还会使员工的生活水平有所降低，失去对企业的忠诚感。

总之，薪酬结构的设计要根据企业的规模和经济效益，以及员工队伍的构成和所从事不同性质的岗位来确定。

（一）薪酬结构概述

薪酬结构是指薪酬的构成内容、项目和各自所占的比重。主要由两部分组成，其一为，固定部分，也称之为基础薪酬，如，基础工资、岗位工资、工龄工资、津贴等；其二为，浮动部分，又称之为浮动薪酬，如，绩效工资、效益工资、浮动工资、奖金等。

（二）薪酬结构类型

一般的薪酬结构类型主要有：岗位（职务）等级工资制、岗位技能等级工资制、年薪工资制等。新型的薪酬工资结构类型有：绩效薪酬结构、能力技能激励薪酬结构、组合薪酬结构等。

1. 岗位（职务）等级工资制

（1）定义与适用范围：

岗位（职务）等级工资制是在对岗位（职务）评价的基础上确定工资标准。岗位等级工资制，主要适用于企业操作层，技术工种比较简单，岗位相对稳定，而且在同一岗位上的员工劳动强度差别不大；职务等级工资制，主要适合于企业管理层和技术层的员工。岗位（职务）等级工资制直接与岗位等级和职务等级挂钩。

（2）原则：

①岗位（职务）等级工资制，只是针对岗位或职务，而不是岗位或职务中的员工，也就是说，对"岗"或对"事"而不对"人"。

②岗位（职务）等级工资制，是按照员工在实际工作中的岗位难易程度、责任大小、劳动繁重、技术复杂程度等来确定相应的工资等级标准。每个岗位职务都要明确规定其相应的职责范围、工作流程和技术操作规范等具体要求。另外，技术层和操作层的员工还应本着先培训、后上岗的原则。在建筑企业某些技术关键性岗位和操作性的岗位，如，项目工长、项目质量员、项目安全员、项目预算员等岗位的员工必须取得上岗证书后，才能与岗位等级工资挂钩。

（3）特点：

①实行一岗一薪制，是对一个岗位而言，同工同酬。即，一个岗位只有一个工资标准，在同一个岗位工作的员工均实行相同的工资标准，各岗位与其工资标准相对应。岗位性质相近的可以归为一类，共设一个岗位工资标准。

②实行一岗多薪制，是对一个岗位设有不同的岗位等级工资。即，一个岗位内设置若干个工资等级标准，因同岗位的劳动强度存在差别，劳动贡献的大小也就不同，所以在同一个岗位可以有不同的工资等级标准。一岗多薪制，在建筑企业中使用广泛，不仅解决了同一个岗位工作的新老员工之间的工资矛盾问题，还能够反映出因员工绩效的不同，工资等级也就不同，同时达到促进员工不断努力，不断有提高和晋升的机遇。

③岗变薪变，当岗位或职务发生变动或升降时，工资也随之变化和调整。除国家或企业统一调整工资外，一般情况下，岗位或职务不变，工资也就不会发生变化。

2. 岗位技能等级工资制

（1）定义与适用范围：

岗位技能等级工资制是以岗位技能、劳动强度和工作环境等要素为基础评价岗位，按照员工的知识水平和技术技能程度确定技能等级，它与岗位和职务等级工资制有所不同，其重点是依据岗位技能等级确定工资等级标准。它与企业实行全员劳动合同制、岗位目标责任制等相配套，有利于企业实行按劳分配。主要适用于企业的专业技术人员和技能型的工人（蓝领工人）。

（2）原则：

①岗位技能等级工资制，根据岗位对专业知识的"应知"和对技能的"应会"等能力方面的要求，明确各技术技能等级所对应的能力要求和基本准则，以岗位必须具备的技能要求来确定和划分技能等级，对应其工资等级标准。

②实行岗位技能等级工资制，必须通过强化岗位技能，促进和提高员工的整体素质、专业水平和工作质量，激励员工努力学习钻研业务。

③实行岗位技能等级工资制，要建立和完善员工技能培训、业务考核、岗位使用和工资待遇相结合的管理体系，在工作全面考核的基础上，评定岗位技能等级工资。

（3）特点：

①确定岗位技能等级标准，首先应进行岗位综合评价，将各岗位依次划分不同的技能和等级，然后再确定工资等级标准。

②对专业技术岗位可以按照掌握和运用专业知识的程度，实践工作中的能力水平等划分为初级、中级、副高级和高级四个专业技术等级。

③对技术工人可以分为初级技工、中级技工、高级技工、技师和高级技师，非技术工人参照初级技工的工资标准。

3．年薪工资制

（1）定义与适用范围：

所谓年薪制，是以本企业年度经济效益核算为单位，确定企业经营者的基本报酬，并依据企业生产经营成果和利润收益再确定其风险收入的薪酬制度。年薪制包括基础年薪和风险收入两部分，基础年薪是保障企业经营者的基本生活，主要根据企业的生产规模和本企业职工平均收入水平来确定；风险收入是根据企业生产任务目标的完成情况，经济效益和经济效果情况，以及企业经营者所承担的责任和风险程度等因素来确定。

目前实行年薪制的企业范围主要有三种，其一是，适用于《企业法》调控的国有企业；其二是，现代企业制度试点改组改制的企业；其三是，国有企业和国有资产占控股地位的股份制企业。在我国建筑业对企业经营者实行年薪制，一般适用于企业法人代表，或按照我国《公司法》的要求，适用于公司的董事长和总经理，也适用于党委书记。

（2）原则：

实行年薪制，最为关键的问题是如何为企业的经营者和企业家有个科学合理的定位和定价，这是一个非常困难但值得探讨的问题。实行年薪制，简单地对企业的最高管理层以职务的高低定薪，或是以企业法人应具备的知识、能力和素质为依据，还是以企业家的年龄、资历和贡献进行取酬，似乎都不太准确、客观和实际。国外成功企业的经验和做法，值得我们借鉴和学习，结合我国国情，历经多年的探索与实践，在市场经济体制下，年薪工资制度也逐步趋于成熟，基本原则是以经营者的实际经营成果为计酬依据,更确切地说是以企业的预期经济收益为企业经营者的奖酬定价。

(3)模式:

现代公司企业法人的奖酬结构是多元化的,但必须结合建筑行业和企业的实际特点,综合制定企业经营者年薪工资制的各项经济考核指标,以企业资产增值保值率、净资产增长率、资本收益率、实现经济增长或利润增长、安全生产无重大责任事故、民主监督等都将作为经营者的年度考核责任指标,并与其目标责任制和工作实绩紧密挂钩,其特点和模式归纳为以下三种:

①基础薪资+津贴+养老计划的年薪结构

主要依据企业法人所负责经营的企业规模和性质,以及企业当年的经济任务完成情况和经济收益情况。一般适用于大型建筑集团、大型国有企业、控股公司的高层经营者,如董事长、总经理。

②一定数额的年薪工资

主要依据企业法人所承担的经济指标完成情况,如期落实并完成经济责任书明确规定的各项考核指标,如扭亏为赢、减少亏损、实现利润、增加收益、上缴税额等,在企业实现经济增长和完成约定的经济利润指标后,经营者可以得到一定数额的年薪。若采取招投标或承包制的形式,则会在更大程度上激励经营者的积极性。一般适用于企业的高层管理者,如董事长或兼任总经理。

③基础薪资+津贴+风险收入的年薪结构

主要依据企业法人所负责经营的企业规模和性质,以及所承担的职责、责任和风险的同时,将经营者个人的风险收入与企业的收益风险挂钩,随企业经济效益增减而浮动,随企业职工收入的多少而调整,充分考虑职工的薪酬增长率、同行业平均效益水平,以及企业实现利润增长率、资产增长率等经营者的业绩。一般适用于追求企业效益最大化的企业,如董事长或总经理,其他董事成员或决策层领导班子成员,也就是直接参与决策企业重大问题的责任人,以及企业分公司的独立法人,可以参照并按照一定系数折算年薪。

(三)新型薪酬结构

1. 绩效薪酬结构

绩效薪酬结构,主要依据员工在某一时期内的工作业绩和劳动成果来确定,其特点是以岗定薪,以定量取酬,随员工劳动的数量和质量的结果不同而调整,尽管在同一岗位上或技术技能等级相同的员工,也不能得到相同数额的劳动报酬。比如,计件工资、提成工资、效益工资等,通过量化考核后予以计发员工的报酬。

绩效薪酬结构,最明显的优点是激励效果好,通过物质奖励来激发员工的工作积极性,但也会导致员工只顾眼前利益,关注自己的绩效,缺乏团队合作和集体意识,容易造成个人目标与企业目标相分离。

绩效薪酬结构一般适用于工作量饱满的岗位,能够通过最直观的定量考核,全面了解员工完成任务的数量和质量,有利于促进员工努力超额完成工作任务,最终实现企业的生产目标。

绩效薪酬结构的构成：基本工资（或保底工资）所占比重为 20%，包括岗位的价值、员工的技术技能水平和工龄因素；绩效工资比重为 80%，重点考核员工的生产量、劳动价值率等。

2. 能力薪酬结构

能力薪酬结构，也称之为技能激励工资制，是具有奖励性质的一种工资管理体制。目前，将近有一半以上的世界"财富 500 强"企业，实施并积极推崇以能力为基础的薪酬计划，主要是为了最大限度地开发员工的创新能力，激发员工的潜在技能。设立这种新的工资体系和结构是企业在新形势下，为了满足市场技术竞争和人才竞争的需要，激励员工不断学习和丰富新的知识，掌握与本岗工作相关的最新、最前沿的技术，以提高员工的工作能力和工作绩效。

能力或技能激励工资制，主要依据员工在本岗位承担的任务和履行职责所具备的能力、水平和工作潜力来确定。员工的能力主要包括综合素质能力、基础能力和业务能力，可以细化为对工作的理解能力、应用能力、表述能力、组织协调能力、沟通能力和任务的执行能力等。能力决定了员工在某一岗位或担任某一职务所表现的工作水平、工作业绩和工作效果，企业将根据员工潜在的能力和贡献的大小，对同一岗位上不同能力的员工给予不同的奖励和相应的工资报酬。

能力薪酬结构的构成：岗位或职务价值津贴、工龄等因素所占比重约 15%；技术技能和能力水平的比重为 85%。

能力薪酬结构有利于激励员工提高技术水平，但是某个员工的技能提高了并不意味着所有员工的工作绩效都能相应得到提高，从而会增加企业的薪酬成本。能力薪酬结构适用于建筑业技术复杂程度高，劳动技能水平差距较大的企业。

3. 组合薪酬结构

组合薪酬结构，是将薪酬分解为几个组成部分，分别依据各岗位、职务或工种的性质、职能、绩效等因素来确定。既能够反映出员工在劳动绩效成果方面的差别，又能够反映出各个岗位、职务员工能力等方面的差别，使员工不同的劳动付出和贡献业绩，得到与其相对应的薪酬标准。

（1）特点：

①具有灵活性。将员工的工资分别与员工本人的工龄、资力、技能、业绩、贡献等因素挂钩，分别计酬定出标准，从不同角度反映出员工的绩效和贡献。有利于企业加强对员工进行定量和定性考核的有机结合，工资随考核结果而调整，随企业的经济效益增减而上下浮动，可以合理安排新老员工的工资关系，统筹管理人员、技术人员和工人之间的工资分配关系。

②具有实用性。组合薪酬结构是以岗位、职务或工种为核心，综合各个方面的因素，将职责、任务、能力和水平、劳动的复杂程度和工作的效果结合起来，不仅适用于各类企业，还适用于国家机关和事业单位；无论是管理层、技术层，还是操作层，均可以实行组合薪酬结构。

（2）结构：

组合薪酬结构的构成：工龄工资，主要体现员工的劳动积累贡献，年龄越大，工龄越长，经验越丰富，技术技能熟练程度越高。在薪酬结构中设置工龄工资，有利于协调员工职务、资力和贡献三者之间的关系，占薪酬总额的 14％；基础工资是保障员工的基本生活需要，占薪酬总额的 33％；岗位工资是依据各岗位的劳动责任、劳动强度和劳动环境等因素确定的岗位价值和顺序，占薪酬总额的 24％；绩效奖金是依据员工的工作表现和绩效成果给予的奖励，占薪酬总额的 29％。

五、薪酬制度调整

在传统的观念看来，薪酬是一种人力成本的支出，但在今天，薪酬已经成为建筑企业的人力资本投资。对员工而言，通过工作而获得的薪酬就是企业员工获得满足的过程，员工渴望得到的不仅仅是一种数量的薪酬，还包括物质利益的满足、人的尊严的满足、自我价值的实现等。一个可持续发展的成功企业，最重要的秘诀是建立科学、合理、有效的薪酬管理体系，从根本上保证人力资源的竞争优势，并转化为市场竞争的胜势。

企业的薪酬制度确立后并不是固定不变的，而是随市场、行业和企业内、外环境的变化应进行适度调整，以保证激励功能的有效性和正常发挥。企业薪酬制度调整的类型主要有以下几种：

（1）工资定级性调整。企业对新聘人员，见习期或试用期满且考核合格的新员工，按照聘用的岗位对应相应的工资级别（包括新毕业的大学生、复员专业军人、从社会新招聘的人员等）。

（2）工龄调整。随着员工的工龄增加，工龄工资也随之增加。

（3）物价性调整。企业根据市场物价指数的变动对工资进行调整，为了补偿因物价上涨而给员工造成实际收入的减少。

（4）效益性调整。企业根据经济效益情况对工资进行调整，当企业效益提高，利润盈利较大时，为鼓励员工多创收益，上浮员工的工资；当企业效益欠佳或亏损时，为降低人员工资成本，下浮员工的工资，随企业效益的变化而变化。

（5）奖励性调整。企业为奖励做出突出贡献的员工，给予晋升一级工资、发放奖金等，其作用是为了激励员工不断取得优异成绩。

（6）考核性调整。企业依据员工的绩效考核结果，对达到合格以上的员工给予的奖励，将绩效与经济挂钩，采取奖金或浮动工资的奖励形式。

第五节　企业的奖励制度

薪酬的激励理论就是激发人的工作动机，充分调动人的工作积极性。建筑企业的经济效益和劳动生产率取决于企业的薪酬和奖励制度，奖励作为企业对员工的付出和贡献给予经济上的回报，是员工薪酬的重要补充部分，所以建立和完善企业的奖励制度，是企业人力资源管理必不可少的内容和环节。

一、奖励的功能

在建筑业的市场经济体制下，企业人力资源的开发与管理在一定程度上取决于奖励的运用与发挥。关于对员工的奖励，我国《劳动法》第六条规定："国家提倡劳动者参加社会主义义务劳动，开展劳动竞赛和合理化建议活动，鼓励和保护劳动者进行科学研究、技术革新和发明创造。表彰和奖励劳动模范和先进工作者。"同样，在我国《企业员工奖惩条例》中也就员工的奖励做出了明确的规定。所以，奖励是企业薪酬管理中不可缺少的主要内容，也是企业有效的管理手段和保障措施。

企业在了解和认同薪酬理论和奖励理论的同时，应更好地运用奖酬政策，公平、公正、合理地回报为企业做出贡献的劳动者，正确处理好企业利润的资本积累与员工共享的利益分配关系，保证员工从薪酬方面获得经济上的奖励和精神上的鼓励，企业才能吸引和留住关键性人才，才能不断提高企业的竞争能力，促进企业可持续发展。为此，奖励对建筑企业来说其作用更为突出，功能更为明显。

建筑企业不仅支付员工的工资、福利、保险等，还将根据企业的经济效益、利润盈余和投资收益等情况，同时依据员工的实际绩效和目标责任制紧密挂钩，实行年终奖励或以项目工程竣工后，定期不定期对项目班组及员工个人的生产目标责任、安全质量、节能降耗等进行实践考核后，给予员工一定数额的奖励报酬，对贡献突出的劳动模范和生产标兵给予重奖。

二、奖励的类型

奖励有物质奖励和精神奖励，物质奖励通常以实物或货币形式发放，如，奖金、晋级、浮动工资、股权、年终分红等；精神奖励也是企业对员工的一种有效激励，如，评选劳动模范、颁发奖状、评比生产标兵、先进工作者、授予荣誉称号等。

奖励又可以分为内在奖励和外在奖励，外在奖励源于工作之外，企业通过各种外部奖励措施激发员工的工作动机，影响员工的行为，主要包括：物质奖励、福利、晋升、表扬、批评和惩罚等；内在奖励聚焦在工作内部，源于员工工作过程之中，工作的成功，享有的成就感，学以致用，能够充分发挥员工的主观能动性等。所以企业通过内在和外在奖励的有机结合，最大限度地调动员工的工作积极性，知人善任，对贡献突出的员工给予适当的奖励，发挥每个员工的潜能。

三、奖励的对象

奖励的对象可分为个人奖励、团队（集体）奖励和全员奖励等。企业可以根据各自的实际情况和工作目标等建立奖励制度。

（1）个人奖励，是用来奖励员工个人努力并达到与工作相关的绩效标准；

（2）团队（集体）奖励，是奖励班组或团队集体的绩效，当团队（集体）中所有的成员都为实现目标做出贡献时，团队（集体）奖励和嘉奖最为有效；

（3）全员奖励，是工作在每个岗位上的员工均可以得到相同或有一定差距的奖励。

四、奖励的项目

建筑企业有着其独特的行业特点，制定奖励计划可设置长期奖励和年度奖励，实施奖励计划可以设立多种奖励项目。

长期奖励一般主要有：员工持有企业股票权、股票增值权等。企业以优惠的价格向员工出售股票，使员工拥有一定数额的企业股份，并随着企业资本的累积和利润的增加，这种奖励促使员工与企业共同分享利益，共同承担风险。适用于奖励企业的高层管理者和高级技术人员，企业为留住这些特殊而稀缺人才能够长期为本企业服务，让他们拥有企业的股份再为企业创造更高的收益，也是一种有效的奖励措施。

年度奖励一般为当年给予员工的奖励，取决于员工个人、部门或项目班组以及企业的业绩成果，企业可以结合实际情况，设立奖励项目。例如：生产部门主要以生产的产量、质量和任务目标的完成情况设立奖项；项目班组以施工质量、进度、节能降耗、安全施工等考核指标设立奖项或以经济利润指标的完成和上缴利润额，操作规程、劳动纪律以及无客户投诉等责任指标设立奖项。无论各项奖项均与企业的经济效益直接挂钩，以员工个人、班组或团队的业绩和绩效的评估结果相联系。业绩是综合性指标，是企业按照员工劳动或超额劳动的数量和质量的标准，以及员工的工作成果和贡献率等而设立指标体系，它与企业的整体绩效和战略目标相一致，是给予员工奖励的主要依据和管理基础。

五、奖励的措施

在西方国家的企业，为了营造企业文化，建立全新的管理理念，培养员工的敬业精神和团队精神，将工资称之为薪水，是对员工的奖励报酬。在我国，企业科学合理的奖励有利于调动员工的一切积极因素，形成竞争和奖惩机制。现代企业管理实行按劳取酬的分配原则和多干多得、少干少得、不干不得的奖惩分明的分配制度，同时应建立和完善员工绩效考核的评价体系，把物质奖励和精神奖励有机结合起来，物质奖励要遵循从物质利益上与员工的劳动成果紧密联系起来；精神奖励是企业给予员工内在的鼓励和回报，无论是采取何种奖励形式，奖励的标准和尺度要一致，奖励的条件既不能过严也不能过松，否则会带来负面的影响。因此，企业要做到公平、公开、合理。

公平，是员工为企业所付出的辛勤劳动和员工所得到的报酬相匹配，即投入和产出关系的合理性，使员工普遍感到合情合理。有不少建筑企业把奖励作为改善员工的劳动关系的主要手段，以提高员工在奖酬分配上的认同感，奖励的公平与不公平，是影响员工工作情绪的主要因素，员工绝对不会仅仅在物质上过多的计较，而是他们更需要公平和公正，需要对他们的付出予以充分的肯定和精神上的鼓励。

公开，是企业对员工的奖励应具有一定的透明度，程序公正、结果公开，让员工真正了解奖励的目的和意义，使员工对企业产生信任感和归属感，同时可以减少员工不平衡的心态和负面效应，如果员工认为自己很努力、业绩也很突出，而奖酬却低于工作的同伴，就会引起消极和不满的情绪，奖励的效果就会不佳，所以及时修正奖励的方式和方法，设立并开通奖励评定、员工审诉的渠道，给予员工参与和及时发表个人意见和建议的机会，同时通过双方的沟通，企业将正确的信息传递给员工，能够保持奖励的公平与公正。

合理，首先应本着奖励幅度不超过企业经济效益增长的幅度，员工平均实际收入增长幅度不超过企业劳动率增长幅度的原则；其次要合理拉开奖励的幅度，以员工岗位责任的大小、劳动态度的好坏、劳动技能的强弱、劳动绩效的优差以及各项经济责任指标的综合考核为依据，适当向责任重大、风险性大、技术性强、能够超额完成经济指标的部门、岗位和员工有所倾斜。

总之，奖励不论采用何种形式和方法，最重要的是取决于企业高层经营者和管理者的决策水平和管理理念，但是，奖励的运用和成效还是要依靠于企业中间管理层的执行能力。对企业来讲，规范、清晰、完整的奖励制度是以整个企业的经济收益为基础，是企业酬劳员工的一种奖励方式，同时也是奖励员工为企业获得更高利润的有效管理措施。

第六节　企业的福利制度

福利是企业通过建立各种补贴，改善员工的生活条件和工作环境，增加各种服务设施，丰富员工的健身、文化、娱乐生活等劳动性福利。是企业为满足员工的生存与安全需要，在工资收入之外，以货币或实物形式发放或提供给员工的福利，是企业人力资源管理和员工奖酬管理的重要组成部分。如何发挥福利制度的功能和作用，促进建筑企业的经济发展。实践证明，企业根据实际需要制定的福利项目和福利措施，能够激发员工的工作热情和对企业的归属感，为提高企业的经济效益和管理效率发挥着重要的作用。

一、福利类别

福利是奖酬的补充部分，从某种意义来讲，福利给予员工对企业有归属感。因此，企业福利项目的设计非常重要，不仅能提高员工的生活质量，还可以达到激励的效应。

通常企业福利分为全员性福利和特殊群体福利两大类。全员性福利是企业全体员工共同享受的福利，如：工作餐、节日礼物、健康体检、带薪休假等；特殊群体福利是指为企业做出特殊贡献的员工，得到企业给予特殊的福利待遇。福利又分为经济性和非经济性两种形式。

二、经济性福利项目

（1）住房性福利：向员工提供廉价住房、集体宿舍、住房补贴等；

（2）交通性福利：提供班车或交通补贴；

（3）伙食性福利：免费提供午餐、伙食补贴；

（4）教育性福利：员工进修培训；

（5）保健性福利：免费体检或提供健康卡；

（6）生活性福利：带薪休假、集体旅游、探亲假期、冬季生活取暖补贴、夏季防暑降温补贴、生活困难补助、为员工过生日、购置体育和文化娱乐设施、提供工作服等。

三、非经济性福利

企业为全面改善员工的生活质量而提供的健康保险计划，如，心理健康咨询服务、保健服务等；以及咨询性服务，如法律顾问咨询等；建筑行业工作环境保护措施，安全保护措施，实行弹性工作等。

四、特殊群体福利

建筑企业为了吸引和留住高层次管理人才和业务技术骨干，以及奖励为本企业做出特殊贡献的拔尖人才，在他们分享全员性福利的同时，企业为这一特殊群体而设定的一些奖励性福利项目，其目的是将企业的福利与企业人力资源的开发战略有机结合起来，激励企业的有功之臣能够继续为企业做出更大的贡献，并能够长期而稳定地为本企业服务。

特殊群体福利项目的设定应结合企业的实际，一般有，安全与健康保险，即企业用于向受到表彰的员工给予的一种补充医疗保险，从员工的身体健康、心理健康乃至精神健康上给予生活上的关怀所提供的服务性福利；住房货币化，即企业以货币形式向受到获奖的员工发放一定数额的住房补贴给予的一种福利；还有购买企业股票和债券的优先权、授予各种荣誉头衔，以及在员工工作最紧张、生活最困难的时期，为其家庭提供的生活服务，如接送子女上下学、照顾生病的老人、解决配偶异地工作等生活上的服务和物质上的支持。

五、福利特点

在一些发达的国家，政府将福利设定为法定福利和企业弹性福利，法定福利是企业根据国家的法律和法规必须向员工提供的劳动保障性福利，并已经形成企业为保障员工基本生活的劳动保险制度，如养老保险、医疗保险和失业保险等。企业弹性福利是企业自行根据实际而设置的福利项目，不仅与企业的经济实力有关，而且在不超出企业福利总成本的情况下，以"组合"福利或"自助式"福利的形式，让员工根据需要自主选择。

在我国，福利是企业每一位员工可以享受的待遇，也是企业人力资本的重要投资。一般情况下，企业一经确定就不能轻易减少或取消，否则会引起员工的不满和抱怨情绪。因此，福利比工资和奖金更恒定，存在平均主义现象，在员工福利分配上差距很小，激励效果不明显。所以，目前有许多企业把降低福利成本，提高福利保障和服务效率作为加强福利管理的举措。

六、福利管理

企业为员工提供的各项福利项目，取决于企业当前的经济效益和未来的预期收益，许多企业把提高员工福利作为吸引和留住员工的激励措施。因此，企业在设计福利项目时，应注意加强福利的实施与管理。

（1）改善员工的工作环境，为员工提供健身、娱乐、体育等活动设施；

（2）提高员工的生活质量，解决员工生活上的后顾之忧；

（3）加强人力资本的投资，为员工提供在职进修和轮岗培训，提高员工的文化知识和技术技能水平；

（4）严格控制福利成本的总开支，制定福利总成本的约束线，注重提高福利的服务效率；

（5）对企业而言，福利成本支出的同时，应得到员工积极努力工作的最大回报，因此要与员工的业绩紧密挂钩，提高福利分配的激励作用。

奖酬管理案例 1　　　　建筑承包项目工薪制

建筑承包项目工薪制，是以建筑集团全面履行建设单位与承包施工项目的企业法人，双方签订并履行工程承包合同所约定的责任和权利为法律准则，以加强施工组织的质量和安全管理，提高社会效益和企业经济收益为奖酬考核目标，依据承包项目工程的最终绩效成果而确定员工收入的一种奖酬管理制度。即，企业将建筑施工组织和工程项目管理的全部人员的奖酬与承包项目的各项经济管理活动，以及企业的经济效益直接挂钩，员工的奖酬全部在工程成本中支出。

奖酬的构成由基本工资、效益工资、奖金组成。

（1）基本工资：员工的基本生活保障。

（2）效益工资：依据承包施工项目工程管理的经济核算指标完成情况，员工的工作绩效考核结果等，最终予以核定员工的效益工资。

（3）奖金：根据项目经济收益和利润结余给予员工的奖励，可按月计发或工程结算后一次性发放。

计酬方法：

项目工薪总额＝项目最终上缴集团降低成本额×降低成本额工薪比

降低成本额工薪比＝计划降低成本额÷[项目定编人员×本项目人员平均工资水平×计划工期（月）]

本项目人员平均工资水平＝上年度人员月平均工资水平×[1＋项目工期内月工资增长幅度（%）]

计划工期＝定额工期

效益工薪＝项目工薪总额

奖酬管理案例 2　　　建筑企业岗位绩效工资制

岗位绩效工资是由岗位基础工资、工龄工资、薪级工资、绩效工资四部分组成。

基础工资：职工的基本生活保障。

工龄工资：按照员工在本企业连续工作的年限和积累的劳动贡献，企业给予员工的补偿性工资，以 1～5 年、6～10 年、11～15 年等，每递增 5 年划分为一个工龄阶段，确定一个补偿标准，随着员工工龄的增加和积累进行调整。体现职工因工作年限的不同，适度在工龄工资上拉开差距，达到鼓励老职工继续为本企业发挥作用，激励新职工能够长期为本企业服务。

薪级工资：结合企业的实际规模，在定编、定岗、定员和定额的基础上，设置 25 级岗位薪酬标准，分别对应企业各部门和各岗位，从最高层（总经理）至操作层（技术工人或普通工人），依据各岗位的工作性质、责任、能力、技能等岗位的价值，分别对应设置的 25 个岗位级别，岗位级别不同，薪级不同。

绩效工资：具体体现员工的工作业绩和劳动成果的奖励性工资，与企业的经济效益直接挂钩。绩效工资分为月绩效工资和年终绩效工资。

一般情况下，月绩效工资与年终绩效工资的总额相当于员工薪级工资的 60％，根据企业经济效益而浮动。月绩效工资在月业绩考核达到合格及其以上，按照薪级工资 60％ 的比例计发月绩效工资；

年终绩效工资为岗位薪级工资×20％；员工平均绩效工资为员工年终绩效工资/员工人数。

员工的贡献越大，奖励越高；反之，贡献小、奖励小。考核结果通常设为三个档次，一等奖励的员工不超过员工总人数的 10％，二等奖励的员工不超过员工总人数的 80％，三等奖励的员工不超过员工总人数的 10％，将员工的绩效考核与绩效工资直接挂钩，充分发挥竞争、激励和奖惩的有效作用。

奖酬管理案例 3　　　某建筑工程有限公司薪酬方案

在本公司建立现代企业制度的基础上，为加强和规范企业内部职工收入分配制度改革，建立与现代企业管理相适应的奖励机制，制定薪酬方案如下：

一、总的原则

薪酬管理坚持与企业经济效益直接挂钩，以员工岗位评价和员工岗位责任为基础，以总公司与各分公司签订的经济承包责任制为考核依据，员工的薪酬随企业的经济效益而上下浮动。以岗定薪、以效定薪、岗变薪变、效变薪变为原则，充分调动广大员工的工作积极性和创造性，提高企业的经济效益和社会效益。

二、适用范围

总公司、各分公司、子公司、经济承包的经营实体。

三、薪酬组成

由基础工资、岗效工资、工龄补贴三部分组成。

（一）基础工资。以本市公布的"职工最低工资标准"为基础，随地方统一调整而变化。

（二）岗效工资。岗效工资分为两大类，即管理人员的岗效工资和劳动操作型工人的岗效工资。岗效工资根据公司经济效益而浮动，分别设置若干个薪酬等级及档次标准。

1. 管理人员岗效工资等级

（1）公司总经理、党委书记执行一级 A 档标准；

（2）公司副总经理、党委副书记执行二级 A 档标准；

（3）公司纪检委书记、工会主席、总工程师、总会计师、总经济师执行三级 A 档标准；

（4）公司各管理职能部门正职、各分公司、子公司的党政正职领导执行四级 A 档标准；

（5）公司各管理职能部门副职、各分公司、子公司的党政副职领导、工程师、经济师、会计师、项目经理执行五级 A 档标准；

（6）总公司、分公司、子公司主任科员、项目副经理、项目工程师、经营实体的法人代表执行六级 A 档标准；

（7）总公司、分公司、子公司、集体单位的员工，工作年限在五年以上（含五年）的管理人员、技术人员执行七级 A 档标准；

（8）总公司、分公司、子公司、集体单位的员工，工作年限在三年以上（含三年）的管理人员、技术人员，以及工程项目部的一线人员和"十岗"工作人员，均执行八级 A 档标准；

（9）总公司、分公司、子公司、集体单位的员工，工作年限在三年以下（不含三年）的管理人员、技术人员，以及工程项目部的二线人员，均执行九级 A 档标准。

2. 劳动操作工人岗效工资等级

按照国家和本市技术工人等级考核的有关规定，分别对取得初级工、中级工、高级工和高级技师技术等级的员工分别对应其相应的工人岗位薪酬等级。

（1）高级技师等级标准为三级 B 档；

（2）高级工等级标准为四级 B 档；

（3）中级工等级标准为五级 C 档；

（4）初级工等级标准为六级 C 档。

（三）工龄补贴。员工的工龄补贴实行分段累计的方法确定相应的工龄补贴，计算时间以 5 年为一段，逐段累计，5 年以下，每年 10 元；6～10 年，每年 15 元；11～15 年，每年 20 元；逐段增加，以此类推。工龄补贴标准根据企业经济效益情况可以适当提高或调整。

新聘人员的工龄补贴从进入本企业的当年起计算；员工工龄补贴发至退休之月止，退休后执行国家统一规定，不再享受企业工龄工资的补贴。

另外，企业新引进的大学毕业生，初次就业，一律实行国家见习制度，执行见习工资制，见习期满后，按照岗位定级；本企业初次聘用社会流动人员（技术人员、管理人员、操作工人），均实行试用期考核制度，试用期满后，对应其相应的岗位薪酬等级，详见附件（略）。

思考题

1. 企业奖酬有哪些作用？其原则是什么？
2. 企业薪酬的组成部分有哪些？
3. 简述影响企业设定奖酬的主要因素。
4. 选择一家建筑施工企业调查薪酬等级和结构。
5. 以具体项目为例探讨奖励的类型和方法。
6. 讨论建筑企业员工福利的具体形式。

第七章

建筑企业职工培训与发展

　　俗话说：工欲善其事，必先利其器。培训对于建筑企业来说，其意义是不言而喻的。进入 21 世纪，信息社会的到来，信息技术的飞速发展给企业和员工提出了新的任务：如何适应快速发展的世界经济一体化进程及高速发展的信息社会。在这种环境下，企业员工的培训对于建筑企业来说显得尤为重要，成为建筑企业开发现有资源和提高员工素质的基本途径。

第一节　建筑企业职工培训概述

一、培训的含义

　　培训是指各组织为适应业务及培训人才的需要，采用讲座、进修、考察等方式，进行有计划的培养和训练，使其适应新的要求不断更新知识，更能胜任现职工作及将来能担任更重要职务，适应信息社会所带来的知识结构、技术结构、管理结构等方面的深刻变化。培训是指培养和训练，是为了使员工获得或改进与其工作和业务有关的知识、技能、态度和行为，增进其工作绩效，从而更好地实现组织目标的一个系统的过程。现在越来越多的企业重视培训，建筑企业也不例外。员工培训是建筑企业生产经营活动中的重要内容，对建筑企业生存和发展有着至关重要的意义。

二、建筑企业培训的意义

　　培训是现代企业人力资源管理的重要组成部分。企业发展最根本、最核心的制约因素是人力资源。而培训是对人力资源投资的重要形式。要增强建筑企业适应新形势变化的能力，关键是不断提高建筑企业员工的素质，不断地培训、开发企业的人力资源。培训的意义有：

（一）有助于新员工尽快进入角色

新员工在来企业工作之前，每个人的工作经历、价值观念、文化背景都不同，企业文化也不完全一致。同时新员工来企业之前对企业的有关情况并不是全部了解，因此不能很快地进入角色。职前培训就是让新员工尽快熟悉企业环境，了解企业文化和运作方式过程及其自己所要承担的具体工作和业务。

同时一项研究发现，新员工在刚到企业的三个月到半年之间，他一般面临着很多困惑，如自己能否被企业群体所接受？工资、福利、假期、企业政策和所期望的水平是否有差距以及差距有多大？能否和同事愉快地交往和工作？等，同时他会依据自己对企业的感受和评价来选择自己如何表现，决定自己是要在企业谋求发展还是将其作为跳板。因此，建筑企业要通过系统的定向培训，尽可能地消除新员工的种种担心和疑虑，让他们全面、客观地了解企业文化、工作环境和新工作所需的各种知识和技能，以帮助他们尽快地进入角色。

（二）有助于提高员工的工作绩效

对员工进行系统有效的培训，使员工掌握新的知识和技能，提高他们的工作技能和改善他们周围的人际关系，从而提高他们工作的绩效。建筑企业的不同的员工需要不同的专业知识和工作技能。经过系统培训的员工，能够掌握新的知识结构和工作技能方法，促进员工的工作质量和劳动生产率的提高，同时降低生产过程中产生的各种损耗，并减少事故的发生。培训后的员工其工作技能有了显著提高，劳动的熟练程度加强，劳动的效率也得到了相应地提高。同时通过培训员工如何处理和改善工作中的各种人际关系，使培训后的员工在工作中合作意识加强，工作热情高涨，使员工重新认识了组织的凝聚力和向心力的重要性，提高了其工作的积极性和创造性，工作的业绩和效率也会得到相应的改善和提高。

（三）有助于增强和提高员工对企业的认同感和归属感

一个企业的员工对企业只有具有强烈的认同感和归属感，他才会将他的全部能力和潜能充分地发挥出来，为企业的发展贡献自己的力量。通过培训，可以将建筑企业本身的企业文化、价值观、工作作风和制度系统地灌输给具有不同人生观、价值观和文化背景的员工，将他们凝聚成共同的力量，为企业的发展贡献各自的力量，这样企业的发展才会有源源不断的力量和源泉。对企业员工的培训，其中重要的一点是，要将企业的文化和价值观灌输给员工，使他们产生对企业的认同感和归属感，开发每名员工的能力和潜能，从而为企业的发展获取动力和文化力。

（四）有助于企业激励员工和留住人才

对员工进行激励的方式有很多种，而给员工提供培训，本身就是一种比较好的激励方式。而这种培训可以由企业自己的管理人员讲授或者内部员工进行交流式培训，因此并不一定花钱由企业外部提供。而参加外部培训是对员工的一项奖励，能够起到很好的激励效果。经过培训以后，员工不但能够提高其知识和技能，而且他们也能感到企业管理层对他们的关心和重视，提高他们的士气和工作的积极性，从而为企业留住人才。

综上，培训对于建筑企业来说有着至关重要的意义，而企业的员工岗位不同，职位不同，需要接受的培训也不同，因此要根据培训对象的不同，安排不同的培训。

三、培训的种类

培训的种类很多，根据培训分类标准的不同，培训的分类结果也不同。

（一）按培训对象分类

根据培训对象的不同，企业培训可以分为普通员工培训、班组长培训、管理人员培训、技术人员培训等。

1. 普通员工培训

普通员工培训重在培训他们的工作所需的基本知识和技能以及工作制度和行为规范，是为受训者当前和未来工作所需的各种知识和技能设计的。培训的内容主要有企业文化、工作制度、工作技能、操作规范、心理训练等。普通员工的培训可以采用现场培训和讲授法培训相结合。

2. 班组长培训

班组长一般是企业最基层的管理人员，承担着一个部门工作的分配、协调、监督职责，同时他们又参加实际工作，与普通员工接触紧密。因此培训的主要内容是生产技术和技能，各种所需的管理技巧和方法、沟通协调的方法和技巧、时间管理等。培训的主要目的是提高工作能力和管理能力。

3. 管理人员培训

管理人员的培训主要是针对企业的中层以上管理人员所进行的各种培训活动，培训的主要内容有各种管理方法和技巧、团队管理方法、战略管理、洞察力、财务管理、人力资源管理等。培训可以采取聘请教授讲授或者参加在职高级研修班等方式。

（二）按员工和工作岗位的关系进行分类

根据员工和工作岗位的关系来划分，企业员工的培训可以分为岗前培训、在职培训和脱产培训等三类。

1. 岗前培训

岗前培训是对新进员工的工作和企业情况进行正式的介绍，让他们熟悉企业的历史、现状和未来发展规划，以及到企业后的具体工作、企业工作环境和工作要求等，帮助他们适应新的工作环境，尽快进入新角色。岗前培训也称职前培训，培训的内容一般分为企业岗前培训的一般内容和专业内容。

岗前培训的一般内容主要有企业概况、企业的行为规范和共同价值观、企业制度和政策、企业设施情况、部门职能和岗位职责。岗前培训的专业培训是对岗位所需的专业技术方面所进行的职前培训。主要包括生产人员培训、采购人员培训、质量管理人员培训、研发人员培训、市场人员培训、营销人员培训、行政人事人员培训、财务人员培训等，培训的主要内容有专业知识、工作技能和管理实务等。

2. 在职培训

在职培训也叫"在岗培训"，是企业常见的培训方式，是企业为了使员工具备完成工作所需的知识、技能和态度，在不离开岗位的情况下对员工进行的培训。在职培训在员工培训中占比例最大。在职培训根据培训的目的的不同又分为：

（1）晋升培训

晋升培训是对拟晋升人员或后备人才所进行的培训，目的是使其达到更高一级岗位要求，从而在某个岗位出现空缺时，能够挑选到满意合适的候选人。

（2）改善绩效培训

改善绩效培训是在企业绩效未达到要求、绩效下降或绩效虽达到要求但员工希望改善其绩效情况下进行的培训，它的目的就是提高员工的工作绩效。

（3）转岗培训

转岗培训是对已经被批准转岗的员工所进行的培训，其目的是使拟转岗员工达到新岗位的要求。转岗培训的原因主要有企业的经营规模与发展方向的变化、生产技术进步、机构调整等因素引起员工配置的变化，以及员工自身不能胜任现在的工作或者员工的某方面的才能或特长得到重视，需要另行安排岗位。

（4）岗位资格培训

岗位资格培训是对一些需要岗位资格证的员工所进行的培训，其目的是使其获得上岗所需的资格证以及资格证到期时参加资格考试。

3. 脱产培训

脱产培训是指企业的员工暂时离开职位，脱产到有关学术机构或别的组织参加为期较长的培训。脱产培训可以分为短期和长期脱产培训、学历培训和更新技能的培训、分阶层和分专业脱产培训。方式主要有参加研讨会、到高等院校进修本科、研究生或 MBA，出国进修、参加各种资格考试考前培训等。

第二节　建筑企业人员培训需求分析

一、培训需求分析的含义

培训需求分析是指在规划和设计每个培训活动之前，由培训部门和部门主管等采用一定的方法与技术，对企业和员工的目标、任务、知识、技能和工作态度等进行系统的鉴别与分析，以确定是否需要培训和培训内容的过程。培训需求分析是对培训对象的现状和将要达到的要求的系统分析与探索，帮助企业员工解决现在存在的问题和不足所进行的分析，确定哪里需要培训，需要哪种类型的培训，谁需要培训以及如何才能保证培训的预期效果。培训需求分析是规划设计培训方案和实施培训活动的基础和前提，是培训的首要环节，同时也是培训评估的重要依据。

二、建筑企业人员培训需求分析的意义

产生培训需求的原因很多，包括人员的流动和变化、工作变化以及绩效的下降等。进行培训需求分析能够针对这些变化进行针对性地设计和规划培训活动。培训需求分析具有下述几项意义：

（一）帮助企业充分认识现状与目标的差距

培训需求分析的基本目标就是使企业和员工认识到现实情况和预期目标之间的差距。判断存在的差距可以分为三个步骤：

（1）分析企业员工理想的知识、技能和能力；

（2）分析企业员工在现实中具有的知识、技能和能力；

（3）分析理想和现实中的知识、技能和能力之间的差距。

通过上面三个步骤的分析，可以充分认识到现实情况和预期目标之间的差距，从而根据差距来具体规划和设计培训活动。

（二）提供解决现实工作中存在的实际问题的方法

这是进行培训需求分析的重要原因之一。通过培训需求分析，可以发现现实存在的问题，进而探索出解决问题的方法。例如，通过培训需求分析，发现在新楼盘开发方面急需增加一批专家。一个选择是对在企业工作的现有员工进行再培训；另一个选择就是雇佣已经获得高薪的这方面的专家，或者是雇佣一些低薪的新人，然后对他们进行大规模的培训。所有这些方法可能需要不同的培训类型，但是通常应该把这些可供选择的方法进行综合，使培训更加多样化和有效。

（三）了解员工的信息和知识、技能需求

通过培训需求分析中的培训对象分析，可以得出受训员工的人数、年龄、兴趣、工作和生活情况等全面的信息。另外通过需求分析，可以确定员工的知识和技能方面存在哪些差距和需求，应该在哪些方面进行培训，这样就迎合了员工的需求，调动了员工接受培训的积极性。

（四）决定培训的价值和成本

一项好的培训需求分析不但能够发现现实中存在的各种问题，而且能够帮助企业确定培训的价值和成本，从而确定这项培训活动是否可行。通过需求分析，可以帮助企业估算培训的成本，其中包括：涉及的人数、培训需要花费的费用、培训需要花费的时间、培训需要的教材与设备等。然后培训主管人员可以将不进行培训的损失与进行培训的成本进行比较，以确定是否进行培训。如果不进行培训的损失大于进行培训的成本，那么证明培训是可行的；如果不进行培训的损失小于培训成本，那么证明培训还不需要或者条件还不具备。当然有的培训对于企业来说是必须进行的，不能够考虑成本收益的大小，应根据企业的需要进行培训。

三、建筑企业人员培训需求分析的层次

培训需求分析是一个复杂的系统，它涉及人员、工作、组织以及组织所处的环境三个方面。图7-1充分地描述了培训需求分析，其中组织、工作和人员三个

方面是培训需求分析的主体。

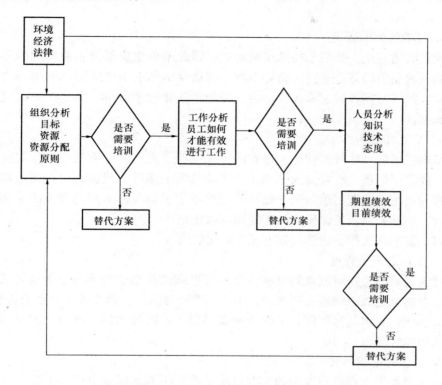

图 7-1　培训需求分析主体示意图

（一）组织分析

组织分析是要在给定企业经营战略的条件下，决定相应的培训，为培训提供可利用的资源及管理者和同事对培训活动的支持。组织分析涉及以下几个方面的因素：

1. 组织的战略导向

期望培训有助于企业实现经营战略和目标的企业在培训上的投资和培训的频率一般要高于那些没有战略目标意识的企业。同时经营战略的类型影响培训的类型。例如实行紧缩经营战略的企业比其他战略的企业更多地采用重新寻找工作技能方面的培训。

2. 组织目标

组织目标决定着培训计划的制定与执行，培训计划不能脱离和背离企业的目标。

3. 组织资源

组织资源分析主要涉及资金、时间和人力等资源。只有具备这些资源，培训活动才能顺利进行。

4. 组织特征

组织特征对培训的成功起着重要的作用。组织特征涉及系统结构、文化和信息传播特征等方面，只有培训的计划工作和这些因素相一致，才能取得一定的效果。

5. 组织所处的环境

现代的建筑企业都是和外界相融合的，因此培训也应根据企业所处的环境进行。如市场竞争促使企业进入新的市场，就需要培训员工如何在新的市场中进行销售和生产等。或者国家和政府出台一项新的法律或者政策，那么企业也应进行培训和教育。

（二）工作分析

培训需求的工作分析就是通过查阅工作说明书或具体分析某项工作需要具备哪些技能，了解员工有效完成该项工作必须具备的条件，找出差距，确定培训需求，弥补不足。培训需求的工作分析的目的在于了解与绩效问题有关的工作的详细内容、标准和完成工作所应具备的知识和技能。

培训需求的工作分析涉及以下几个方面的因素：

1. 工作的复杂程度

这主要是指工作对思维的要求，是抽象思维还是形象思维或是兼而有之，是要求更多的创造性思维还是要按照有关的标准严格执行。例如建筑企业的资料员、材料员等岗位要求具有严谨的工作作风就可以了，而技术员等岗位就需要有一些创造性的思维能力。

2. 工作的饱和程度

这主要是指工作量的大小和工作的难易程度不同，以及工作所消耗的时间长短等。例如建筑企业的各级管理岗位工作难度大、时间有弹性，可以多安排些培训任务。

3、工作内容和形式的变化

随着企业经营战略和业务的不断发展，有些部门的工作内容和形式会发生很大的变化，而有的部门的变化则较小。例如，建筑企业的项目经理部人员的工作会随着企业的业务的发展迅速变化，而财务部门的工作则变化较小。

（三）人员分析

人员分析是培训需求分析的重要层面。员工是一个企业的最基本的细胞，企业的培训最终要落实到每个员工。人员分析要对照工作绩效标准和员工目前的绩效水平，分析员工现状与标准之间的差距，进而确定培训的对象及其所需培训的内容和培训后应达到的效果。

人员分析应该涉及以下几个因素：

1. 员工的知识结构

员工的知识结构分析主要从文化教育水平、职业教育培训和专项短期培训等方面进行，以确定员工具备了哪些知识，是否与标准还存在差距，以准确地确定培训的方向。

2. 员工的专业与专长

员工的专业与专长分析主要是解决员工是否在从事与自己的专业或专长相对

应的工作，员工是否喜欢目前的工作，是否有些员工的专长没有得到体现。

3. 员工的年龄结构

员工的年龄结构分析主要是从培训的投资收益出发。培训也是一种投资，而投资是要收益的。相对而言，员工的年龄越小，企业的投资回报期越长。同时年龄也直接影响一个人的接受能力。因此在进行培训需求分析时必须考虑合理的年龄搭配，并据此决定岗位的培训内容。

4. 员工的个性

员工的个性分析主要是解决某一个岗位的任职员工的个性是否和岗位的工作特点相一致。在一些工作中，员工的个性影响工作的绩效。比如建筑企业的财务人员如果易激动、粗心大意、缺乏耐心和持久力，则会在一定程度不适应要求踏实稳重、细心和耐心的财务工作。

5. 员工的工作能力

员工的工作能力分析主要是分析员工实际拥有的能力和完成工作所需的能力之间存在的差距。分析员工的工作能力可以采用"紧急事件法"和"角色扮演法"。

组织分析、工作分析和人员分析三个层面是培训需求分析的主要环节，三者组成有机的整体，缺一不可。但是在现实情况中，三个方面的需求并不完全一致，存在交叉现象。对于建筑企业来说，确定培训的需求必须从企业整体、工作业务单位及员工个人三个方面的共同需求区域出发，并以此作为企业培训的目标（如图7-2所示）。

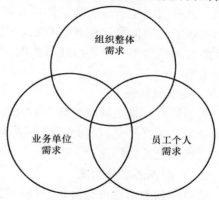

图7-2 培训需求分析系统示意图

四、建筑企业人员培训需求分析的方法和技术

培训需求分析的三个层次给出了培训需求分析的内容，而任何层次的培训需求分析都离不开一定的方法与技术。分析培训需求主要包括两个方面：一是收集培训需求信息；二是汇总、整理和分析需求信息，以确定企业的培训需求。

（一）收集培训需求信息的方法

收集培训需求信息的方法有：访谈法、问卷调查法、观察法、头脑风暴法等。

1. 访谈法

访谈法是通过与被访谈人进行面对面的谈话而获取培训需求信息的方法，也叫"面谈法"。被访谈人可以是企业管理层，了解他们对员工的期望；可以是有关工作负责人，从工作的角度了解需求；或者是基层员工，了解他们的需求、态度等。访谈法可以通过进行一对一的个人访谈或者是在会议室进行集体访谈，收集需求信息。访谈法进行面对面的交流，能够充分了解被访谈人相关方面的信息，促进双方的交流和信任。但访谈时应主要确定访谈的目标，准备全面的访谈提纲，并营造融洽的、相互信任的访谈气氛，以收集正确和准确的信息。

2. 问卷调查法

问卷调查法是培训组织部门通过把与培训有关的系列问题制作成标准化的问卷形式发放给员工填写并收回，然后根据问卷的回复进行分析的方法。问卷调查法可以节省培训的时间、调查成本，同时资料来源广泛。不足之处在于信息的真实性很难确定，试卷缺乏个性发挥的空间，缺少深度和可能会出现低返回率。

因此通常情况下，访谈法和问卷调查法应该相互结合使用。用问卷调查法调查那些不能当面探讨的信息；用访谈法来补充或核实问卷信息的真实性，讨论填写不清楚的地方，探索较深层次的问题和原因。

3. 观察法

观察法是培训组织部门通过到工作现场观察员工的工作技能、工作态度，发现存在的困难和问题，以此获取培训需求信息。这是一种最原始、最基本的调查方法。观察法对建筑企业施工作业人员比较适用，但是对技术开发人员效果较差。观察法观察到的信息比较客观真实，但是被观察者因为知晓被观察，因此操作过程可能会和平常不一样，因此观察时应尽量隐蔽并进行多次观察，以获得准确的观察结果。

4. 头脑风暴法

头脑风暴法是培训组织部门通过将与培训有关的人员集中在一起进行集中讨论和分析，各抒己见，在此过程中收集信息。头脑风暴法收集信息量大，但是容易收到很多无关的信息。

（二）培训需求分析法

将收集到的信息进行分析，进而得到企业培训需求的方法很多，在此从宏观的角度介绍三种培训需求分析的方法：必要性分析方法、全面性分析方法、绩效差距分析方法。

1. 必要性分析方法

必要性分析方法是通过收集并分析信息或者资料，以确定是否通过培训来解决企业或者员工存在的问题。具体的方法有观察法、问卷法、关键人物访谈、文献调查、采访法、小组讨论等。

2. 全面性分析方法

全面性分析方法是通过对企业及其员工进行全面、系统的调查，以确定理想状况与现有状况之间的差距，从而进一步确定是否进行培训及培训的内容。全面性分析方法包括计划阶段、研究阶段、任务或技能目标阶段、任务或技能分析阶段等四个主要环节。

3. 绩效差距分析方法

绩效差距分析方法是通过对员工和企业绩效目标与现实情况的差距的分析，寻找需要进行培训的地方，从而进一步确定培训需求点。它主要集中在问题方面，主要目的是解决存在的问题。绩效差距分析方法是一种广泛应用、非常有效的培训需求分析方法。主要包括发现问题阶段、预先分析阶段、资料收集阶段、需求分析阶段、需求分析结果等五个阶段。

第三节　建筑企业人员培训计划的制定与实施

一、建筑企业人员培训计划工作概述

培训计划是根据企业的发展目标，在对企业员工培训需求分析的基础之上，制定培训活动方案的系统过程。其中涉及培训时间（When）、地点（Where）、培训者（Who）、培训对象（Whom）、培训方式（How）、培训内容（What）等主要内容。培训计划使培训工作有条不紊地进行，培训主管部门可以根据培训计划对培训工作进行监控、跟踪和控制，判断培训活动的效果。培训计划应在企业的整体发展计划的指导下，充分考虑员工个人的发展要求，在有关部门的共同努力下制定出来。

（一）培训计划的类型

1. 长期培训计划

长期培训计划是指时间跨度一般为 3～5 年以上的培训计划。长期培训计划主要明确培训的方向性、目标与现实之间的差距和资源的配置。长期培训计划是一种宏观角度的计划，它侧重于企业培训的方向规划。

2. 年度培训计划

年度培训计划是企业对各部门该年度应完成的培训任务进行的详细的安排，包括培训时间、内容、预算等。它是对长期培训计划的具体化。

3. 项目/课程培训计划

项目/课程培训计划是更加具体的培训计划，是企业为一个具体的培训目的而开展的培训项目和课程，它确定了具体的培训时间、培训内容、培训对象姓名和人数、组织部门、培训师、培训经费、培训程序、培训地点、培训考核、培训评估等内容。

（二）培训计划制定的流程

企业培训是人力资源部门的重要工作。正所谓："矩不正，不可以为方；规不正，不可以为圆"，培训计划的制定关系到培训工作的成败。培训计划制定的流程如图 7-3 所示。

1. 分析确定培训需求

培训需求分析是制定培训计划的根据。通过分析企业员工培训需求，然后有针对性地制定相应的培训计划，使培训满足企业和员工的需求。培训需求分析能够发现企业经营管理活动以及员工工作过程中存在的问题，以此确定培训的方向和具体内容。

2. 确立培训目的与目标

培训目的与目标是制定培训对象、培训内容、培训形式和培训方法的基础。

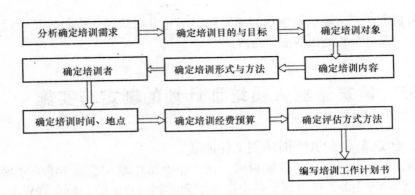

图 7-3　培训计划制定流程图

培训目标可以提高员工在企业中的角色意识、提高员工的知识与技能和改善员工对企业与工作的认知。培训目标制定必须符合企业的长远目标和整体目标，一次培训的目标不要太多或太高，必须符合实际情况。

3. 确定培训对象

培训对象就是培训目标适用的对象。确定培训对象能够有助于企业控制培训成本，强化培训的目的。企业中有三种员工一般需要培训：

（1）可以改进目前工作的员工；

（2）有能力而且企业要求他们掌握另一门技术的人；

（3）有潜力的人。

4. 确定培训内容

培训内容应服务于培训的目的和目标，服务于培训对象。培训的内容既要考虑培训的系统性，又要考虑适用于培训对象，要根据培训对象的不同有所变化。企业培训活动可以针对员工的操作技巧、技能进行培训，也可以针对人际关系、沟通协调能力、管理能力、企业规章制度、企业文化等方面进行培训。

5. 确定培训形式与方法

培训的形式与方法主要根据培训内容、培训的目的目标、企业培训资源、培训对象的特点确定。恰当的培训形式与方法能提高培训的最终效果。培训的具体形式和方法在第四节有详细地论述。

6. 确定培训者

广义的培训者包括培训部门领导人、培训组织人员以及培训教师。狭义的培训者专指培训教师。培训部门领导人和培训组织人员要具备一定条件。培训教师要具备信息转化能力、良好的交流和沟通能力、有一定的组织管理能力和创新能力。

7. 确定培训时间、地点

培训时间的确定包括培训时机的选择和培训的持续时间。企业一般应在新员工加盟时，引进新技术、新设备或变更生产流程时，及满足补救需要等情况下进行培训，培训的持续时间应根据培训的内容、费用、学员素质和工作与休闲时间的分配进行综合的考虑。

培训地点要考虑参加培训的人数、培训室的大小、灯光、噪声、温度、服务设施、电源设施、培训辅助设备和公共演讲系统等方面的因素。

8. 确定培训经费预算

制定培训计划时，必须考虑的一个因素就是培训经费。培训经费是培训工作得以顺利开展的经济基础。它包括整体计划的执行费用和具体培训项目的实施费用两个部分。培训经费预算包括培训成本预算和培训收益分析两个方面。培训成本有培训教师费用、交通费用、管理费用、工资和培训中的各种支出等，同时员工参加培训而耽误工作所花费的机会成本也应考虑在内。培训收益主要为潜在受益，如通过培训对生产成本的降低，员工生产效率的提高等。

9. 确定评估方式方法

培训评估方式与方法的确定能够提高培训的效果。评估方式有笔试、面试、现场操作等。同时企业要注意将评估的结果和激励相结合，作为一个激励方式和员工奖金的发放、职位的晋升、优秀和先进个人和集体的评选工作相结合。

10. 编写培训工作计划

培训工作计划是对培训计划制定的一个总结和成果，是实施培训计划的基础，内容应该更加细化和具体。

二、建筑企业人员培训计划的主要内容

培训计划是企业开展培训工作的工作手册，一份完整的培训计划书应包含以下几个方面的内容：

（1）培训目的：培训工作要解决的问题或者要达到的目标。

（2）培训原则：即制定和实施培训时要遵循的各种原则。

（3）培训需求：在企业经营和管理过程中，与现实之间存在的差距，需要通过培训进行提高、弥补的方面。

（4）培训的具体目标：即培训工作需要达到的具体目标和效果。

（5）培训对象：接受培训的具体员工或岗位的任职人员，以及受培训员工的教育水平、学历、工作经验、技能状况和工作绩效状况等。

（6）培训内容：培训中培训教师要讲授、讲解、说明的客体，也是受培训员工需要熟悉、理解、掌握的部分。

（7）培训时间：涉及三个方面的内容：

①培训计划的期限；

②具体培训项目的培训时间；

③具体培训项目的培训周期。

（8）培训地点：具体培训工作开展的地方。

（9）培训形式和方法：即培训计划中具体培训项目所采用的培训形式和培训方法。培训具体形式和类型可以采用我们前面第一节讲解的类型，具体的培训方法我们将在第四节进行详细介绍和分析。

（10）培训师资：即培训计划中培训教师的选择，是企业内部的高级管理人员

或技术专家，还是外聘的专家教授或行业专家。

（11）培训组织者：即培训计划的执行者和具体培训项目的执行者或负责人。

（12）培训的评估方式：即每一个具体培训项目完成后，对培训效果的考核和检测的方式和方法。具体评估方式，我们将在第五节进行详细地介绍和分析。

（13）培训经费预算：包括整体计划的执行费用和具体培训项目的实施费用两个部分。培训经费预算的分配要合理。

（14）计划变更与调整方式：要确定培训计划变更或者调整的程序及权限范围。

（15）计划审批或签发人：即培训计划的审批人或签发人。

三、建筑企业人员培训计划的实施

培训计划制定出来以后，要将其付诸实施。因此下一个环节就是培训计划的实施阶段。培训计划的实施是达到企业培训目的和目标的基本手段和途径，这是培训工作中的一个实质性阶段。它共分为三个阶段：培训前准备阶段、培训实施阶段、培训后评价阶段。

（一）培训前准备阶段

1. 确认并通知受培训员工

在培训正式开始之前，培训的组织人员首先需要对受培训员工的资格进行审核，确认后一般应在培训开始前一周通知受培训的员工，以便受培训员工对自己的工作做出相应的调整。

2. 确认培训后勤准备

在培训正式开始之前，培训的组织人员应确认培训的场地、培训的设施设备、培训经费、外出培训员工的就餐和住宿等后勤问题是否准备齐全。

3. 确认培训时间

培训时间要根据培训计划进行安排，保证培训工作的顺利开展，主要涉及培训的日期安排、长度安排、周期安排。

4. 培训材料和设备的准备

培训正式开始之前，要准备好培训教材、培训员工的花名册、培训证书，检查培训设备运行是否正常等，以保证培训工作的正常进行。

5. 培训教师的安排

培训正式开始之前三至四天，要提前和培训教师确认培训时间，告知培训地点，解决其交通、住宿、就餐等问题。

（二）培训实施阶段

1. 培训上课前的准备工作

上课前的准备工作有：①培训现场的路标设置；②培训场地的布置；③准备茶水、播放背景音乐；④学员签到；⑤发放培训材料；⑥介绍课程和培训教师；⑦宣布培训纪律。

2. 培训开始的介绍工作

介绍的主要内容有：①培训主题；②培训教师；③后勤安排；④培训课程；⑤培训目标和日程；⑥培训成员。

3. 知识或技能的培训

培训教师通过各种方式方法对受培训员工进行知识或技能方面的培训，具体培训方法见下一节的介绍。

4. 培训设备的维护和保管

在培训中，要对培训设备设施进行维护和保管，同时对培训过程进行控制和协调，以保证培训活动的顺利进行。

（三）培训后评价阶段

1. 培训考核

在培训结束后，要对培训的课程进行考核，并结合受培训员工的平时表现作出鉴定。也可要求受培训员工写出培训总结，总结在培训中的收获和心得体会。对于不合格者，要按照企业制度进行补训，并给予相应的处罚；对考核优异者，给予相应的表扬和奖励。

2. 培训前后工作的评价

培训的最终目的是提高工作的绩效，培训后的工作表现是检验培训效果最直接的证据。要对员工培训前后的工作表现进行评价，看其是否在思想、工作态度、工作技能、工作效率等方面有所提高。最后综合整体情况分析判断培训效果是否达到。

培训前准备阶段、培训实施阶段、培训后评价阶段三个阶段构成了培训的实施过程，三个阶段应该注意的事项见表7-1。

培训阶段注意事项 表7-1

培训阶段	注意事项
培训前准备阶段	1. 制定培训计划 2. 编写培训教材 3. 聘请培训教师 4. 安排培训时间 5. 准备培训场所 6. 安排好培训人员食宿 7. 安排好受训人员食宿
培训实施阶段	1. 保持与培训人员的联系 2. 保持与受训人员的联系 3. 观察受训人员的课堂表现 4. 及时将受训人员的表现反馈给培训人员 5. 保证培训设施的便利使用 6. 保持培训场所的干净整洁 7. 适当安排娱乐活动
培训后评价阶段	1. 评价受训人员的学习效果 2. 听取培训人员和受训人员的改进意见 3. 酬谢培训人员 4. 培训总结 5. 跟踪调查受训人员的工作绩效 6. 调整培训系统

第四节　建筑企业人员培训方法和技术

一、培训方法和媒介简介

（一）培训方法

培训计划制定出来以后，就进入了实际培训阶段。培训的方法和技术很多，企业要根据这些方法的不同特点，针对培训目标、企业可利用的资源和受培训员工的特点及其专业水平进行选择。传统的培训方法有讲座法、自学法、学徒培训法、研讨法、仿真模拟法、案例教学法、游戏训练法等，新兴的培训方法有远程学习、视听多媒体培训、网络培训、虚拟现实培训等。

（二）培训媒介

培训媒介主要指传递培训内容的方式和模式。培训媒介影响到设计、实施与评估培训的成本，参与者对培训主题的掌握程度，以及设计、实施和评估培训的时间。因此选择培训媒介很重要。传统的培训媒介主要是课堂。而随着科学技术的发展，现在出现了很多新兴的媒介，包括有电视教学、远程会议、视听多媒体、计算机辅助培训、网络培训和虚拟现实培训等。

选择培训媒介应考虑的因素有：

（1）培训目标；

（2）培训项目的类型；

（3）时间因素；

（4）经费；

（5）参与人员的层次素质要求等。

二、传统的建筑企业人员培训方法

传统的培训方法主要是指以培训教师直接面对受培训员工为主要方式的培训方法，它具有直观、生动、形象的特点。现在很多企业都很重视采用传统的培训方法，建筑企业也不例外，它是企业员工培训非常普遍采用的方式方法。传统的培训方法有：

（一）讲座法

讲座法是指培训教师以口头讲解的方式把知识、技能等培训内容传授给目标受众即受培训员工的培训方法。讲座法是企业最常用的培训方法之一，它的培训成本最低、最节省时间，并能将事实性信息有效地传授给受培训的员工。

讲座法需要培训教师拥有高度的演讲技巧，否则难以吸引人。因此讲座过程中，培训教师应多用实例、故事、趣味性的内容，同时注意肢体语言与声调的变化，利用各种修辞，以增加讲座的可听性。

讲座法是一种被动学习法，缺少受培训员工的参与、反馈，即沟通具有单向性，在讲座过程中培训教师和受培训员工交流思想机会很少，因此在培训过程中要让受培训员工有机会提问问题，多和员工进行交流和沟通，以取得更好的培训效果，避免沟通的单向性。

（二）自学法

自学法是指受培训员工全权负责的学习，它是员工培训的重要方式，是受培训员工自主自愿选择的方法，适用于知识、技能的学习。培训教师只负责评估受培训员工的学习情况并回答其提出的各种问题，而不控制学习过程。

自学法这种培训方法下，受培训员工的自主性比较强，它可以选择学习的内容和学习方法，学习的针对性比较强，同时培养了受培训员工的自学能力。由于自学法只需准备培训的资料，不需要购买教学设备，员工也不需要脱离工作岗位，因此自学法的培训费用比较低。

但是自学法的学习内容有局限，难以学到需要交流演练的知识和技能，同时缺乏信息的及时交流。

（三）学徒培训法

学徒培训法，是指师傅带徒弟的培训方法。它是最为传统的在职培训方法，在我国有着悠久的历史。这种培训方法既有课堂培训又兼顾工作与学习。主要的形式是由一名经验丰富的员工作为师傅，带一名或几名新员工。培训时间的长短依据所需技艺的不同而不同（见表7-2）。

主要手工艺职业学徒培训所需时间 表 7-2

职　业	时间（年）	职　业	时间（年）	职　业	时间（年）
室内设计师	3	木工	4	机械师	4
泥瓦工	3～4	锁匠	4	电工	4～5
工具制作者	4～5	水管工	5	煤气管工	5

学徒培训法主要程序由演示、操作和评估组成，师傅首先了解徒弟的具体情况，然后进行讲解、示范操作和解释，而徒弟在一旁观察和提问，下一步由徒弟进行操作，师傅对其操作进行评估，以确认徒弟是否学会了整个操作程序和方法。

（四）研讨法

研讨法是培训教师提出问题，组织受培训员工进行讨论，以便受培训员工加深对某一个问题的理解，或讨论员工对某一个问题的看法。研讨法涉及培训教师与受培训员工之间以及受培训员工之间的双向沟通。根据研讨组织的形式，可以将研讨法分为集体讨论、小组讨论、辩论讨论和系列讨论等形式。

研讨法具有信息交流充分、培训员工参与积极等优点，但同时研讨法需要培训教师准备讨论话题和对研讨现场进行有效控制，以保证研讨活动取得培训的目的。

（五）仿真模拟法

仿真模拟法是指把受培训员工置于模拟的现实工作环境下，让他们依据模拟的情景作出及时反应，使其明白自己的决策对工作的影响的一种培训方法。仿真模拟法常用来传授生产和加工技能、管理和人际关系技能的培训等。

采用仿真模拟法进行培训，受培训员工不用担心错误决策的影响，使其可以大胆的设想，鼓励创新思维。培训中使用的模拟器材是员工实际工作时使用的设备的复制品，因此受培训员工可以学到实际操作技能，同时又避免在实际岗位中进行培训带来的危险、浪费、耽误生产、劳动生产率降低等问题。

(六) 案例教学法

案例教学法是指为受培训员工提供一个以实际为依据编写的典型案例，让其结合培训内容、个人的知识和经验进行分析和讨论，并提出自己的解决方案。案例教学法的目的是使受培训员工能够通过对案例的研究和分析来进行学习，在必要时回忆出并应用这些知识和技能。案例教学法是由美国哈佛商学院推出，并应用于管理教学。因此案例教学法特别适合于开发高级智力技能，如分析、综合及评估能力的培训。

案例教学法的重点在于案例的选取。案例的主题与内容必须与培训目标相关，并尽量和实际工作中的情景相一致。

(七) 游戏训练法

游戏训练法是一种企业在培训员工过程中常用的辅助性的培训方法，是由两个或两个以上的受培训员工在游戏规则的约束下，通过比赛或合作达到某种培训目标的培训方法。其目的在于改变培训现场气氛，提高受培训员工的学习兴趣，提高其参与意识，改良其人际关系，同时使员工在不知不觉中学习、巩固所学的知识、技能，并提高解决问题的能力。

根据培训目的和对象的不同，可以选用的游戏内容也不同。现在很多专门的培训和咨询公司开发出了很多游戏方法，主要有团结协力类、鼓励参与类、沟通技巧类、领导力与管理技能类、创造力和解决问题类等。

游戏训练法一是穿插在讲授类培训过程中，二是与拓展训练结合，通过拓展活动达到培训的目的，常见的游戏活动有：丛林跋涉、盲人方队、乘筏漂流、信任跌落、攀绳以及团队墙等。

除了以上的培训方法，还有特殊任务法、角色扮演法、头脑风暴法、成就动机训练法、程式化教学法、实验室培训法等，在此不一一详细讲述。

三、新兴的建筑企业人员培训方法

在信息社会，随着信息、网络产业的飞速发展，现在企业除了可以应用以上我们介绍的传统的培训方法以外，还可以借助日新月异的现代科学技术，通过电子通信、网络等新兴的媒介进行培训。应用这些新技术进行培训，可以将分布在各地的员工同时进行培训，降低培训的费用，并使培训管理更为便捷，同时新技术的应用，可以为培训提供各种技术支持服务。

(一) 视听多媒体培训

视听多媒体培训是把视听培训和计算机培训结合在一起的培训方法。这种培训方法将文本、图表、动画及录像等手段进行结合，并以计算机为基础，受培训员工可以互动地学习培训内容。视听媒介可以把其他方法无法描绘的细节生动地展现给受培训员工，从而将复杂抽象的事件栩栩如生地还原到受培训员工面前。

视听多媒体最大的问题在于培训的费用比较高，同时这种方法不太适合人际交往技能的培训。

视听多媒体培训的具体的优缺点见表7-3。

视听多媒体培训优缺点比较　　　　　　　　　　　　　　表 7-3

优　点	缺　点
自我控制进度；互动性；内容具有连续性；传递方式连续；不受地理位置限制；反馈及时；储存空间大；可检测和证实掌握程度；保密性能好	开发费用昂贵；对某些培训内容并不适合；参训者对运用新技术有所顾虑；不能迅速更新；效用缺乏统一认识

（二）计算机辅助培训

计算机辅助培训指的是通过计算机给受培训员工提出学习的具体要求，受培训员工进行回答，然后由计算机分析答案并向受培训员工提供反馈的一种互动式的培训方法。它包括电子版业务手册、借助光盘来演示培训项目、互动性录像等方式。计算机辅助培训可以按受培训员工的反映来提供不同难度的学习材料，并允许受培训员工根据自己的情况掌握培训的进度，以树立他们学习的信心。计算机辅助培训的另一个好处是即使员工身处远离总部的地方也可以很方便地接受培训，大大节省了差旅费。这种培训方式的最大好处在于提供了一个培训管理和报告系统，它可以自动跟踪受培训员工的学习进度，对计算机、培训教师和教材等教学资源进行合理配置和使用。

（三）网络培训

1. 基于互联网的培训

互联网是一种极有价值的信息资源，涉及广泛的内容。目前很多企业都通过互联网进行培训。

通过互联网进行培训可以分为五个层次，见表7-4。

互联网培训的五个层次　　　　　　　　　　　　　　表 7-4

1. 一般性的沟通和交流	培训者和受培训者可以借助互联网进行交流。培训者可以在网上发布课程通告、布置作业、回答问题，受培训者可以在网上向培训者提问。所有类型的合作都可以通过互联网来实现，比如小组讨论、论坛，同一个项目组的受培训者还可以在网上聊天
2. 在线资料检索	借助超文本标志语言（HTML）和万维网的通用程序语言，培训者可以创造一个网上图书馆。这样，受培训者就能很方便地获取所有的培训辅助资料，包括产品说明书、安全手册和技术文档等
3. 培训需求分析、培训管理和测验	培训者可以在网上进行培训需求分析、管理在线培训报名的情况，对受训者进行前测和后测、给测验打分、进行评估、记录成绩。测验结果可以迅速、有效地传回给受培训者
4. 以计算机为平台的培训项目的传播	借助文件传输协议（一种通过互联网传送电子文档的方法），经过授权的员工可以随时从网上下载以计算机为平台的培训项目
5. 多媒体信息传播	新型程序语言的诞生，使得实时、互动的多媒体信息交流成为可能。现在受培训者可以接受伴随声音、画面的互动培训

2. 内部网培训

内部网培训（Intra-based training）指通过公司内部网络开展的培训。这种培训只面向企业或系统内部人员，外部人员无法获得这种培训。

内部网培训可通过培训部门在其网页上提供一系列的培训课程，员工通过内部网络系统登陆该网页进行培训。通过内部网络培训，培训部门可以和受培训员工进行信息传递和沟通，进行培训需求分析，完成其他培训管理工作，传递各种培训资料和文件，随时随地对员工进行测验等。

互联网和内部网培训都属于网络培训，他们使培训突破时间和空间的限制，节约培训成本，提高培训管理的效率，并实现了培训数据和信息的共享和交流。

（四）虚拟现实培训

虚拟现实培训（Virtual－reality training）指的是通过使用各种专业设备和计算机，为受培训员工提供一个虚拟的环境，使受培训员工看到他们在工作中可能遇到的任何情景的一种培训方法。在这种模拟的环境中，受培训员工可以接触、感受和进行操作演练。

虚拟现实培训具有仿真性、自主性、连续性、安全性等优点。虚拟环境中的设备和真实的设备功能和操作方法相同，同时受培训员工可以自主选择虚拟培训的场地和设施，而且可以进行连续性地学习，增强记忆，并使他们脱离现实环境培训的危险。

（五）远程会议培训

远程会议培训是通过借助先进的电信技术，让身处不同地区的人们参与一个会议的一种培训方式。这种方法为分散在不同地域的企业提供了关于新产品、政策的信息以及技术培训和专业讲座。

远程会议培训的好处在于为企业节约交通费用和设备成本，同时使远离本部的员工能方便地接受培训。但是这种培训方式的主要缺点在于培训教师和受培训员工缺乏沟通和交流。因此需要进一步研究如何提高远程会议培训教师和受培训员工之间的互动性。

第五节　建筑企业人员培训效果评估

一、培训效果评估的必要性和原则

培训作为人力资源管理和开发的重要手段，是企业能力提升的基础，是员工接受"再教育"的主要方式。但是很多企业的培训流于形式，其中一个重要的原因在于培训效果很难直观地看出，很容易在人们头脑中形成一个误解：培训可有可无，进而形成连锁反应，使企业更加不重视员工的培训工作。因此必须进行培训效果评估。

培训效果评估是指通过系统地搜集有关培训的成果，运用不同的测量工具来衡量培训是否有效并为再次举办同类培训活动提供参考的过程。

（一）培训效果评估的必要性

（1）通过培训效果评估，对培训结果进行合理正确的判断，了解培训是否达到了企业的预期目标。

（2）通过培训效果评估，了解员工的知识、技能、工作绩效的提高和态度转变程度，及其对培训教育方面的满意度。

（3）通过培训效果评估，找出培训的不足和教训，以便改进今后的培训。

（4）通过培训效果评估，发现新的培训需要，为下一轮的培训工作提供依据。

（5）通过培训效果评估，了解公司的培训投资回报率和获利率。

（6）通过培训效果评估，为培训的设计人员、管理人员和参与人员提供各种信息反馈。

（二）培训效果评估的原则

为了确保培训效果评估的有效性和公正性，评估工作必须坚持以下几点原则：

1. 方向性原则

方向性原则是指评估活动必须和企业及组织的价值观和文化相一致。评估人员在评估过程中必须坚持企业的价值观和文化，时刻不忘培训的目的和评估的基本要求。

2. 相符性原则

相符性原则是指评估活动要与组织目标、主题、培训方针、受培训员工的水平相符。

3. 可靠性原则

可靠性原则是指评估结果应该是可靠的，不应具有太大的随机性。评估活动中模糊和不确定的地方，不要轻易下结论。

4. 实用性原则

实用性原则是指评估活动要切实可行。一是评估活动要易于被培训双方接受，二是费用和时间要比较合理，三是评估方法要操作简便，四是评估要有利于降低成本。

5. 连续性原则

连续性是指评估活动要保持长期性，不应是一次性的。评估的连续性能够使评估真正成为企业培训活动的重要组成部分，真正发挥作用。

6. 客观性原则

客观性原则是指评估活动中，评估人员要坚持实事求是，不能主观臆断，真实反映出培训的客观效果。这是培训效果评估最重要的原则。因为评估的本质是对所实施的培训或培训的效果进行科学的判断，评估的客观性对培训效果的价值判断有很大的影响。

二、建筑企业人员培训效果评估的流程

一般来说，培训效果评估的流程应该包括以下几个步骤：

（一）分析培训需求

分析培训需求是制定培训项目计划的第一步，也是培训效果评估的第一步。具体方法见第二节的介绍和分析。

（二）确定评估的目的

评估的主要目的主要有：

（1）有助于决定培训项目的前景；

（2）修订培训系统和培训方案；

（3）调查培训的效果；

（4）对培训进行成本效益分析等。

（三）建立培训评估数据库

培训数据是进行培训评估的重要依据和对象，因此必须将企业培训前后的数据收集齐备。应同时收集硬数据和软数据。硬数据指的是那些容易测量的定量化的客观数据，可分为产出、质量、成本和时间。软数据是相对应硬数据的那些不易测量的定性化的主观数据，包括组织氛围、满意度、新技能、发展、工作习惯和创造性等。常见的收集数据的方法有：访谈法、问卷调查法、直接观察、测验和模拟以及档案记录分析等。

（四）确定培训评估层次

根据柯克帕特里克提出的培训效果评估模型，可以从四个层次来评估培训的效果。

1. 反应层

第一层次是评估受培训员工的反应，指参与培训员工的意见反馈。受培训员工的意见反馈涉及培训的各个方面，如培训目标是否合理，培训内容是否实用，培训方式方法是否合适，教学方法是否有效，培训教师是否具备相应的学识水平等，对受培训员工反应方面信息的收集可以通过问卷调查、会谈、讨论等方式来获得。

2. 学习层

第二个层次是评估学习的成果，测试受培训员工对培训的知识、技能的掌握程度。这个层次的评估是目前最常见最常用的一种评估方式，可以通过笔试、面试、技能操作和工作模拟等方式进行评价。

3. 行为层

第三个层次是评估员工接受培训前后的行为发生的改变，即受培训员工在实际工作中是否运用了从培训中学到的东西。这个层次的评估在于确定培训项目教授的知识和技能在多大程度上转化为员工实际工作行为的改进。评估这个层次，可通过对受培训员工的在职表现的观察、受培训员工的自评和同事的评价进行综合的评估。评估的工作行为变量包括工作态度、工作行为的规范性、操作技能的熟练性、解决问题的能力等。

4. 结果层

第四个层次是评估培训对整个企业带来的改变，即培训是否改善了企业的绩效。企业的运作效率、盈利水平、服务水平等方面是否有了进步和提高。这个层次需要很多的费用、时间，难度也是最大的，但是对于整个企业来说也是最重要的。

（五）选择评估方法

根据培训的具体情况，选择相应的评估方法，具体的评估方法见下一部分。

（六）分析数据

培训的组织者要将收集到的各种问卷、访谈资料等数据进行统计分析，并进行整理合并，对培训的效果进行分析，得出相关结论。

（七）调整培训项目

基于对收集到的信息数据进行分析，培训的组织者将有针对性地调整培训项目。调整和取消那些没有效果和存在问题的培训项目，重新设计或调整项目中存在问题的部分和环节。

（八）沟通培训项目结果

对培训进行评估以后，要将培训项目的结果告知相应的人员，这样才能有利于实际工作的改进和下一次培训项目的开展和改进。培训效果评估的结果信息应告知培训主管、管理层、受培训员工及其主管经理。

三、建筑企业人员培训效果评估的常见模型和方法

（一）培训效果评估的常见模型

迄今为止，学者们提出了很多的人力资源培训效果评估模型。常见的有柯克帕特里克的培训效果评估模型、CIRO、CIPP 评估模型、菲利普斯的五级投资回报率等模型，柯克帕特里克的培训效果模型在介绍培训效果评估的流程中已经介绍了，下面简单介绍剩下的三个主要模型。

1. CIRO 评估模型

该模型是 1970 年由伯德（M. BIRD）等人开发的。该模型的架构为：

（1）情景评估（Context Evaluation）：主要依据目前的环境背景决定培训需求及建立短期、中期和最终三个方面的目标。

（2）输入评估（Input Evaluation）：主要是收集有关培训资源方面的资料并以此决定培训的投入。

（3）反应评估（Reaction Evaluation）：主要是获取受培训学员对培训方案的反应来改进培训方案。

（4）输出评估（Outcome Evaluation）：主要是获取培训结果的资料以便和前面三个目标进行比较并作为下次培训方案实施的参考。

2. CIPP 评估模型

该模型是高尔文在 1983 年开发的。该模型的架构为：

（1）背景评估（Context Evaluation）：主要是确定培训需求、机会与目标。

（2）投入评估（Input Evaluation）：主要是决定资源使用的方式以及培训方案设计与规划的策略。

（3）过程评估（Process Evaluation）：主要是培训方案的监督控制与反馈。

（4）产出评估（Product Evaluation）：衡量培训目标达到的程度。

3.菲利普斯的五级投资回报率评估模型

该模型是在柯克帕特里克模型的基础上增加一个层次的评估模型。该模型的架构是：

（1）反应和既定的活动：评估学员对培训项目的满意程度和论述实施的计划。

（2）学习：评估受培训学员知识和技能的变化。

（3）在工作中的运用：评估受培训学员应用培训指示后对组织产生的影响。

（4）业务结果：评估培训项目对业务，包括产量、质量、成本、时间和客户满意度的影响。

（5）投资回报率：评估培训效果的货币价值及培训项目的成本。

第六节　建筑企业职工职业发展计划和原则

建筑企业中的每个员工都希望自己有更加美好的未来，现在的员工，工作不仅仅是为了生存的需要，更多的是为了发展的需要。怎样满足员工职业发展的需要，是企业应该考虑的重要问题之一。企业对员工的职业发展进行管理，就是为了将员工的未来发展与企业的未来发展结合起来，让员工与企业共同发展，达到双赢的目的。只有这样，企业才会有凝聚力，才能减少由于人才流失而造成的损失。

一、建筑企业应对员工的职业发展制定计划

（一）职业发展计划的重要性

员工进入企业后，根据自身的才干和能力、自身的需要、自身的价值观等要素的综合，确定职业范围。员工都有从自己现在和未来的工作中得到成长、发展的要求和愿望，为了实现这种愿望和要求，他们不断地追求理想的职业，并希望在职业中顺利地成长和发展。

因此，为关心员工的个人成长，培养和调动员工的兴趣，发展他们的自我事业，适应现代企业组织有效的使用人才的迫切需要，适应发展和变革的需要，建筑企业应积极地为每个员工制定职业发展计划。职业的动力是员工与企业之间的相互作用的最佳融洽点，所以企业为员工制定职业开发计划是必须和必要的。

把员工的个人成长、发展计划与组织要求的计划相结合的方式称为职业发展计划或职业管理。制定员工个人职业发展计划，有利于员工的成长和发展，增加员工对工作的满意感，培养员工工作的兴趣性和挑战性，工作的独立性和自我决策性；更有利于企业挖掘人才、培养人才、重用人才；使员工在企业中获得工作上最大的满足，企业获取最大的利益。

（二）职业发展计划制定的步骤

根据员工个人的能力和兴趣爱好，对要求职业发展的目标进行分析和评估；或从员工的招聘过程中收集相关信息，包括目前工作岗位的表现方面的信息资料，工作业绩评估材料、晋升、推荐、工资提级的情况；然后采用心理测试和评价中心等方法来测评员工的能力和潜力。

企业再根据员工测评的有关信息，给予公平竞争的机会；创造更多的岗位和新的职位，满足员工的职业计划实现，如满足员工工作岗位的变动，职务的升迁的需要。

最后，积极提供职业咨询指导，全面切实了解员工个人情况，正确评价各方面的信息，对员工的工作技能和潜能做出客观、公正的评价，然后根据每个员工的具体情况制定相应的职业发展计划。

二、建筑企业员工职业发展体系设立的原则

为员工制定职业发展计划的同时，要为整个企业建立一个员工职业发展体系，从而为企业的发展提供人力资本支持。建筑企业员工职业发展体系设立的原则有以下几点：

首先，除了晋升之外，企业也应采用工作轮换等其他职业发展方式。毫无疑问，晋升是职业发展中对员工最有效的激励方式。但事实上职业发展还包括工作轮换、赋予更多责任等其他多种职业发展方式。工作轮换是指在公司的几种不同职能领域中或在某个单一的职能领域为雇员作出一系列的工作任务安排。工作轮换可以有效增加员工的接触面，使员工达到学习新的岗位知识的目的，同样受到员工的欢迎，起到激励作用。赋予员工更多责任是指给予员工更多的管理或业务责任，这样也可以达到提高员工技能水平的目的。

第二，对员工进行职业发展规划时，除以个人工作业绩为基础外，还应综合考虑员工的技能和职业道德水平。以工作业绩作为晋升的惟一依据，很可能作出不恰当的晋升决定。首先，不同级别有着不同的技能要求。员工提升时，如果只考虑员工因业务技能而获得的业绩表现，而不考虑其管理技能时，往往会出现优秀的业务人员不适合管理职位要求，从而给公司造成损失，员工个人也会因不适应新的岗位而被淘汰。

第三，运用适中的节奏规划员工的职业发展。很多企业在员工提升的速度上不够合理。一种情况是快节奏提升，快节奏提升的后果是员工到达职业顶端后，会因不再有发展空间而失去工作积极性甚至离开公司；另一种情况是慢节奏的提升，其缺点是员工得不到职业发展上的有效激励，也不能学习到其他岗位的知识。正确的做法是采取一种适中的提升，表现为对新入职的员工有计划地安排其走向上一级的岗位，合理安排每次晋升的时间段，例如每2～4年有一次晋升机会。适中的节奏能不断激励员工，提高其岗位的认知价值，使其有充分的时间学习下一个岗位的技能。

第四，对不同年龄段的员工采用不同的职业发展策略。处于不同年龄段的员

工会有不同的职业发展需求，因而公司需要采用不同的职业发展策略。人的职业发展阶段是这样的：第一阶段为探索阶段。第二阶段为尝试阶段，包括 25～30 岁的员工。处于尝试阶段的人会判断当前选择的职业是否适合自己，如果不适合，会采取相应的调整；对该阶段的员工，职业发展的重点在于给予职业发展规划的指导，对不适合岗位的员工给予工作轮换。第三阶段为职业的确立阶段，包括 30～45 岁的员工。对该阶段的员工，职业发展的重点是给予晋升，赋予更多的责任或给予特殊任职。第四阶段为职业稳定阶段，主要指 45 岁以上的员工。

第五，在公司职位发生空缺时，优先考虑内部晋升。很多企业在职位发生空缺时会首先想到外部招聘，而忽略了企业内部的人力资源。外部招聘的主要缺点是会打击企业内部业绩好但没有给予晋升机会的员工。另外，外部招聘会由于新员工要花较长时间熟悉工作环境进行角色转换，因而会导致较高的成本。反之，当职位发生空缺时，优先考虑内部提升或轮换能够激励被提升的员工，并让其他员工看到希望；同时内部的员工熟悉本公司文化，容易迅速适应新的工作岗位。

思考题

1. 建筑企业职工培训的种类和特点是什么？
2. 培训效果评估的原则和方法有哪些？
3. 简述建筑企业人员培训需求分析的方法和技术。
4. 试以水电工程安装企业为例制定一个年度培训计划。
5. 对比分析各种培训方法的特点。
6. 结合不同类型建筑企业的实际特点编制职工职业发展计划。

第八章

建筑企业人力资源管理的
相关法律法规及其应用

　　劳动关系管理是企业人力资源管理的重要组成部分，是促进企业安全生产和经营活动的基础和保障，是规范用人单位和劳动者之间的经济利益关系。建筑企业的劳动关系管理主要包括订立劳动合同、签订集体合同、劳动争议的处理与预防、劳动和社会保险、劳动安全生产等内容。

第一节　劳动关系概述

一、劳动关系

　　劳动关系有广义和狭义之分。广义的劳动关系是现代社会中一种最主要的社会经济关系。狭义的劳动关系则是劳动者与用人单位之间由于劳动交易所形成的关系，说到底就是劳动者与用人单位之间自愿达成的一种劳动契约关系，并以书面形式明确双方各自应履行的权利和义务。

　　劳动法律是调整劳动关系以及与劳动关系有关的法律规范体系，其作用是从法律的角度确定和规范劳动关系，同时也决定着劳动者是否能够享受劳动法律规定的各项权利。

　　2007 年 6 月 29 日，《中华人民共和国劳动合同法》由十届全国人民代表大会常务委员会第二十八次会议通过，并由中华人民共和国国家主席颁布，自 2008 年 1 月 1 日起施行。这是我国自《劳动法》颁布实施以来，劳动和社会保障法制建设中的又一个里程碑。

劳动是人类社会最基本的社会活动，劳动关系是最基本的社会关系。现代社会倡导以人为本，重要的是以劳动者为本；社会和谐，重要的是劳动关系和谐；劳动关系和谐稳定，是保证企业生产经营秩序正常稳定、快速发展的前提和基础。

劳动关系的特征表现为：

（1）劳动关系是在实现劳动过程中所发生的关系。即，员工直接参加企业的生产和劳动，在劳动过程中与用人单位发生的劳动关系。《劳动合同法》规定，"用人单位自用工之日起即与劳动者建立劳动关系"，"建立劳动关系，应当订立书面劳动合同"。

（2）劳动关系双方当事人，是指一方为劳动者（被聘方-员工）；另一方为用人单位（聘用方-企业）。

二、劳动法律关系

依据劳动法律、法规形成和调整的劳动关系则是劳动法律关系，在劳动关系过程中形成了一种权利与义务的关系，由三个要素组成，即劳动关系的主体、劳动关系的内容和劳动关系的客体。

（一）劳动关系的主体

劳动关系的主体，是指劳动法律关系的参与者（当事人），包括劳动者、劳动者的组织（工会、职代会）和用人单位。

（二）劳动关系的内容

劳动关系产生的基本法律事实是用工，用人单位与劳动者只要存在用工行为，该用人单位与劳动者之间的劳动关系即建立。劳动者只要与用人单位存在事实的劳动关系，就应享有劳动法律规定的基本权利。所以，劳动关系的内容是劳动关系的主体应依法享有的权利和承担的义务。

（1）劳动者的权利：劳动者依法享有平等就业和选择职业的权利、取得劳动报酬的权利、休息、休假的权利、获得劳动安全卫生保护的权利、接受职业技能培训的权利、享受社会保险和福利的权利、提请劳动争议处理的权利以及法律规定的其他劳动的权利。

（2）劳动者的义务：劳动者依法承担用人单位的生产任务、工作任务，提高职业技能，执行劳动安全卫生规程，遵守劳动纪律和职业道德，保守国家和企业的机密的义务。

（3）用人单位依法享有的权利：依法录用、调动和辞退职工，决定企业的机构设置，任免企业的行政干部，制订工资、报酬和福利方案，依法奖惩职工。

（4）用人单位依法承担的义务：依法录用、分配、安排职工的工作，保障工会、职代会行使其职权，按职工的劳动质量、数量支付劳动报酬，加强对职工思想、文化和业务的教育和培训，改善劳动条件，搞好劳动保护和环境保护。

（三）劳动关系的客体

劳动关系的客体，是指劳动法律关系主体的劳动权利和劳动义务共同指向的对象，主要包括劳动者与用人单位在工作时间、休息时间、劳动报酬、劳动安全、劳动卫生、劳动纪律与奖惩、劳动保护等方面形成的关系。

三、劳动合同关系

劳动关系的建立以订立劳动合同为主要标志。劳动合同关系是用人单位与劳动者通过签订劳动合同所确立的劳动关系，是劳动关系管理的具体内容和表现方式。《劳动合同法》明确了"劳动关系自用工之日起建立"。也就是说，订立劳动合同是建立劳动关系的用人单位与劳动者的义务，也是证明劳动关系的重要证据之一。即使用人单位没有与劳动者订立劳动合同，只要存在用工行为，该用人单位与劳动者之间的劳动关系即建立。

在我国建筑行业，企业与员工一经建立劳动关系，双方应在遵循合法、公平、平等自愿、协商一致、诚实信用的原则基础上订立劳动合同。具体讲，劳动合同关系，是规范劳动关系双方的行为，保障双方合法的权益。其作用是劳动者实现劳动权利和维护自身利益的重要保障；是用人单位合法使用劳动力，维护企业劳动纪律，提高企业安全生产管理质量和提高劳动生产率的重要手段；是减少和防止劳动争议的重要措施。

第二节　劳动合同管理

一、劳动合同的概念

劳动合同，又称为"劳动契约"，是指企业与劳动者之间因确立了劳动关系，明确双方的权利与义务而订立的合同。其作用不仅包括证明用人单位与劳动者双方建立了劳动关系，明确了双方的法定权利与义务，而且还明确了双方在平等自愿、协商一致的基础上依法约定的权利和义务，为劳动合同的履行、变更、解除和终止，为双方履行各自义务、享有各自权利奠定了基础。

建筑企业与员工建立劳动关系，应当依法与员工订立书面劳动合同，保障双方在劳动权利和义务关系上的约定，以作为企业与员工双方履行义务和实现权利的依据，也是证明劳动关系的重要证据之一。劳动合同一经签订，便具有法律效力，双方当事人必须严格履行，不得违反，否则，将受到法律制裁。已建立劳动关系，尚未同时订立书面劳动合同的，应当自用工之日起一个月内订立书面劳动合同。建立劳动关系超过一个月没有订立劳动合同的，应当支付应得报酬的双倍；超过一年没有订立的，则直接视为无固定期的劳动合同。

二、劳动合同的内容

劳动合同是劳动关系双方当事人依法约定的明确双方权利和义务的协议。为了维护劳动者的合法权益，企业与员工应当按照程序合法、内容合法的原则签订书面劳动合同。我国《劳动法》规定，企业与员工签订劳动合同要以书面形式订立，不允许以口头的方式订立，口头订立为无效合同。劳动合同一经签订即具有法律约束力，双方当事人必须履行劳动合同规定的权利和义务，不得随意废改合同的条款。劳动合同的内容，包括法定条款和约定条款。

（一）法定条款

法定条款是依据法律规定，劳动合同双方当事人必须遵循的条款，也是劳动合同的必备条款，不具备法定条款，劳动合同不能成立。《劳动法》规定，劳动合同应具备以下条款：

（1）劳动合同期限。劳动合同期限根据合同分类，分为固定期限、无固定期限和以完成一定的工作为期限三种。

（2）工作内容。工种和岗位，承担并完成的工作任务。

（3）劳动保护和劳动条件。劳动保护，用人单位采取的劳动安全、卫生保护措施；劳动条件主要包括工作时间、工作环境等。

（4）劳动报酬。劳动者的工资、奖金、津贴等劳动所得报酬的计算方法和发放形式等。

（5）劳动纪律。劳动者必须遵守的国家法律、法规和用人单位的规章制度等。

（6）劳动合同终止条件。合同中规定的可以终止或应当终止的条件。

（7）违反劳动合同的责任。无论当事人哪一方违反合同的约定条款，均应承担违约责任，包括经济责任和法律责任。

《劳动合同法》规定的劳动合同必备条款与《劳动法》的有关规定相比，增加了用人单位的名称、住所和法定代表人或者主要负责人，劳动者的姓名、住址和居民身份证或者其他有效身份证件号码等条款；增加了工作地点条款；增加了工作时间和休息休假条款；增加了社会保险条款；增加了职业危害防护条款。

（二）约定条款

劳动合同除以上法定条款外，双方当事人可以根据企业的实际需要，在协商一致的基础上，规定其他补充条款。约定条款的内容只要合法，就同法定条款一样，具有法律约束力。

约定条款的内容有：

（1）试用期限。我国《劳动法》规定，劳动合同可以约定试用期，试用期最长不得超过六个月。试用期内劳动者可以随时通知用人单位解除劳动合同。《劳动合同法》规定，劳动合同期限三个月以上不满一年的，试用期不得超过一个月；劳动合同期限一年以上不满三年的，试用期不得超过两个月；三年以上固定期限和无固定期限的劳动合同，试用期不得超过六个月。劳动者在试用期的工资不得低于本单位相同岗位最低档工资或者劳动合同约定工资的百分之八十。用人单位在试用期解除劳动合同的，应当向劳动者说明理由。劳动者在试用期内提前三日通知用人单位，可以解除劳动合同。

（2）培训。用人单位为劳动者支付的培训费用，以及双方当事人约定的培训条件、培训期间的工资待遇、培训费用的支付方法、培训结束后员工为本企业组织服务的期限等。

（3）保密事项。它是劳动者履行劳动合同的一项基本职责和任务。在劳动过程中涉及企业专利、技术或商业秘密，双方当事人应当就有关保密事项加以明确的规定，主要包括保密对策、保密范围、保密期限和追究违约经济责任等。

（4）补充保险和福利待遇。国家规定的社会保险之外，用人单位为劳动者担负的补充保险或商业保险，及其相关的福利等。

（5）其他约定的事项。

三、劳动合同的期限

劳动合同的期限分为固定期限、无固定期限和以完成一定的工作为期限。

（1）固定期限劳动合同。又称为定期劳动合同，明确规定了合同的有效期限，在有效期限内，双方的劳动关系存在，合同期满后，劳动关系自行终止。其优点是，促进人才合理流动，有利于实现劳动者自主择业和用人单位自主择优选聘。

（2）无固定期限劳动合同。又称为不定期劳动合同，没有明确规定合同的有效期限，只有在符合法定和约定解除合同的情况下，双方的劳动关系才会终止。其优点是，能够留住高级人才，培养员工对企业的忠诚度，建立双方长期、稳固的劳动合作关系。

（3）以完成一定的工作为期限的劳动合同。就是以承担的劳动或任务所需要的时限长短来确定合同的期限，生产劳动或工作任务完成，合同到期并自行终止，不存在合同到期续延的问题。适用于季节性或临时性的工作岗位。

我国《劳动法》规定，劳动者在同一用人单位连续工作满十年以上，当事人双方同意续延劳动合同的，如果劳动者提出订立无固定期限的劳动合同，应当订立无固定期限的劳动合同。《劳动合同法》规定，用人单位与劳动者协商一致，可以订立无固定期限劳动合同。即只要劳动者在用人单位连续工作满10年，不管劳动合同是否到期，劳动者都可以向用人单位提出签订无固定期限劳动合同的要求。用人单位应当与符合条件的员工签订无固定期限的劳动合同，否则应依法承担支付双倍工资的责任。

结合建筑行业的生产特点，企业可以按照劳动者的分工和用工的性质划分为：无固定劳动合同、季节工劳动合同、以完成某项工作任务为期限的劳动合同。

四、订立、变更劳动合同

（一）订立和变更劳动合同的原则

（1）平等自愿的原则。企业与员工的法律地位是平等的，双方都应本着自愿的原则，任何一方不得强加于另一方，不得违背双方的意愿。

（2）协商一致的原则。企业与员工就合同的条款充分进行协商，对补充条款进行研究，各自发表意见，经过反复磋商，最终达成意见一致。

（3）不得违反法律、行政法规的原则。违反法律、行政法规的劳动合同，采取欺诈、威胁等手段订立的劳动合同为无效劳动合同。无效劳动合同从订立的时候起，就没有法律的约束力。确认劳动合同部分无效的，如果不影响其余部分的效力，其余部分仍然有效。

（二）订立劳动合同的程序

（1）确立意向。劳动者或用人单位各自向对方提出订立劳动合同的建议或要求，一般情况下，用人单位为要约方，即企业的法人代表向被聘用的员工提出订立合同的意向，劳动者多为承诺方，即企业所聘用的员工同意并接受订立合同。

（2）共同协商。用人单位和劳动者在双方就订立合同表示了意向后，就有关劳动合同的内容和条款进行反复磋商，充分表达各自的意见和建议，并就劳动合同的草案文本进行补充和完善后，最终达成协商一致。

（3）双方签约。在订立劳动合同时，双方当事人应认真审阅合同文本约定的内容，一经双方确认后，企业法定代表人和员工应分别签字、盖章。通常情况下，企业法人以书面委托书的形式授权于企业的人力资源部门代理。合同一经签订，即具有法律效力。

（4）合同鉴证。按照法律规定，合同签订后，用人单位还须到指定的劳动行政部门登记、备案，合同鉴证机构依法进行审查、鉴订合同的合法性，合同鉴证后才能生效。劳动合同生效时间与最后一方签字盖章的时间不一致时，必须注明该劳动合同的生效时间。

五、劳动合同的续订

劳动合同续订是指有固定期限的劳动合同到期，双方当事人就劳动合同的有效期限在平等自愿、协商一致的基础上，延续劳动合同期限的法律行为。劳动合同续订的原则与订立劳动合同的原则相同。提出续订劳动合同要求的一方（即用人单位或劳动者）应在合同到期前30日以书面形式通知对方，双方协商后，续订合同。

六、劳动合同的变更

劳动合同的变更，是指劳动合同在履行过程中，由于法定原因或约定条件出现，对已经生效的劳动合同需要进行修改和补充的法律行为。

用人单位与劳动者协商一致，可以变更劳动合同约定的内容。协商一致是劳动合同变更的一般原则。变更劳动合同，应当采用书面形式。变更后的劳动合同文本由用人单位和劳动者各执一份。

七、劳动合同的解除与终止

（一）劳动合同的解除

劳动合同的解除，是指劳动合同签订以后，没有全部履行完毕之前，由于某种原因的出现，提前终止合同效力的法律行为。我国《劳动法》规定，经劳动合同当事人协商一致，劳动合同可以解除。

1. 用人单位单方解除劳动合同

我国《劳动法》规定，劳动者有下列情形之一的，用人单位可以随时通知劳动者解除劳动合同：

（1）劳动者在试用期间被证明不符合录用条件的；

（2）严重违反劳动纪律或用人单位的规章制度的；

（3）严重失职、营私舞弊，给用人单位利益造成重大损害的；

（4）被依法追究刑事责任的。

《劳动合同法》除延续上述规定外，为了保护用人单位的合法权益，还补充规定了"劳动者同时与其他用人单位建立劳动关系，对完成本单位的工作任务造成严重影响，或者经用人单位提出，拒不改正的"，用人单位可以随时通知劳动者解除劳动合同。

2. 用人单位解除劳动合同，应承担的经济补偿责任的条件

我国《劳动法》和《劳动合同法》明确规定，有下列情形之一的，用人单位可以解除劳动合同，但是应当提前三十日以书面形式通知劳动者本人或额外支付劳动者一个月工资后，可以解除劳动合同。

（1）劳动者患病或非因工负伤，在规定的医疗期满后不能从事原工作，也不能从事由用人单位另行安排的工作的；

（2）劳动者不能胜任工作，经过培训或调整岗位，仍不能胜任工作的；

（3）劳动合同订立时所依据的客观情况发生重大变化，致使原劳动合同无法履行，经当事人协商不能就变更劳动合同达成协议的。

在上述条款中，医疗期是指劳动者患病或非因工负伤而停止工作治疗休息，用人单位不得不解除劳动合同的时限。医疗期的时限是根据劳动者的实际工作年限和在本单位工作的年限来确定，医疗期从病休的第一天开始，累计计算，病休期间的公休假日和法定节假日包括在内。

这里需要说明的是，劳动者患病或非因工负伤的医疗期与社会保险中的工伤保险所规定的医疗期不同，因工伤休假则应按照相应的规定执行。劳动者非因工致残或经医疗机构认定患有难以治疗的疾病，医疗期满后，应当由劳动鉴定委员会参照工伤与职业病致残的程度标准进行劳动能力的鉴定。被鉴定为 1~4 级的，按照规定劳动者应当退出劳动岗位，解除劳动关系，或办理退职、退休手续，享受其相应的待遇。

3. 用人单位经济性裁员解除劳动合同，应承担的经济补偿责任的条件

我国《劳动法》规定，用人单位濒临破产进行法定整顿期间或者生产经营情况发生严重困难，确需裁减人员的，应当提前 30 日向工会或全体职工说明情况，听取工会或者职工意见，经向劳动行政部门报告后，可以裁减人员。

《劳动合同法》补充规定了用人单位在裁减人员中应承担的社会责任，用人单位依据本条规定裁减人员的，在六个月内重新招用人员的，在同等条件下应当优先录用被裁减的人员。

4. 用人单位支付经济补偿金的标准

根据我国《违反和解除劳动合同的经济补偿办法》的规定，工作时间不满一年的按一年的标准发给经济补偿金；经济补偿金最多不超过十二个月；经济

补偿金的工资计算标准是指企业正常生产情况下劳动者解除合同前十二个月的月平均工资；因医疗期满不能从事原工作、因客观情况发生重大变化解除劳动合同时，劳动者的月平均工资低于企业月平均工资的，按企业月平均工资的标准支付。

《劳动合同法》规定，经济补偿按劳动者在本单位工作的年限，每满一年支付一个月工资的标准向劳动者支付。六个月以上不满一年的，按一年计算；不满六个月的，向劳动者支付半个月的经济补偿。

5. 劳动者单方解除劳动合同

我国《劳动法》规定，劳动者单方解除劳动合同分为提前三十日以书面形式通知用人单位解除劳动合同、随时通知用人单位解除劳动合同两种类型。

劳动者以辞职的形式与用人单位解除劳动合同，必须提前三十日以书面形式通知用人单位。如果劳动者违反劳动合同的约定解除劳动合同，对用人单位造成损失的，应当赔偿用人单位的下列损失。如，用人单位招收录用所支付的费用；用人单位支付的培训费用；对用人单位生产经营和工作造成的直接经济损失。

在试用期内，劳动者应提前三日通知用人单位解除劳动合同。

用人单位以暴力、威胁或者非法限制人身自由的手段强迫劳动的；用人单位未按照劳动合同约定支付劳动报酬或者提供劳动条件的，劳动者可以随时通知用人单位解除劳动合同。

《劳动合同法》补充规定了第三种类型，即用人单位以暴力、威胁或者非法限制人身自由的手段强迫劳动的；用人单位违章指挥、强令冒险作业危及劳动者人身安全的，劳动者可以立即解除劳动合同，不需事先告知用人单位后再解除劳动合同。

（二）劳动合同的终止

为了更好地维护劳动者的合法权益，《劳动合同法》约定了劳动合同终止的情形，即劳动合同终止的法定情形除了劳动合同期满，包括固定期限劳动合同期满，以及以完成一定工作任务为期限的劳动合同因该工作任务完成而期满外，还包括：

（1）劳动者开始依法享受基本养老保险待遇的；

（2）劳动者死亡，或者被人民法院宣告死亡或者宣告失踪的；

（3）用人单位被依法宣告破产的；

（4）用人单位被吊销营业执照、责令关闭、撤销或者用人单位决定提前解散的；

（5）法律、行政法规规定的其他情形。

（三）用人单位不得解除劳动合同的条件

劳动者有下列情形之一的，用人单位不得与劳动者解除劳动合同：

（1）患职业病或者因工负伤并被确认丧失或者部分丧失劳动能力的；

（2）患病或者负伤，在规定的医疗期内的；

（3）女职工在孕期、产期、哺乳期内的；

（4）法律、行政法规规定的其他情形。

劳动者在医疗期、孕期、产期和哺乳期内，劳动者合同期限届满时，用人单位不得终止劳动合同。劳动合同的期限应自动延续至医疗期、孕期、产期和哺乳期满为止。

（四）用人单位订立无效劳动合同

由于用人单位的原因订立的无效合同，对劳动者造成损害的，应当承担赔偿责任。第九十九条又规定，用人单位招用未解除合同的劳动者，对原单位造成经济损失的，该用人单位应依法承担连带赔偿责任。

（五）用人单位违法解除或拖延订立劳动合同

用人单位违反《劳动法》规定的条件，解除劳动合同或者故意拖延不订立劳动合同的，由劳动行政部门责令改正，对劳动者造成伤害的，应当承担赔偿损失。

第三节　集体合同管理

集体合同管理是企业在市场经济体制下，正确处理劳动关系的一种方式和手段。建筑行业或企业劳动合同的决定不是由企业单方面决定的，而是按照我国《集体合同规定》的相关法律、法规和企业内部劳动管理制度，由劳动关系双方在平等协商一致的基础上确定的。

一、集体合同

（一）概念

《集体合同规定》就集体合同概念做出了明确的阐述："集体合同是集体协商双方代表根据法律、法规的规定就劳动报酬、工作时间、休息休假、劳动安全卫生、保险福利等事项在平等协商一致的基础上签订的书面协议。"根据我国《劳动法》的规定，集体合同由工会代表职工与企业签订，没有成立工会组织的，由职工代表代表职工与企业签订。

（二）合同内容

（1）劳动报酬；

（2）工作时间；

（3）休息休假；

（4）保险福利；

（5）劳动安全与卫生；

（6）合同期限；

（7）变更、解除、终止集体合同的协商程序；

（8）双方履行集体合同的权利与义务；

（9）履行集体合同发生争议时协商处理的约定；

（10）违反集体合同的责任和双方认为应当协商约定的其他内容。

（三）合同期限

集体合同期限为 1～3 年，在集体合同规定的期限内，企业的双方代表可以对集体合同履行情况进行检查，经双方协商一致，可以对集体合同进行修订。建筑企业在订立集体合同时，应根据行业特点和企业的实际情况，在 1～3 年中确定适合本企业发展需要的合同期限。

（四）合同形式

根据集体合同规定，集体合同应当以书面形式订立，口头形式的集体合同不具有法律效力。集体合同的形式可以分为主件和附件，主件就是综合性集体合同，内容包括劳动关系的诸多方面；附件就是专项协议，特指就劳动关系的某一方面或事项签订的集体协议。在企业劳动关系管理中，工资协议是双方就员工的工资报酬所签订的协议。

（五）遵循原则

依据集体合同规定，订立集体合同应遵循以下原则：

（1）内容合法原则。集体合同的内容不得违反国家法律、法规的规定。建筑企业集体合同中所确定的劳动条件、安全保护措施等，其标准不得低于国家规定的标准。

（2）平等合作、协商一致的原则。集体合同双方的签约人是法律地位平等的两个主体。员工是企业生产经营活动的主体，为企业创造财富，带来新的价值增值，在企业处于主体地位，而企业的生产经营管理者则处于主导地位。双方就各自的权利与义务关系进行协定，目的是协调双方在有偿劳动过程中的利益关系，双方应建立在平等合作，共谋大计，共同发展，取得双赢的基础上，就劳动关系协商一致并达成共识。

（六）订立程序

签订集体合同的程序：

（1）集体合同的主体。劳动者与用人单位。劳动者一方签约人由工会代表；未建立工会的企业由职工民主推荐代表，并须得到半数以上职工的同意；企业代表，由其法定代表人担任或指派。

（2）集体协商。集体合同的协商是企业工会或职工代表与本企业代表，为签订集体合同进行商谈的法律行为。协商代表一经产生，无特殊情况，必须履行其义务。双方协商应共同遵守法律、法规的规定和平等、合作的原则，任何一方不得有过激行为。协商的内容、时间、地点应由双方共同商定。

（3）主要程序。首先是协商准备，双方都要做事先的各项准备工作，主要包括：选举协商代表，推荐首席代表（集体合同规定，集体合同签字人为双方的首席代表），成立集体合同草案起草小组，草拟协商方案，预约协商的时间和地点。然后是充分讨论，工会组织全体职工就集体合同草案进行充分讨论，提出建议和修改意见。其次是审议通过，将修订后的集体合同草案提交职工代表大会或职工会议审议通过。再其次是合同签字，双方首席代表在经过审议通过的集体合同文本上签字。最后是报送审核，集体合同签订后，应当在七日内由企业一方将签字的集体合同文本一式三份及相关说明材料报送劳动行政部门审查。

劳动行政部门在收到集体合同书后十五天内应将《集体合同审查意见书》送达集体合同双方代表。

集体合同的生效日期以《审核意见书》确认的日期为生效日期。

签订集体合同双方在收到劳动行政部门的审查意见书后，对其中无效或部分无效的条款应进行修改，并于十五日内报送劳动行政部门重新审查。

集体合同的公布，经劳动行政部门审核确认生效的集体合同，双方应及时以适当的形式向各自代表的全体成员公布。

（七）工会在调整劳动关系中的地位与作用

在我国，随着社会主义市场经济的建立与完善，现代企业制度的基本形成，以及企业产权制度的改革，工会与职代会在企业劳动关系管理中，加强实施民主管理，调整和规范劳动关系，确保企业与劳动者之间的劳动关系趋于稳定与合作，防止和避免劳动争议与冲突，在维护劳动者合法权益等方面发挥着积极有效的重要作用。

1. 工会

在社会主义制度下，工会是在中国共产党领导下的工人阶级的群众组织，在我国的政治体制中居于重要地位。工会是在劳动关系的矛盾发展过程中产生和存在的劳动组织，是劳动关系中劳动者的代表，是职工自愿结合的工人阶级的群众性组织。

2. 工会在调整劳动关系中的主要任务

我国《工会法》明确规定，工会动员和组织员工积极参加经济建设，努力完成生产任务和工作任务；工会通过平等协商和集体合同制度，协调劳动关系，维护企业职工劳动权益；支持企业行政的经营管理；教育员工不断提高思想政治觉悟和文化技术素质。

3. 工会在调整劳动关系中的主要地位与作用

工会在劳动关系中是维护劳动者权益的组织形式，工会的作用是代表和维护劳动者的利益，其主要作用表现在：

（1）参加用人单位的民主管理；

（2）代表职工与用人单位签订集体合同；

（3）参与劳动争议的调解和仲裁；

（4）监督用人单位解除劳动合同；

（5）监督用人单位在工资、社会保险、工作时间、劳动安全、劳动保护、劳动条件等方面执行国家劳动法律和法规的情况。

从我国《工会法》的法律规范中可以了解到，在集体合同履行过程中，企业实行民主管理，工会承担监督和检查的责任，代表职工与企业就职工的工资、保险、安全保护等劳动的相关问题进行协商解决，并定期向职工代表大会或全体职工通报集体合同的履行情况。企业违反集体合同的规定，应当承担法律责任；工会不履行集体合同规定的义务与权利，应承担道义上的责任。

第四节　劳动争议的处理与预防

一、劳动争议的概念

劳动争议，也称劳动纠纷，是指劳动关系双方当事人在履行劳动合同过程中，因劳动的权利、义务发生分歧而引起的争议。劳动争议的发生源于劳动者与用人单位的劳动关系不协调，因各自对劳动关系的认识不同，或在利益分配上有较大差距等，都会引发劳动争议。

二、劳动争议的内容

在市场经济体制下，我国的用人制度发生了深刻的变革，企业自主用人和劳动者自主择业，促使劳动关系发生了很大变化，其主要内容有：

（1）劳动合同争议。主要发生在订立的合同是否有效，企业解除劳动合同时，解除合同的条件和程序是否合法。在实际中经常出现：企业与员工订立了无效劳动协议或合同部分条款无效；企业单方面解除合同的条件不符合法定条件或未按合法程序提前30日以书面形式通知劳动者；劳动者被解聘或属于经济性裁员，双方在经济补偿方面意见不统一发生的分歧和争议等。

（2）劳动报酬争议。工资是员工生活的物质基础，是员工的主要收入或唯一的经济来源，劳动报酬的争议突出表现在：企业内部分配制度、工资调整方案、支付工资低于最低标准，以及企业拖欠员工工资、支付员工节假日加班费等劳动报酬方面的争议。

（3）劳动保险争议。劳动保险是员工生、老、病、死的基本生活保障。劳动保险的争议集中为：企业是否为员工按时足额缴纳养老保险、医疗保险、失业保险、工伤保险和生育保险等，以及员工因工或非因工患病、致残、死亡等劳动鉴定和经济补偿等方面的争议。

（4）劳动保护争议。员工就改善劳动环境，提高劳动保护条件与企业发生的争议或分歧。如，建筑行业基本是露天作业、高空作业，危险性强、体力劳动强度大，员工就安全保护措施、劳动防护用品以及特殊岗位津贴的执行与发放等方面的争议。

（5）劳动用工争议。主要涉及企业招工、员工辞职或解聘等发生的争议。企业招工是否程序合法，建立公开、公平、公正的用人机制，求职者认为企业内部招工营私舞弊而发生的争议；员工就岗位或工种配置不合理，长期超负荷劳动、休息休假和企业任意延长劳动时间等问题的解决方式发生的争议；企业的业务技术骨干在合同期内提出辞职，为了阻止员工的流动或流失会给企业带来工作影响和经济损失，企业采取扣压员工档案、拖延办理离职手续，以及员工不辞而别，自行离职被用人单位解聘或除名等发生的劳动争议。

（6）劳动处罚争议。主要集中在企业给予员工处罚的方式和处罚的程度等方面的争议。如，员工因违反企业内部管理规章制度，违反劳动纪律，受到企业的行政处罚或经济惩罚，员工不服，认为处罚不公平、不公正或处罚过重、不该处罚等提出疑义而发生的劳动争议。

三、劳动争议的处理

1. 劳动争议处理的目的

我国《企业劳动争议处理条例》第一条明确规定："为了妥善处理企业劳动争议，保障企业和职工的合法权益，维护正常的生产经营秩序，发展良好的劳动关系，促进改革开放的顺利发展，制定本条例。"明确了处理劳动争议的目的。

市场经济的物质利益，使劳动者与用人单位在建立了事实劳动关系后，就双方在履行权利与义务方面，具体来讲，就是涉及企业用工、劳动报酬、劳动时间、劳动保护、劳动保险、劳动奖惩等，因为劳动关系双方在经济利益方面存在较大差别，而导致发生的矛盾与冲突。所以，规范企业劳动关系管理，遵循国家的法律和法规，妥善处理企业劳动争议，保障企业和劳动者的合法权益，是劳动争议处理的直接目的。

企业为了组织开展生产经营活动，保持良好的劳动秩序，保障员工的基本生活质量，巩固双方的劳动合作关系，是制定劳动争议处理制度和法律的根本目的。企业劳动争议，特别是集体劳动争议，如果处理不妥，就会引发停工、罢工，集体上访等，直接影响企业的经济效益和社会的稳定。为此，正确处理劳动争议和不断改善劳动关系，通过依法规范双方的权利义务，建立劳动争议处理和预防保障机制，维护劳动关系的和谐与稳定，是现代企业人力资源管理的重要任务。

2. 劳动争议处理的原则

我国《劳动法》第七十八条规定："解决劳动争议，应当根据合法、公正、及时处理的原则，依法维护劳动争议当事人的合法权益。"

（1）调节和及时处理的原则

调节，是解决劳动争议的有效手段，体现在处理劳动争议的各个程序和环节，贯穿于处理劳动争议的全过程，通过先行调节，可以消除矛盾，达成和解，有效地解决争议。及时处理，是处理劳动争议的各个程序，从受理、协商、调节、仲裁到最后的判决都要在法律规定的时限内完成，做到及时、迅速，不得推迟或延缓。

（2）依法处理原则

依法处理原则，就是合法原则。劳动争议处理机构应依据国家的法律和法规正确处理劳动争议的内容，以事实为依据，以法律为准绳，不得违背事实、违反法规，不得损害国家的利益和双方当事人的权益。

（3）平等公正原则

劳动争议双方当事人法律地位平等，享有平等的权利与义务，任何一方都不能有特殊的权利；劳动争议处理机构及其工作人员都应秉公执法，不能偏袒任何一方，不能强加于任何一方，公平、公正的处理和解决劳动争议。

3. 劳动争议处理的机构

(1) 劳动争议调节委员会

根据《企业劳动争议处理条例》第七条的规定，企业可以设立劳动争议调节委员会，负责调节本企业发生的劳动争议。

劳动争议调节委员会是由：职工代表、企业代表、企业工会代表组成。职工代表由职工代表大会或职工大会推举产生；企业代表由法定代表人指定；企业工会代表由企业工会委员会指定。其人数不得超过该委员会总数的 1/3。

劳动争议调节委员会主任由企业工会代表担任。

劳动争议调节委员会的办事机构设在企业工会委员会。办事机构负责调节委员会的日常工作，主要接受劳动争议当事人的调节申请，作好调节的登记、档案管理和统计分析工作等。没有建立工会的企业，调节委员会的设立及其组成由职工代表和企业代表协商决定。

(2) 劳动争议仲裁委员会

根据《企业劳动争议处理条例》第十二条的规定，县、市、市辖区应当设立劳动争议仲裁委员会。

劳动争议仲裁委员会是由：劳动行政部门代表、同级工会代表、企业方面的代表组成。

劳动争议仲裁委员会的主任由劳动行政主管部门的负责人担任。

劳动行政主管部门的劳动争议处理机构为仲裁委员会的办事机构，负责处理仲裁委员会的日常事务。劳动争议仲裁委员会是一个具有司法性质的行政执法机关，主要负责管辖范围内的劳动争议案件；聘任专职或兼职仲裁员，并对其进行管理；领导和监督仲裁委员会办事机构和仲裁庭开展工作；总结和组织交流办案经验，并负责向上级人民政府和上级业务部门报告工作。

4. 劳动争议处理的程序

我国《劳动法》规定，用人单位与劳动者发生劳动争议，当事人可以依法申请调节、仲裁或者提起诉讼，也可以协商解决。

(1) 协商。当发生劳动争议时，争议双方的当事人本着自愿协商解决和互惠互谅的原则，就争议的问题进行磋商，最终达成共识。若不愿协商解决或协商不成的，可以提请企业劳动争议调节委员会进行调节。

(2) 调节。调节，是处理劳动争议的基本方式，由企业劳动争议调节委员会专门负责，调节也是本着自愿的原则。若调节不成或不愿调节，当事人可以申请劳动争议仲裁。

(3) 仲裁。仲裁，是指劳动争议仲裁委员会根据劳动争议当事人的申请，依法对劳动争议做出具有约束力的裁决。若当事人一方或双方不服仲裁的裁定，可以到人民法院提请申诉。

(4) 判决。人民法院对劳动争议仲裁没有解决的案件，根据《劳动法》及相关的法律和法规，依法进行审理并做出最终判决。

四、劳动争议的预防

伴随着我国经济体制改革和建立现代企业制度，企业公司制的改造，国有企业经营机制的转换和企业自主权的扩大，劳动关系也处于转换时期，建立了与市场经济相匹配的劳动关系，从此国有企业打破了劳动合同制与固定工制并存的用工形式，实现了全员劳动合同制。

现代建筑企业的发展依赖于资本的积累和企业的经营理念。在市场经济条件下，建立了以按劳分配为主体，多种分配方式并存的分配制度，形成了企业资产所有者、经营者和劳动者不同的经济利益关系。建筑行业的劳动力在国内的劳动力市场并不匮乏，大量的农民进城务工，致使相当一部分国有企业的劳动者下岗失业或再就业，其地位相对处于劣势，现如今的建筑行业存在多种经济形式，劳动关系也呈现出动态多样化的特点。为此，劳动争议预防是劳动关系管理的重中之重，是企业依据国家的法律和法规，事先采取相应的措施，避免劳动关系双方发生劳动争议的活动。

劳动争议事前预防比事后处理解决更为有利，是解决劳动争议的根本有效途径，其预防措施：

（1）加强劳动关系法制化。首先，劳动关系应建立在合法的基础上，把劳动关系纳入到法制化的管理之中；其次，劳动关系双方当事人的责任、权利、义务和利益均应受到法律的约束和保障。

（2）加强劳动合同的管理。社会劳动保障和监察部门应根据《劳动法》、《违反（中华人民共和国劳动法）行政处罚办法》和《劳动力市场管理规定》等国家的法律和法规，负责监督和检查用人单位在招聘劳动者时，是否依法签订了劳动合同或集体合同；签订劳动合同的内容和程序是否合法；同时依法加强对用人单位合同的履行情况实施管理和指导，检查用人单位是否存在违法解除劳动合同，故意拖延而不订立劳动合同，以及解除劳动合同后未依法给予劳动者经济补偿，与劳动者终止或解除劳动关系后，未按期到劳动行政管理部门办理备案手续等违法行为，切实保障劳动合同的合法性和有效性。

（3）加强企业的民主管理。充分发挥工会组织的作用，一方面，企业的工会代表、职工代表应积极参与企业的建设与管理，参政议政当好参谋和助手，引导职工正确理解企业发展的目标，作为信息沟通与传递的大使；另一方面，做好劳动纠纷的调解工作，真正成为维护职工合法权益的代表，为建立稳定和谐的劳动关系发挥应有的作用。

第五节　劳动和社会保险

随着深化企业改革，我国政府已经把企业职工社会保险制度纳入国民经济与社会发展计划，建立与社会主义市场经济体制相适应的社会保障体系，确保劳动者的基本生活随着社会与经济发展不断得到改善，逐步实现社会互济与自我保障相结合、公平与效率相结合、权利与义务相对等的社会法制管理轨道。

一、社会保险的概念

社会保险，是国家依法建立的，我国《劳动法》第七十条规定，国家发展社会保险事业，建立社会保险制度，设立社会保险基金，使劳动者在年老、患病、工伤、失业、生育等情况下获得帮助和补偿。

社会保险是国家的一项法律制度，是劳动者在遇到劳动风险时，社会、政府、企业给予劳动者基本生活需要的保险制度，通过运用保险方式为劳动者退休养老；患病、负伤医疗；暂时或永久性失业提供的基本生活保障等法定保险制度，是建立社会主义市场经济体制的客观要求和重要保障。建立和完善企业职工社会保险制度，是关系企业改革与发展，社会稳定和百姓安康的一件大事。

二、社会保险的项目与内容

我国现行的社会保险项目主要有：养老保险、医疗保险、失业保险、工伤保险和生育保险。

1. 养老保险

养老保险是指劳动者在达到国家法定的离退休年龄与企业终止劳动合同；或因完全丧失了劳动能力而退职与企业解除了劳动关系后，国家为保障其基本生活需要而实行的一种社会保险制度。

改革开放以来，我国政府加大了对企业职工养老保险制度的改革力度，国务院《关于企业职工养老保险制度改革的决定》，加快了保险制度改革的发展与进程，逐步建立了多元化和多层次的养老保障体系。

（1）养老保险的主要内容

实行基本养老保险、企业补充养老保险和职工个人储蓄性养老保险相结合的制度；基本养老保险由国家立法强制执行，确保职工退休或退职后的基本生活；实行养老保险由国家、企业和个人三方共同负担；基本养老保险基金实行收支两条线管理，由社会保险管理专门机构统一规范管理，保证专款专用，全部用于职工养老保险；实现养老保险社会统筹的管理原则，减轻国家和企业负担，提高养老保险管理的服务功能和服务社会化的程度。

（2）养老保险的筹资模式

养老保险的筹资模式实行社会统筹与个人账户相结合。社会统筹，由社会保险机构在一定范围内统一征集、统一管理、统一调剂退休费用，形成社会统一管理的养老保险基金；基本养老保险个人账户，由社会保险经办机构按照国家技术监督局发布的社会保障号码，为参加基本养老保险的职工建立一个终身不变的基本养老保险个人账户。

（3）养老保险的覆盖范围

基本养老保险的覆盖范围是，国有企业、集体企业、股份制企业、外商投资企业、港澳投资企业、私营企业的职工以及个体工商户和自由职业者。

2. 医疗保险

医疗保险，是国家和社会为劳动者提供患病或非因工负伤就医，所需治疗费用的一种社会保险制度。

在计划经济体制下，事业单位实行公费医疗制度，企业实行劳保医疗制度，职工患病均由用人单位负担医疗费。长期以来，由于这种制度缺乏有效的制约机制，存在着医疗经费不足，浪费现象严重等弊病，致使企业用于职工医疗的费用负担过重，企业成本过高，既不适应经济体制的改革，又阻碍了企业自身的发展。如今，国务院颁布的《关于建立城镇员工基本医疗保险制度的决定》，对我国的医疗制度进行了历史性的变革。从此，建立新的职工基本医疗保障体系，使医疗制度改革并实现为社会保障体制。

（1）医疗保险的主要内容

建立社会统筹医疗基金与个人医疗账户相结合的社会保险制度。即，基本医疗保险费用是由用人单位和职工共同缴纳。

（2）医疗保险的筹集方法

企业按照职工工资总额的 10％ 左右缴纳，职工按照本人工资收入 2％ 缴纳，职工个人缴费由企业从工资中代扣代缴，个人缴费全部划入个人账户，企业缴费按照一定的比例划入个人账户，即，单位缴纳的医疗保险费和职工本人缴纳的医疗保险费，均用于社会保障职工基本医疗需要的专项医疗费用，其余部分划转社会统筹基金。社会统筹医疗基金是指医疗保险专门机构对医疗保险基金实行统一征集、统一管理、统一调剂使用和统一支付的一种管理制度。

（3）医疗保险的覆盖范围

医疗保险覆盖国家机关、事业单位，以及所有企业、私企、外企的职工。目前，我国的基本医疗保险还处于一种较低水平的保险制度，主要解决职工的基本医疗保障，如果职工患有重病，超出社会保险统筹基金的最高支付限额，企业可以通过商业补充医疗保险来为职工解决。所以，建筑企业如果有条件的，可以通过建立补充医疗保险，作为职工的一种福利待遇，解决当前职工看病难、费用高，职工看不起病等生活后顾之忧问题，确保职工的医疗保障水平有所提高。

3. 失业保险

失业保险，是国家和社会为保障劳动者在失业后能够维持基本生活而给予经济帮助的一种社会保险制度。

国务院于 1986 年 7 月颁布并实施了《国有企业职工待业保险规定》后，标志着我国失业保险制度已经纳入国家的法制化管理。通过法律手段集中建立社会失业救济保障基金，对因暂时失去就业机会或遇到失业风险，在一定时期内中断了经济收入的企业职工提供基本生活保障。1999 年 1 月国务院颁布了《失业保险条例》，进一步从立法的角度规范了失业保险的范围、待遇、失业基金的管理和监督。

目前，随着建立和完善社会主义市场经济体制，加快国有企业转换机制的步伐，进一步适应产业结构调整的需要，面对企业职工下岗待业或失业，以及扶持具有一定劳动能力的劳动者实施再就业工程，我国政府正在积极扩大失业保险范围，采取切实可行的保障措施，保障失业人员失业期间的基本生活。

（1）失业保险的覆盖范围

失业保险的适用范围，城镇企业、事业单位失业人员符合《失业保险条例》规定的，可以享受失业保险待遇。主要包括：依法宣告企业破产的职工；濒临破产的企业在法定整顿期间被精简的职工；按照国家有关规定被撤销、解散企业的职工；按照国家有关规定停产整顿企业被精简的职工；终止或者解除劳动合同的职工；依照法律、法规规定或者按照地方政府规定，享受失业保险的其他职工。

（2）失业保险的筹集方法

失业保险费按照国家有关规定征缴。失业保险基金主要由国家、单位和个人三方共同担负，国家实行集中统筹、统一管理、专款专用。

用人单位按照本单位工资总额的 2% 缴纳失业保险费，职工按照本人工资的 1% 缴纳失业保险费，用人单位招用的农民合同制工人本人不缴纳失业保险费。

（3）失业保险的待遇

失业保险，按照国家现行标准，失业人员失业前所在单位和本人，按照规定累计缴费时间满 1 年不足 5 年的，领取失业保险金期限最长为 12 个月；累计缴费时间满 5 年不足 10 年的，领取失业保险金期限最长为 24 个月。重新就业后，再次失业的，缴费时间重新计算。

失业保险金的标准，按照低于当地最低工资，高于城市居民最低生活保障标准的水平，由各地政府确定。

用人单位招用的农民合同制工人连续工作满 1 年，本单位已经为其缴纳失业保险费，劳动合同期满未续订或者提前解除劳动合同的，由社会保险经办机构根据其工作时间长短，对其支付一次性生活补助。

（4）停止领取失业保险的规定

重新就业、应征服兵役、移居境外、享受基本养老保险待遇、被判刑收监执行或者劳动教养、无正当理由，拒不接受当地人民政府指定的部门或者机构介绍工作的、有法律、行政法规规定的其他情形的。

4. 工伤保险

工伤保险，是指劳动者在生产劳动过程中受到意外伤害，造成因工受伤、致残、致死和患职业病，使劳动者暂时或永久性丧失劳动能力，给予劳动者本人及其家属在生活上提供经济补偿的一种社会保险制度。

工伤保险是国家用法律和法规强制性实施的社会保险制度，实施范围最广，自 1996 年 8 月国家劳动部颁发《企业职工工伤保险试行办法》以来，我国的工伤保险制度，对用人单位职工的人身安全、文明生产起到了巨大的保障作用。

（1）工伤保险的原则

工伤保险实行"无过失赔偿"、"无责任赔偿"的原则。即，在发生工伤事故后，不论职工在事故中有无责任，只要符合规定条件，都应依法支付劳动者经济补偿。因此，工伤保险具有法制性，保障性最强，而且具有一定的赔偿性。

（2）工伤保险的项目

工伤保险依法订立的项目全面周到，有医疗费、因工负伤停止工作治疗期间的工伤津贴、生活费、护理费、按照伤残等级和职业病等级给付的补助金、家属补偿费、伤残抚恤金、一次性伤残补助金、丧葬补助金等。其特点是待遇优厚，给付条件宽，标准高，给付无期限，无须职工个人交保险。

（3）工伤保险的基金

工伤保险费由企业按照职工工资总额的一定比例缴纳，职工个人不缴纳工伤保险费。工伤保险实行社会化统筹管理，设立工伤保险基金，其构成是：企业缴纳的工伤保险费、工伤保险滞纳金、工伤保险基金的利息，以及法律、法规规定的其他资金，实行专款专用，任何单位和个人不得挪用或挤占，以确保对工伤职工提供经济补偿。

（4）企业工伤的预防与管理

工伤保险要与事故预防、职业病防治相结合。企业和职工必须共同贯彻"安全第一，预防为主"的方针，遵守劳动安全卫生法规制度，严格执行国家劳动安全卫生规程和标准。建筑企业具有其特殊的职业特点，露天、高空、重体力、劳动强度高、危险系数大等，为此，企业应将劳动保护与工伤保险紧密结合起来，加强安全生产管理，严格遵守劳动安全卫生操作规程，切实保障广大职工的切身利益，劳动保护工作与工伤保险的共同目的，是促进企业搞好安全生产，防患于未然，降低事故的发生率，减少伤亡和职业病的发生，减少国家和企业的经济损失。

建筑企业工程项目大多实行承包制，由若干个企业承包或者在企业内部实行内、外经营承包时，工伤保险责任由职工的劳动关系所在的企业负责。职工一旦发生工伤事故，企业应在第一时间进行医疗抢救，确保受伤职工得到及时救治，同时要做好工伤预防、伤病职工的管理以及伤残鉴定的申报工作。

工伤职工及其家属，在申报和处理工伤保险待遇时与企业发生争议的，按照劳动争议处理的有关规定办理，对劳动鉴定委员会做出的伤残等级鉴定结论不服的，可以申请复查或申请重新鉴定，复查鉴定的最终结论由省、市级劳动鉴定机构作出。劳动行政执法和监督部门对企业拖欠工伤保险金的，应给予经济处罚，并加罚一定比例的滞纳金，对违反规定的依法追究企业经营者法人的法律责任。

5. 生育保险

生育保险，是国家为保障女职工在生育期间得到必要的经济补偿和医疗保健，均衡企业间生育保险费用的负担，通过法律实施的妇女生育待遇的一种社会保险制度。

计划经济体制下，女职工的计划生育费用基本都是由所在单位负担，造成企业负担过重，成本费用过高，甚至在一定程度上增加了妇女就业的难度。为维护女职工的合法权益，1988年7月国务院颁布《女职工劳动保护规定》，1994年12月国家劳动部颁发了《企业职工生育保险试行办法》，进一步提高了妇女的社会地位和经济地位，对女职工的生育保险做出了明确的规定。

（1）生育保险的原则

生育保险按属地原则组织，生育保险费用实行社会统筹。根据"以收定支，收支基本平衡"的原则筹集基金。企业按照工资总额的一定比例向社会保险经办机构缴纳生育保险费，建立生育保险基金。职工个人不缴纳生育保险费。

（2）生育保险的规定

女职工生育按照法律、法规的规定享受产假。产假期间的生育津贴按照本企业上年度职工月平均工资计发，由生育保险基金支付。

女职工生育的检查费、接生费、手术费、住院费和药费由生育保险基金支付。超出规定的医疗服务费和药费（含自费药品和营养品的药费）由职工个人负担。

女职工生育出院后，因生育引起疾病的医疗费，由生育保险基金支付；其他疾病的医疗费，按照医疗保险待遇的规定办理。女职工产假期满后，因病需要休息治疗的，按照有关病假待遇和医疗保险待遇规定办理。

企业必须按期缴纳生育保险费，对逾期不缴纳的，按日加收2‰的滞纳金。企业欠付或拒绝支付女职工生育津贴、生育医疗费的，由劳动行政部门责令企业限期支付；对女职工造成损害的，企业应当承担赔偿责任。

第六节　劳动安全生产保护

建筑企业员工获得职业劳动安全生产保护是劳动者的一项基本权利。由于建筑业在劳动生产过程中存在着各种不安全的因素，给员工的生命安全、身体健康和家庭安定带来极大的危害，同时也严重影响企业的经济效益和社会的稳定。为此，员工劳动安全和生产保护是建筑企业人力资源管理的重要内容。

一、劳动保护的目的与意义

劳动保护，是指国家和企业为了保护劳动者在生产过程中的安全和健康，在改善劳动条件，预防工伤事故和职业病，能够使员工实现劳逸结合和劳动保护等方面所采取的一系列组织管理和技术措施。

劳动保护是党和国家的一项重要政策，我国宪法中明确规定，要"加强劳动保护，改善劳动条件"。《中华人民共和国刑法》规定，凡是违章指挥和违章作业造成重大伤亡的，按情节轻重必须追究刑事责任，依法判刑。这些法律规定促进企业必须用法律加强劳动保护和依法经营管理企业。

建筑企业的劳动保护是一项综合性的管理工作，企业必须根据国家劳动安全保护的法律和法规，严格执行建筑行业劳动安全技术规程和劳动保护管理制度，加大对员工的安全健康投资，逐步改善企业的劳动条件，减轻员工的劳动强度，提高现代技术质量，消除施工过程的危险因素，降低企业支付事故的损失费，增强员工的劳动保护措施，最终将企业的安全生产和员工的劳动保护，体现为现代建筑企业的人本管理。

二、劳动保护的基本特点

建筑企业在劳动过程中存在着诸多方面的不安全因素，大体归纳为以下几个方面：

1. 设备因素

在建筑施工过程中，所必备的机械设施和器械设备的防护是否准备的足够充分，建筑设备结构是否牢靠安全，属于危险性的生产过程或高空施工作业是否具有保护设施和防护措施。

2. 操作因素

建筑工人在施工过程中能否按照操作规程进行劳动生产；企业的技术、安全和质量监督等部门是否能够定期或不定期地进行技术规范和安全质量检查，及时发现和纠正生产过程中不履行规范的作业方式；在吊起的重型机械下工作，是否佩带安全防护用品；在建筑工地严格控制闲人或外来人员的随意流动；进入工地现场的人员必须携带安全帽；有无未经许可的劳动操作，或擅自使用报废的设施设备，以及违章作业，操作方法不规范等现象。

3. 环境因素

由于建筑企业的生产特点和劳动过程的不同，劳动技术、劳动条件和劳动环境的复杂程度尤为突出。建筑市场的激烈竞争，使得企业经营者们把目标集中在如何追求最大化的利润，而容易忽视安全生产管理，认为员工的安全健康管理需要较大成本的经济投入，对员工的安全教育停留在表面文章上或应付性的例行公事。在企业的实际生产中，职业安全标准制定的是否科学合理，是否低于国家劳动安全的最低标准，即为不合格标准；建筑物是否坚固，是否符合防火、防爆的规定；建筑工地有无爆炸危险品和易燃品；电气设备、照明设备的安全措施是否到位，施工噪声是否干扰居民正常生活等。

三、劳动保护的预防与措施

国家为了保护劳动者在生产过程中的安全和健康，明确规定企业必须执行各种安全生产管理制度。

1. 建立安全生产责任制度

建立安全生产责任制，是建筑企业各级领导的主要职责，企业法人对安全工作实行全面负责制，是企业安全生产的第一责任人；安全生产的负责人和专职安全管理员负有直接的责任；建筑总工程师负责安全技术领导的责任；各级生产组织的负责人、各个职能部门、工程技术人员在分管的工作职责范围内应对安全负责；工人在各自的岗位上也应承担严格遵守劳动安全技术规程的义务。建筑企业的安全生产，要实行层层负责制，一级负责一级，一级抓一级。

2. 安全技术措施管理制度

安全技术措施管理制度，是企业在编制生产、技术、财务计划的同时，必须将改善劳动条件，防止和消除伤亡事故所采取的相应措施纳入编制计划内，主要包括：安全技术措施，劳动卫生措施，安全技术措施所需的设备、物资、材料、资金等，以及每项计划实现的期限和负责人，确保专人负责、专款专用。

3. 建立安全生产教育制度

安全生产教育制度，是企业对员工分别以法律、条例、规程、命令和规定等规范化的形式对员工进行安全知识、安全技术和安全法制的教育培训制度，同时建立相应的目标责任与奖惩考核体系。建筑安装工程技术安全规程是从技术的角度为员工提供的法律保障，是企业防止发生工伤事故的重要措施，企业的各级领导人要认真贯彻党和国家有关劳动保护的法令和法规，在抓生产的同时必须抓好安全生产教育工作，对职工进行安全生产的学习和宣传；安全职能部门要对企业的安全生产负责，检查、监督和指导教育培训工作，建立全员法制化、规范化和经常性的培训制度，重点对新员工进行岗前培训，即实行三级安全教育，企业一级，对新工人入职前进行企业生产情况介绍和必备的安全训练；班组一级，组织安全生产知识和规章制度的学习教育；现场教育，对生产工作的性质、岗位职责范围、劳动操作规程、安全技能要求以及安全防护设施的性能、工作地点和环境的清洁卫生、个人防护用品的使用和保管等内容的教育。经过培训后新工人方能上岗工作。对特殊工种的员工实行持证上岗制度，实行专门的安全技能训练，对接触易燃易爆等涉及安全问题较多的操作人员，要定期地进行专门安全技术训练和考核，没有经过考核和培训，以及考核不合格的人员不准进行上岗操作。对专业技术人员进行知识开发和技能培训，作为企业安全技术管理的创新基础，形成人人自觉遵守安全生产制度，不违章作业的良好氛围。

4. 安全生产检查制度

安全生产检查制度，是企业依法建立安全生产检查和监督机制。建筑企业的生产劳动存在着一定的风险性，而对事故如何加强防范，则需要深入细致的管理工作，通过严格的防范措施，杜绝伤亡事故的发生。因此，预防事故和经济损失的最好办法就是加强安全管理，严格遵守以预防为主的管理方针，加大安全生产检查的力度，变危险为安全，变有害为无害，文明施工，安全生产。

5. 重大事故隐患管理制度

建筑企业的任何安全事故都可以造成直接和间接的经济损失，带来工伤事故和职业病的危险，危害劳动者的安全和健康，甚至危及劳动者的生命，导致重大的人身伤亡事故，其主要原因是，员工操作失误，设备完好率低，劳动环境恶劣，准备程序不充分等。为此，建立重大事故隐患管理制度，是对企业安全生产过程中强化预防、报告和整改的规定，其要点为：重大事故分类，重大事故隐患报告，重大事故隐患预防与整改措施，劳动行政部门、企业的主管部门对重大事故隐患整改的完成与检查验收。

6. 劳动防护用品管理制度

劳动防护用品管理制度，是企业对劳动防护用品的发放与使用建立的一项管理制度。建筑企业必须为员工免费提供符合国家标准，并具备行业和职业特点的劳动防护用品。

7. 伤亡事故报告和处理制度

伤亡事故报告和处理制度，是企业组织员工在劳动生产过程中发生伤亡事故的报告、登记、调查、处理、统计和分析的制度。其目的是，企业发生伤亡事故，要在第一时间内及时报告、调查和处理伤亡事故，采取预防措施，追究事故责任，防止事故再度发生。其内容为，企业员工伤亡事故分类，伤亡事故报告，伤亡事故调查，伤亡事故处理，力争减少或消灭工伤或伤亡事故。

四、企业安全生产与管理

建筑企业的安全生产与管理主要包括：一是，避免安全事故，保障企业的生产和经营活动的正常进行；二是，保障员工的生命安全和身心健康；企业最终是为员工创造一个良好的工作环境。影响企业安全管理的因素很多，包括企业的内部和外部两个方面。

建筑企业的安全事故发生具有很大的偶然性，但是任何安全事故都可以最大限度地避免。企业结合技能训练、质量监督、生产操作分析等进行专业技术和防范能力的培训，让员工真正了解事故的类型、场所、原因，掌握防范的方法和技能。将企业的安全生产管理纳入员工的管理之中，与员工的业绩考核、劳动报酬、福利待遇、嘉奖和晋升结合起来，对严重违规的重罚，对贡献突出的重奖。

劳动条件，泛指员工劳动的工作环境，如：采光、照明、通风、清洁、设施设备条件等。劳动时间，员工连续或持续劳动的时间长度。超时间劳动或超负荷工作，加之劳动强度过大，劳动环境差、设施设备简陋等因素，安全事故会频繁发生。在现代企业人力资源管理中，安全管理是企业管理的重要组成部分，要以"安全第一，预防为主"为企业生产和经营的管理原则，将员工的生命安全放在首位，当生产与安全发生矛盾时，要优先保护劳动者的人身安全，企业应采取一切有效措施消除隐患，安全是目的，预防是手段。以以人为本的原则，企业应依法尊重和保护劳动者的安全，劳动者有权获得安全的劳动条件和劳动环境，也有权参与企业的安全管理。

建立建筑农民工"实名制"管理制度：

按照中央提出的农民工管理以劳务输入地为主的原则，施工企业要实行农民工"实名制"管理，劳务企业要建立农民工用工管理档案和工资档案，所有的工地项目都要建立打卡记工制度，全面提升建筑企业劳务管理水平。坚决落实农民工工资支付制度和工伤保险制度，严格落实农民工工资"月支付、季结算"制度，改进农民工工资支付卡支付，将建筑农民工大病医疗和工伤保险纳入社会保险，使农民工享有医疗和工伤保险，真正做到病有所医，伤有所保。

 思考题

1. 试用期可以延长吗？

　　王某从学校毕业后应聘到一家公司做市场推销员，并与该公司签订了两年期限的劳动合同，月薪1500元。合同约定试用期半年，试用期月薪800元。公司规定试用期满后，经过考核合格才能转正上岗，不合格的试用期则延长半年。在试用期内王某工作认真负责，但公司以考核不合格为理由要延长王某的试用期，月薪仍为800元。王某认为公司的做法有欺骗行为。公司有权自行延长王某的试用期吗？

　　2. 不担责任的劳动合同是否有效？

　　建筑施工队与刘某等每人签订了一份书面协议，约定他们按工作的数量计件领取工资，协议中还明确，建筑施工队对在建筑期间发生的伤亡事故不承担责任，一切后果由工人自行承担。协议期内，一天刘某在施工过程中，因跳板挂钩脱落，致使刘某从跳板上摔了下来，造成左腿骨折，治疗费用达8000余元。事故发生后，建筑施工队派人把刘某送进医院，并留下400元"慰问金"，以协议有约，告之在前为理由，不再管刘某了。刘某与建筑施工队签订的协议是否有效？

　　3. 劳动法律关系由哪些要素组成？

　　4. 劳动合同的内容有哪些？如何签订集体合同？

　　5. 劳动争议处理的原则是什么？如何预防？

　　6. 简述社会保险的项目和内容。

附　　录

附录 A　中华人民共和国劳动合同法

（2007 年 6 月 29 日第十届全国人民代表大会常务委员会第二十八次会议通过）

第一章　总　　则

第一条　为了完善劳动合同制度，明确劳动合同双方当事人的权利和义务，保护劳动者的合法权益，构建和发展和谐稳定的劳动关系，制定本法。

第二条　中华人民共和国境内的企业、个体经济组织、民办非企业单位等组织（以下称用人单位）与劳动者建立劳动关系，订立、履行、变更、解除或者终止劳动合同，适用本法。

国家机关、事业单位、社会团体和与其建立劳动关系的劳动者，订立、履行、变更、解除或者终止劳动合同，依照本法执行。

第三条　订立劳动合同，应当遵循合法、公平、平等自愿、协商一致、诚实信用的原则。

依法订立的劳动合同具有约束力，用人单位与劳动者应当履行劳动合同约定的义务。

第四条　用人单位应当依法建立和完善劳动规章制度，保障劳动者享有劳动权利、履行劳动义务。

用人单位在制定、修改或者决定有关劳动报酬、工作时间、休息休假、劳动安全卫生、保险福利、职工培训、劳动纪律以及劳动定额管理等直接涉及劳动者切身利益的规章制度或者重大事项时，应当经职工代表大会或者全体职工讨论，提出方案和意见，与工会或者职工代表平等协商确定。

在规章制度和重大事项决定实施过程中，工会或者职工认为不适当的，有权向用人单位提出，通过协商予以修改完善。

用人单位应当将直接涉及劳动者切身利益的规章制度和重大事项决定公示，或者告知劳动者。

第五条　县级以上人民政府劳动行政部门会同工会和企业方面代表，建立健全协调劳动关系三方机制，共同研究解决有关劳动关系的重大问题。

第六条　工会应当帮助、指导劳动者与用人单位依法订立和履行劳动合同，并与用人单位建立集体协商机制，维护劳动者的合法权益。

第二章　劳动合同的订立

第七条　用人单位自用工之日起即与劳动者建立劳动关系。用人单位应当建立职工名册备查。

第八条　用人单位招用劳动者时，应当如实告知劳动者工作内容、工作条件、工作地点、职业危害、安全生产状况、劳动报酬，以及劳动者要求了解的其他情况；用人单位有权了解劳动者与劳动合同直接相关的基本情况，劳动者应当如实说明。

第九条　用人单位招用劳动者，不得扣押劳动者的居民身份证和其他证件，不得要求劳动者提供担保或者以其他名义向劳动者收取财物。

第十条　建立劳动关系，应当订立书面劳动合同。

已建立劳动关系，未同时订立书面劳动合同的，应当自用工之日起一个月内订立书面劳动合同。

用人单位与劳动者在用工前订立劳动合同的，劳动关系自用工之日起建立。

第十一条　用人单位未在用工的同时订立书面劳动合同，与劳动者约定的劳动报酬不明确的，新招用的劳动者的劳动报酬按照集体合同规定的标准执行；没有集体合同或者集体合同未规定的，实行同工同酬。

第十二条　劳动合同分为固定期限劳动合同、无固定期限劳动合同和以完成一定工作任务为期限的劳动合同。

第十三条　固定期限劳动合同，是指用人单位与劳动者约定合同终止时间的劳动合同。

用人单位与劳动者协商一致，可以订立固定期限劳动合同。

第十四条　无固定期限劳动合同，是指用人单位与劳动者约定无确定终止时间的劳动合同。

用人单位与劳动者协商一致，可以订立无固定期限劳动合同。有下列情形之一，劳动者提出或者同意续订、订立劳动合同的，除劳动者提出订立固定期限劳动合同外，应当订立无固定期限劳动合同：

（一）劳动者在该用人单位连续工作满十年的；

（二）用人单位初次实行劳动合同制度或者国有企业改制重新订立劳动合同时，劳动者在该用人单位连续工作满十年且距法定退休年龄不足十年的；

（三）连续订立二次固定期限劳动合同，且劳动者没有本法第三十九条和第四十条第一项、第二项规定的情形，续订劳动合同的。

用人单位自用工之日起满一年不与劳动者订立书面劳动合同的，视为用人单位与劳动者已订立无固定期限劳动合同。

第十五条　以完成一定工作任务为期限的劳动合同，是指用人单位与劳动者约定以某项工作的完成为合同期限的劳动合同。

用人单位与劳动者协商一致，可以订立以完成一定工作任务为期限的劳动合同。

第十六条　劳动合同由用人单位与劳动者协商一致，并经用人单位与劳动者在劳动合同文本上签字或者盖章生效。

劳动合同文本由用人单位和劳动者各执一份。

第十七条　劳动合同应当具备以下条款：

（一）用人单位的名称、住所和法定代表人或者主要负责人；

（二）劳动者的姓名、住址和居民身份证或者其他有效身份证件号码；

（三）劳动合同期限；

（四）工作内容和工作地点；

（五）工作时间和休息休假；

（六）劳动报酬；

（七）社会保险；

（八）劳动保护、劳动条件和职业危害防护；

（九）法律、法规规定应当纳入劳动合同的其他事项。

劳动合同除前款规定的必备条款外，用人单位与劳动者可以约定试用期、培训、保守秘密、补充保险和福利待遇等其他事项。

第十八条　劳动合同对劳动报酬和劳动条件等标准约定不明确，引发争议的，用人单位与劳动者可以重新协商；协商不成的，适用集体合同规定；没有集体合同或者集体合同未规定劳动报酬的，实行同工同酬；没有集体合同或者集体合同未规定劳动条件等标准的，适用国家有关规定。

第十九条　劳动合同期限三个月以上不满一年的，试用期不得超过一个月；劳动合同期限一年以上不满三年的，试用期不得超过二个月；三年以上固定期限和无固定期限的劳动合同，试用期不得超过六个月。

同一用人单位与同一劳动者只能约定一次试用期。

以完成一定工作任务为期限的劳动合同或者劳动合同期限不满三个月的，不得约定试用期。

试用期包含在劳动合同期限内。劳动合同仅约定试用期的，试用期不成立，该期限为劳动合同期限。

第二十条　劳动者在试用期的工资不得低于本单位相同岗位最低档工资或者劳动合同约定工资的百分之八十，并不得低于用人单位所在地的最低工资标准。

第二十一条　在试用期中，除劳动者有本法第三十九条和第四十条第一项、第二项规定的情形外，用人单位不得解除劳动合同。用人单位在试用期解除劳动合同的，应当向劳动者说明理由。

第二十二条　用人单位为劳动者提供专项培训费用，对其进行专业技术培训的，可以与该劳动者订立协议，约定服务期。

劳动者违反服务期约定的，应当按照约定向用人单位支付违约金。违约金的数额不得超过用人单位提供的培训费用。用人单位要求劳动者支付的违约金不得超过服务期尚未履行部分所应分摊的培训费用。

用人单位与劳动者约定服务期的，不影响按照正常的工资调整机制提高劳动者在服务期期间的劳动报酬。

第二十三条　用人单位与劳动者可以在劳动合同中约定保守用人单位的商业秘密和与知识产权相关的保密事项。

对负有保密义务的劳动者，用人单位可以在劳动合同或者保密协议中与劳动者约定竞业限制条款，并约定在解除或者终止劳动合同后，在竞业限制期限内按月给予劳动者经济补偿。劳动者违反竞业限制约定的，应当按照约定向用人单位支付违约金。

第二十四条　竞业限制的人员限于用人单位的高级管理人员、高级技术人员和其他负有保密义务的人员。竞业限制的范围、地域、期限由用人单位与劳动者约定，竞业限制的约定不得违反法律、法规的规定。

在解除或者终止劳动合同后，前款规定的人员到与本单位生产或者经营同类产品、从事同类业务的有竞争关系的其他用人单位，或者自己开业生产或者经营同类产品、从事同类业务的竞业限制期限，不得超过二年。

第二十五条　除本法第二十二条和第二十三条规定的情形外，用人单位不得与劳动者约定由劳动者承担违约金。

第二十六条　下列劳动合同无效或者部分无效：

（一）以欺诈、胁迫的手段或者乘人之危，使对方在违背真实意思的情况下订立或者变更劳动合同的；

（二）用人单位免除自己的法定责任、排除劳动者权利的；

（三）违反法律、行政法规强制性规定的。

对劳动合同的无效或者部分无效有争议的，由劳动争议仲裁机构或者人民法院确认。

第二十七条　劳动合同部分无效，不影响其他部分效力的，其他部分仍然有效。

第二十八条　劳动合同被确认无效，劳动者已付出劳动的，用人单位应当向劳动者支付劳动报酬。劳动报酬的数额，参照本单位相同或者相近岗位劳动者的劳动报酬确定。

第三章　劳动合同的履行和变更

第二十九条　用人单位与劳动者应当按照劳动合同的约定，全面履行各自的义务。

第三十条　用人单位应当按照劳动合同约定和国家规定，向劳动者及时足额支付劳动报酬。

用人单位拖欠或者未足额支付劳动报酬的，劳动者可以依法向当地人民法院申请支付令，人民法院应当依法发出支付令。

第三十一条　用人单位应当严格执行劳动定额标准，不得强迫或者变相强迫劳动者加班。用人单位安排加班的，应当按照国家有关规定向劳动者支付加班费。

第三十二条　劳动者拒绝用人单位管理人员违章指挥、强令冒险作业的，不视为违反劳动合同。

劳动者对危害生命安全和身体健康的劳动条件，有权对用人单位提出批评、检举和控告。

第三十三条　用人单位变更名称、法定代表人、主要负责人或者投资人等事项，不影响劳动合同的履行。

第三十四条　用人单位发生合并或者分立等情况，原劳动合同继续有效，劳动合同由承继其权利和义务的用人单位继续履行。

第三十五条　用人单位与劳动者协商一致，可以变更劳动合同约定的内容。变更劳动合同，应当采用书面形式。

变更后的劳动合同文本由用人单位和劳动者各执一份。

第四章　劳动合同的解除和终止

第三十六条　用人单位与劳动者协商一致，可以解除劳动合同。

第三十七条　劳动者提前三十日以书面形式通知用人单位，可以解除劳动合同。劳动者在试用期内提前三日通知用人单位，可以解除劳动合同。

第三十八条　用人单位有下列情形之一的，劳动者可以解除劳动合同：

（一）未按照劳动合同约定提供劳动保护或者劳动条件的；

（二）未及时足额支付劳动报酬的；

（三）未依法为劳动者缴纳社会保险费的；

（四）用人单位的规章制度违反法律、法规的规定，损害劳动者权益的；

（五）因本法第二十六条第一款规定的情形致使劳动合同无效的；

（六）法律、行政法规规定劳动者可以解除劳动合同的其他情形。

用人单位以暴力、威胁或者非法限制人身自由的手段强迫劳动者劳动的，或者用人单位违章指挥、强令冒险作业危及劳动者人身安全的，劳动者可以立即解除劳动合同，不需事先告知用人单位。

第三十九条　劳动者有下列情形之一的，用人单位可以解除劳动合同：

（一）在试用期间被证明不符合录用条件的；

（二）严重违反用人单位的规章制度的；

（三）严重失职，营私舞弊，给用人单位造成重大损害的；

（四）劳动者同时与其他用人单位建立劳动关系，对完成本单位的工作任务造成严重影响，或者经用人单位提出，拒不改正的；

（五）因本法第二十六条第一款第一项规定的情形致使劳动合同无效的；

（六）被依法追究刑事责任的。

第四十条　有下列情形之一的，用人单位提前三十日以书面形式通知劳动者本人或者额外支付劳动者一个月工资后，可以解除劳动合同：

（一）劳动者患病或者非因工负伤，在规定的医疗期满后不能从事原工作，也不能从事由用人单位另行安排的工作的；

（二）劳动者不能胜任工作，经过培训或者调整工作岗位，仍不能胜任工作的；

（三）劳动合同订立时所依据的客观情况发生重大变化，致使劳动合同无法履行，经用人单位与劳动者协商，未能就变更劳动合同内容达成协议的。

第四十一条 有下列情形之一，需要裁减人员二十人以上或者裁减不足二十人但占企业职工总数百分之十以上的，用人单位提前三十日向工会或者全体职工说明情况，听取工会或者职工的意见后，裁减人员方案经向劳动行政部门报告，可以裁减人员：

（一）依照企业破产法规定进行重整的；

（二）生产经营发生严重困难的；

（三）企业转产、重大技术革新或者经营方式调整，经变更劳动合同后，仍需裁减人员的；

（四）其他因劳动合同订立时所依据的客观经济情况发生重大变化，致使劳动合同无法履行的。

裁减人员时，应当优先留用下列人员：

（一）与本单位订立较长期限的固定期限劳动合同的；

（二）与本单位订立无固定期限劳动合同的；

（三）家庭无其他就业人员，有需要扶养的老人或者未成年人的。

用人单位依照本条第一款规定裁减人员，在六个月内重新招用人员的，应当通知被裁减的人员，并在同等条件下优先招用被裁减的人员。

第四十二条 劳动者有下列情形之一的，用人单位不得依照本法第四十条、第四十一条的规定解除劳动合同：

（一）从事接触职业病危害作业的劳动者未进行离岗前职业健康检查，或者疑似职业病病人在诊断或者医学观察期间的；

（二）在本单位患职业病或者因工负伤并被确认丧失或者部分丧失劳动能力的；

（三）患病或者非因工负伤，在规定的医疗期内的；

（四）女职工在孕期、产期、哺乳期的；

（五）在本单位连续工作满十五年，且距法定退休年龄不足五年的；

（六）法律、行政法规规定的其他情形。

第四十三条 用人单位单方解除劳动合同，应当事先将理由通知工会。用人单位违反法律、行政法规规定或者劳动合同约定的，工会有权要求用人单位纠正。用人单位应当研究工会的意见，并将处理结果书面通知工会。

第四十四条 有下列情形之一的，劳动合同终止：

（一）劳动合同期满的；

（二）劳动者开始依法享受基本养老保险待遇的；

（三）劳动者死亡，或者被人民法院宣告死亡或者宣告失踪的；

（四）用人单位被依法宣告破产的；

（五）用人单位被吊销营业执照、责令关闭、撤销或者用人单位决定提前解散的；

（六）法律、行政法规规定的其他情形。

第四十五条 劳动合同期满，有本法第四十二条规定情形之一的，劳动合同应当续延至相应的情形消失时终止。但是，本法第四十二条第二项规定丧失或者部分丧失劳动能力劳动者的劳动合同的终止，按照国家有关工伤保险的规定执行。

第四十六条　有下列情形之一的，用人单位应当向劳动者支付经济补偿：

（一）劳动者依照本法第三十八条规定解除劳动合同的；

（二）用人单位依照本法第三十六条规定向劳动者提出解除劳动合同并与劳动者协商一致解除劳动合同的；

（三）用人单位依照本法第四十条规定解除劳动合同的；

（四）用人单位依照本法第四十一条第一款规定解除劳动合同的；

（五）除用人单位维持或者提高劳动合同约定条件续订劳动合同，劳动者不同意续订的情形外，依照本法第四十四条第一项规定终止固定期限劳动合同的；

（六）依照本法第四十四条第四项、第五项规定终止劳动合同的；

（七）法律、行政法规规定的其他情形。

第四十七条　经济补偿按劳动者在本单位工作的年限，每满一年支付一个月工资的标准向劳动者支付。六个月以上不满一年的，按一年计算；不满六个月的，向劳动者支付半个月工资的经济补偿。

劳动者月工资高于用人单位所在直辖市、设区的市级人民政府公布的本地区上年度职工月平均工资三倍的，向其支付经济补偿的标准按职工月平均工资三倍的数额支付，向其支付经济补偿的年限最高不超过十二年。

本条所称月工资是指劳动者在劳动合同解除或者终止前十二个月的平均工资。

第四十八条　用人单位违反本法规定解除或者终止劳动合同，劳动者要求继续履行劳动合同的，用人单位应当继续履行；劳动者不要求继续履行劳动合同或者劳动合同已经不能继续履行的，用人单位应当依照本法第八十七条规定支付赔偿金。

第四十九条　国家采取措施，建立健全劳动者社会保险关系跨地区转移接续制度。

第五十条　用人单位应当在解除或者终止劳动合同时出具解除或者终止劳动合同的证明，并在十五日内为劳动者办理档案和社会保险关系转移手续。

劳动者应当按照双方约定，办理工作交接。用人单位依照本法有关规定应当向劳动者支付经济补偿的，在办结工作交接时支付。

用人单位对已经解除或者终止的劳动合同的文本，至少保存二年备查。

第五章　特别规定

第一节　集体合同

第五十一条　企业职工一方与用人单位通过平等协商，可以就劳动报酬、工作时间、休息休假、劳动安全卫生、保险福利等事项订立集体合同。集体合同草案应当提交职工代表大会或者全体职工讨论通过。

集体合同由工会代表企业职工一方与用人单位订立；尚未建立工会的用人单

位，由上级工会指导劳动者推举的代表与用人单位订立。

第五十二条　企业职工一方与用人单位可以订立劳动安全卫生、女职工权益保护、工资调整机制等专项集体合同。

第五十三条　在县级以下区域内，建筑业、采矿业、餐饮服务业等行业可以由工会与企业方面代表订立行业性集体合同，或者订立区域性集体合同。

第五十四条　集体合同订立后，应当报送劳动行政部门；劳动行政部门自收到集体合同文本之日起十五日内未提出异议的，集体合同即行生效。

依法订立的集体合同对用人单位和劳动者具有约束力。行业性、区域性集体合同对当地本行业、本区域的用人单位和劳动者具有约束力。

第五十五条　集体合同中劳动报酬和劳动条件等标准不得低于当地人民政府规定的最低标准；用人单位与劳动者订立的劳动合同中劳动报酬和劳动条件等标准不得低于集体合同规定的标准。

第五十六条　用人单位违反集体合同，侵犯职工劳动权益的，工会可以依法要求用人单位承担责任；因履行集体合同发生争议，经协商解决不成的，工会可以依法申请仲裁、提起诉讼。

第二节　劳务派遣

第五十七条　劳务派遣单位应当依照公司法的有关规定设立，注册资本不得少于五十万元。

第五十八条　劳务派遣单位是本法所称用人单位，应当履行用人单位对劳动者的义务。劳务派遣单位与被派遣劳动者订立的劳动合同，除应当载明本法第十七条规定的事项外，还应当载明被派遣劳动者的用工单位以及派遣期限、工作岗位等情况。

劳务派遣单位应当与被派遣劳动者订立二年以上的固定期限劳动合同，按月支付劳动报酬；被派遣劳动者在无工作期间，劳务派遣单位应当按照所在地人民政府规定的最低工资标准，向其按月支付报酬。

第五十九条　劳务派遣单位派遣劳动者应当与接受以劳务派遣形式用工的单位（以下称用工单位）订立劳务派遣协议。劳务派遣协议应当约定派遣岗位和人员数量、派遣期限、劳动报酬和社会保险费的数额与支付方式以及违反协议的责任。

用工单位应当根据工作岗位的实际需要与劳务派遣单位确定派遣期限，不得将连续用工期限分割订立数个短期劳务派遣协议。

第六十条　劳务派遣单位应当将劳务派遣协议的内容告知被派遣劳动者。

劳务派遣单位不得克扣用工单位按照劳务派遣协议支付给被派遣劳动者的劳动报酬。

劳务派遣单位和用工单位不得向被派遣劳动者收取费用。

第六十一条　劳务派遣单位跨地区派遣劳动者的，被派遣劳动者享有的劳动报酬和劳动条件，按照用工单位所在地的标准执行。

第六十二条 用工单位应当履行下列义务：

（一）执行国家劳动标准，提供相应的劳动条件和劳动保护；

（二）告知被派遣劳动者的工作要求和劳动报酬；

（三）支付加班费、绩效奖金，提供与工作岗位相关的福利待遇；

（四）对在岗被派遣劳动者进行工作岗位所必需的培训；

（五）连续用工的，实行正常的工资调整机制。

用工单位不得将被派遣劳动者再派遣到其他用人单位。

第六十三条 被派遣劳动者享有与用工单位的劳动者同工同酬的权利。用工单位无同类岗位劳动者的，参照用工单位所在地相同或者相近岗位劳动者的劳动报酬确定。

第六十四条 被派遣劳动者有权在劳务派遣单位或者用工单位依法参加或者组织工会，维护自身的合法权益。

第六十五条 被派遣劳动者可以依照本法第三十六条、第三十八条的规定与劳务派遣单位解除劳动合同。

被派遣劳动者有本法第三十九条和第四十条第一项、第二项规定情形的，用工单位可以将劳动者退回劳务派遣单位，劳务派遣单位依照本法有关规定，可以与劳动者解除劳动合同。

第六十六条 劳务派遣一般在临时性、辅助性或者替代性的工作岗位上实施。

第六十七条 用人单位不得设立劳务派遣单位向本单位或者所属单位派遣劳动者。

第三节 非全日制用工

第六十八条 非全日制用工，是指以小时计酬为主，劳动者在同一用人单位一般平均每日工作时间不超过四小时，每周工作时间累计不超过二十四小时的用工形式。

第六十九条 非全日制用工双方当事人可以订立口头协议。

从事非全日制用工的劳动者可以与一个或者一个以上用人单位订立劳动合同；但是，后订立的劳动合同不得影响先订立的劳动合同的履行。

第七十条 非全日制用工双方当事人不得约定试用期。

第七十一条 非全日制用工双方当事人任何一方都可以随时通知对方终止用工。终止用工，用人单位不向劳动者支付经济补偿。

第七十二条 非全日制用工小时计酬标准不得低于用人单位所在地人民政府规定的最低小时工资标准。

非全日制用工劳动报酬结算支付周期最长不得超过十五日。

第六章 监 督 检 查

第七十三条 国务院劳动行政部门负责全国劳动合同制度实施的监督管理。

县级以上地方人民政府劳动行政部门负责本行政区域内劳动合同制度实施的

监督管理。

县级以上各级人民政府劳动行政部门在劳动合同制度实施的监督管理工作中，应当听取工会、企业方面代表以及有关行业主管部门的意见。

第七十四条　县级以上地方人民政府劳动行政部门依法对下列实施劳动合同制度的情况进行监督检查：

（一）用人单位制定直接涉及劳动者切身利益的规章制度及其执行的情况；

（二）用人单位与劳动者订立和解除劳动合同的情况；

（三）劳务派遣单位和用工单位遵守劳务派遣有关规定的情况；

（四）用人单位遵守国家关于劳动者工作时间和休息休假规定的情况；

（五）用人单位支付劳动合同约定的劳动报酬和执行最低工资标准的情况；

（六）用人单位参加各项社会保险和缴纳社会保险费的情况；

（七）法律、法规规定的其他劳动监察事项。

第七十五条　县级以上地方人民政府劳动行政部门实施监督检查时，有权查阅与劳动合同、集体合同有关的材料，有权对劳动场所进行实地检查，用人单位和劳动者都应当如实提供有关情况和材料。

劳动行政部门的工作人员进行监督检查，应当出示证件，依法行使职权，文明执法。

第七十六条　县级以上人民政府建设、卫生、安全生产监督管理等有关主管部门在各自职责范围内，对用人单位执行劳动合同制度的情况进行监督管理。

第七十七条　劳动者合法权益受到侵害的，有权要求有关部门依法处理，或者依法申请仲裁、提起诉讼。

第七十八条　工会依法维护劳动者的合法权益，对用人单位履行劳动合同、集体合同的情况进行监督。用人单位违反劳动法律、法规和劳动合同、集体合同的，工会有权提出意见或者要求纠正；劳动者申请仲裁、提起诉讼的，工会依法给予支持和帮助。

第七十九条　任何组织或者个人对违反本法的行为都有权举报，县级以上人民政府劳动行政部门应当及时核实、处理，并对举报有功人员给予奖励。

第七章　法　律　责　任

第八十条　用人单位直接涉及劳动者切身利益的规章制度违反法律、法规规定的，由劳动行政部门责令改正，给予警告；给劳动者造成损害的，应当承担赔偿责任。

第八十一条　用人单位提供的劳动合同文本未载明本法规定的劳动合同必备条款或者用人单位未将劳动合同文本交付劳动者的，由劳动行政部门责令改正；给劳动者造成损害的，应当承担赔偿责任。

第八十二条　用人单位自用工之日起超过一个月不满一年未与劳动者订立书面劳动合同的，应当向劳动者每月支付二倍的工资。

用人单位违反本法规定不与劳动者订立无固定期限劳动合同的，自应当订立无固定期限劳动合同之日起向劳动者每月支付二倍的工资。

第八十三条　用人单位违反本法规定与劳动者约定试用期的，由劳动行政部门责令改正；违法约定的试用期已经履行的，由用人单位以劳动者试用期满月工资为标准，按已经履行的超过法定试用期的期间向劳动者支付赔偿金。

第八十四条　用人单位违反本法规定，扣押劳动者居民身份证等证件的，由劳动行政部门责令限期退还劳动者本人，并依照有关法律规定给予处罚。

用人单位违反本法规定，以担保或者其他名义向劳动者收取财物的，由劳动行政部门责令限期退还劳动者本人，并以每人五百元以上二千元以下的标准处以罚款；给劳动者造成损害的，应当承担赔偿责任。

劳动者依法解除或者终止劳动合同，用人单位扣押劳动者档案或者其他物品的，依照前款规定处罚。

第八十五条　用人单位有下列情形之一的，由劳动行政部门责令限期支付劳动报酬、加班费或者经济补偿；劳动报酬低于当地最低工资标准的，应当支付其差额部分；逾期不支付的，责令用人单位按应付金额百分之五十以上百分之一百以下的标准向劳动者加付赔偿金：

（一）未按照劳动合同的约定或者国家规定及时足额支付劳动者劳动报酬的；

（二）低于当地最低工资标准支付劳动者工资的；

（三）安排加班不支付加班费的；

（四）解除或者终止劳动合同，未依照本法规定向劳动者支付经济补偿的。

第八十六条　劳动合同依照本法第二十六条规定被确认无效，给对方造成损害的，有过错的一方应当承担赔偿责任。

第八十七条　用人单位违反本法规定解除或者终止劳动合同的，应当依照本法第四十七条规定的经济补偿标准的二倍向劳动者支付赔偿金。

第八十八条　用人单位有下列情形之一的，依法给予行政处罚；构成犯罪的，依法追究刑事责任；给劳动者造成损害的，应当承担赔偿责任：

（一）以暴力、威胁或者非法限制人身自由的手段强迫劳动的；

（二）违章指挥或者强令冒险作业危及劳动者人身安全的；

（三）侮辱、体罚、殴打、非法搜查或者拘禁劳动者的；

（四）劳动条件恶劣、环境污染严重，给劳动者身心健康造成严重损害的。

第八十九条　用人单位违反本法规定未向劳动者出具解除或者终止劳动合同的书面证明，由劳动行政部门责令改正；给劳动者造成损害的，应当承担赔偿责任。

第九十条　劳动者违反本法规定解除劳动合同，或者违反劳动合同中约定的保密义务或者竞业限制，给用人单位造成损失的，应当承担赔偿责任。

第九十一条　用人单位招用与其他用人单位尚未解除或者终止劳动合同的劳动者，给其他用人单位造成损失的，应当承担连带赔偿责任。

第九十二条　劳务派遣单位违反本法规定的，由劳动行政部门和其他有关主管部门责令改正；情节严重的，以每人一千元以上五千元以下的标准处以罚款，并由工商行政管理部门吊销营业执照；给被派遣劳动者造成损害的，劳务派遣单位与用工单位承担连带赔偿责任。

第九十三条　对不具备合法经营资格的用人单位的违法犯罪行为，依法追究法律责任；劳动者已经付出劳动的，该单位或者其出资人应当依照本法有关规定向劳动者支付劳动报酬、经济补偿、赔偿金；给劳动者造成损害的，应当承担赔偿责任。

第九十四条　个人承包经营违反本法规定招用劳动者，给劳动者造成损害的，发包的组织与个人承包经营者承担连带赔偿责任。

第九十五条　劳动行政部门和其他有关主管部门及其工作人员玩忽职守、不履行法定职责，或者违法行使职权，给劳动者或者用人单位造成损害的，应当承担赔偿责任；对直接负责的主管人员和其他直接责任人员，依法给予行政处分；构成犯罪的，依法追究刑事责任。

第八章　附　则

第九十六条　事业单位与实行聘用制的工作人员订立、履行、变更、解除或者终止劳动合同，法律、行政法规或者国务院另有规定的，依照其规定；未作规定的，依照本法有关规定执行。

第九十七条　本法施行前已依法订立且在本法施行之日存续的劳动合同，继续履行；本法第十四条第二款第三项规定连续订立固定期限劳动合同的次数，自本法施行后续订固定期限劳动合同时开始计算。

本法施行前已建立劳动关系，尚未订立书面劳动合同的，应当自本法施行之日起一个月内订立。

本法施行之日存续的劳动合同在本法施行后解除或者终止，依照本法第四十六条规定应当支付经济补偿的，经济补偿年限自本法施行之日起计算；本法施行前按照当时有关规定，用人单位应当向劳动者支付经济补偿的，按照当时有关规定执行。

第九十八条　本法自 2008 年 1 月 1 日起施行。

附录 B　深圳市集体合同范本

甲　方（工会或员工代表）：____ 　　乙　方（企业）：____
员工人数：____人 　　企业性质：____
协商首席代表：____ 　　协商首席代表：____
姓　名：____ 　　姓　名：____
职　务：____ 　　职　务：____
身份证号码：____ 　　身份证号码：____
协商代表人数：____ 　　协商代表人数：____
代表产生方式：____ 　　法定代表人姓名：____

联系电话：＿＿＿＿　　　　　　　　　　联系电话：＿＿＿＿

第一章 总 则

第一条 为建立和谐稳定的劳动关系，维护企业和员工的合法权益，增强合作共事，促进企业发展，根据《中华人民共和国劳动法》（以下简称《劳动法》）、《中华人民共和国劳动合同法》（以下简称《劳动合同法》）、《中华人民共和国工会法》和《集体合同规定》及深圳市有关法规、规章，经协商一致，签订本合同。

第二条 工会是企业员工合法权益的代表，依法独立自主地开展工作。本合同由工会（员工代表）代表员工与企业签订。

第三条 甲乙双方依法就劳动报酬、工作时间、休息休假、劳动安全卫生、职业培训、保险福利等事项，通过集体协商签订的书面协议。

第四条 进行集体协商，签订集体合同，应当遵循下列原则：

（一）遵守法律、法规、规章及国家有关规定；

（二）相互尊重，平等合作；

（三）兼顾双方合法权益；

（四）不得采取过激行为。

第五条 本合同依法生效后，对企业和全体员工具有约束力。

第二章 劳 动 合 同

第六条 本企业自用工之日起即与员工建立劳动关系。建立劳动关系应当订立书面劳动合同。

第七条 劳动合同由企业与员工协商一致，并经企业与员工在劳动合同文本上签字盖章后生效。劳动合同中的劳动条件和标准，不得低于本集体合同的规定。

第八条 符合《劳动合同法》第十四条第二款规定的条件，员工提出或者同意续订、订立劳动合同的，除员工提出订立固定期限劳动合同外，企业应当与员工订立无固定期限劳动合同。

第九条 企业未在用工的同时订立书面劳动合同，与员工约定的劳动报酬不明确的，新招用的员工的劳动报酬按照集体合同规定的标准执行。

第十条 劳动合同对劳动报酬和劳动条件等标准约定不明确，引发争议的，企业与员工可以重新协商；协商不成的，适用集体合同规定。

第十一条 企业或者员工违反有关劳动合同规定，给对方造成损害或损失的，按《劳动合同法》等有关规定给予赔偿。

第三章 劳 动 报 酬

第十二条 本企业实行＿＿＿＿工资制度。

第十三条 本企业实行＿＿＿＿工资支付形式。

第十四条 本企业员工月工资不得低于深圳市政府公布的当年度最低工资。

第十五条 本企业以货币形式支付员工工资，每月至少发放一次。工资发放约定日为每月_____日（工资支付周期不超过一个月的，约定的工资支付日不得超过支付周期期满后第七日）。工资发放日遇法定节假日或休息日的，应当在之前的工作日发放。

实行周、日、小时工资制的可按周、日、小时支付员工工资。

第十六条　员工加班工资计算标准以____为基数。

按正常工作时间以外、休息日、法定休假日加班分别支付 150%、200%、300%工资报酬。

第十七条　员工病假、非因工负伤的工资支付办法____。

第十八条　员工产假、看护假、节育手术假期的工资支付办法____。

第十九条　奖金、津贴、补贴分配形式____。

第二十条　根据政府公布的年度工资指导线、工资指导价位和本企业员工工资水平及企业经济效益，经协商，确定本年度员工工资增（减）____%。

员工增（减）工资具体办法是____。

第四章　工作时间和休息休假

第二十一条　本企业依法建立工时制度按下列条件、标准处理相关事宜：

（一）每天工作时间不超过____小时，平均每周工作时间不超过____小时，保证员工每周休息____日；

（二）根据本企业生产经营特点，特殊工种特殊情况的安排：_____。

第二十二条　本企业因生产经营需要安排员工加班加点的，严格按《劳动法》有关规定执行。并依下列要求处理相关事宜：

（一）乙方事先提出加班加点理由，确定工作量和加班人数；

（二）与甲方或参与加班的员工协商；

（三）乙方安排员工延长工作时间，加班加点时间不超过《劳动法》第四十一条规定的，甲方和员工应当给予支持。

第二十三条　员工依法享受的带薪休假以及本集体合同约定的其他假期：____。

第五章　保险福利

第二十四条　企业和员工依法参加社会保险，员工依法享有社会保险待遇。社会保险费的负担按社会保险法律、法规和规章的规定执行。

第二十五条　企业可以根据经济效益情况，建立企业年金制度。企业年金所需费用由企业和个人共同缴纳，费用负担按国家有关规定执行。

第二十六条　企业根据经济效益情况，逐步发展并改善员工的文娱设施、膳食、交通、住房等条件。

第六章　劳动安全与卫生

第二十七条　企业依照法律、法规及规章，建立健全劳动安全卫生责任制。

第二十八条　企业应当提供符合国家职业卫生标准和卫生要求的工作环境和条件，并采取措施保障员工获得职业卫生保护。

第二十九条　企业必须采用有效的职业病防护设施，并为员工提供个人使用的职业病防护用品。

第三十条　企业对在＿＿＿＿工种（岗位）的员工定期作专项体检。

第三十一条　员工在劳动过程中，必须严格执行各项劳动安全卫生规程。

第三十二条　对于危害员工身体健康和人身安全的工作，工会有权代表或支持员工予以抵制。

第三十三条　发生员工伤亡事故，或出现危及员工身体健康和劳动安全的重大事故，企业应当及时处理，并在24小时以内向有关部门报告。

第七章　女职工、未成年工特殊保护

第三十四条　企业禁止安排女员工从事矿山井下、国家规定的第4级体力劳动强度的劳动和其他禁忌从事的劳动。

第三十五条　企业不得安排女员工在经期从事高处、低温、冷水作业和国家规定的第3级体力劳动强度的劳动。

第三十六条　企业不得安排女员工在怀孕期间从事国家规定的第3级体力劳动强度的劳动和孕期禁忌从事的劳动。对怀孕7个月以上的女员工，不得安排其延长工作时间和夜班劳动。

第三十七条　企业不得安排未成年工从事矿山井下、有毒有害、国家规定的第4级体力劳动强度的劳动和其他禁忌从事的劳动。

第三十八条　企业应当对未成年工定期进行健康检查。

第八章　职　业　培　训

第三十九条　企业根据实际情况，建立和完善职业培训制度，制订培训计划。员工必须接受职业培训，提高劳动技能。

第四十条　企业应当按照员工工资总额的1.5％提取员工培训经费，列入成本开支。员工培训经费应当专款专用，不得挪作他用。

第四十一条　企业对员工进行的职业培训，不得收取任何费用。

第四十二条　根据实际情况，企业需要为员工提供专项培训费用，对其进行专业技术培训的，当事人双方可以签订《培训协议》，订明培训时间、地点、专业、费用、培训后的服务期、违约责任等事宜。

第九章　集体合同的期限、履行及争议处理

第四十三条　本合同从依法生效之日起，至＿＿＿年＿＿＿月＿＿＿日止。

第四十四条　本合同一经生效，双方应严格遵守认真履行。合同履行期间，双方同意变更修改条款内容的，按照《集体合同规定》的程序重新协商，并将变更修改后的内容报劳动保障行政部门审查。

第四十五条　员工一方协商代表在其履行协商代表职责期间劳动合同期满的，劳动合同期限自动延长至完成履行协商代表职责之时，除出现下列情形之一的，企业不得与其解除劳动合同：

（一）严重违反劳动纪律或企业依法制定的规章制度的；

（二）严重失职、营私舞弊，对企业利益造成重大损害的；

（三）被依法追究刑事责任的。

员工一方协商代表履行协商代表职责期间，企业无正当理由不得调整其工作岗位。

第四十六条　因履行本合同发生争议，经协商解决不成的，可以依法申请仲裁、提起诉讼。

第十章　附　　则

第四十七条　本合同未尽事宜，法律、法规、规章有规定的，依规定执行；无规定的，双方应进行集体协商，签订补充条款，并送劳动保障行政部门审查。

第四十八条　本合同期限届满前3个月，双方应举行集体协商，重新签订集体合同。

第四十九条　本合同送劳动保障行政部门审查，自审查登记完成之日起生效。送达15日内审查机构未提出异议的，本集体合同即行生效。

第五十条　本合同一式三份。双方各执一份，另一份由劳动保障行政部门存档。

甲方首席代表（签字盖章）＿＿＿　　　乙方首席代表（签字盖章）＿＿＿

＿＿＿年＿＿＿月＿＿＿日　　　　　　　　＿＿＿年＿＿＿月＿＿＿日

参 考 文 献

[1] 戴昌钧主编. 人力资源管理. 天津：南开大学出版社，2001.

[2] 秦炜，林泽炎. 现代人力资源管理. 北京：中国人事出版社，2001.

[3] 关怀主编. 劳动法. 北京：中国人民大学出版社，2001.

[4] 王昌硕主编. 劳动法学案例教程. 北京：知识产权出版社，2003.

[5] 张德主编. 人力资源开发与管理案例精选. 北京：清华大学出版社，2002.

[6] 罗钢主编. 人力资源管理实务教程. 北京：机械工业出版社，2005.

[7] 王克勤，姚月娟主编. 人力资源管理. 大连：东北财经大学出版社，2006.

[8] （美）加里. 德斯勒著. 人力资源管理. 刘昕等译. 北京：中国人民大学出版社，1999.

[9] （美）雷蒙德 A. 诺伊著. 雇员培训与开发. 徐芳译. 北京：中国人民大学出版社，2001.

[10] 人力资源管理杂志社编. 人力资源管理实务及案例. 广州：中山大学出版社，2001.

[11] 林媛媛主编. 企业培训理论与实践. 厦门：厦门大学出版社，2005.

[12] Wayne F. Cascio, Managing Human Resources, 3rd edition, New York, Mcgraw-Hill, 1992.

[13] 向春. 实效培训. 广州：广东经济出版社，2005.

[14] 徐庆文. 裴春霞. 培训与开发. 济南：山东人民出版社，2004.

[15] Aapted from K. Kruse(1997). Five Levels of Internet-based Training. Training and Development，51(2)：60-61.